示范性职业教育重点规划教材

初级会计实务

主　编◎邢饶舫　罗小宁
副主编◎刘庆梅

西南交通大学出版社
成·都

图书在版编目（CIP）数据

初级会计实务／邢饶舫，罗小宁主编．—成都：西南交通大学出版社，2017.2

示范性职业教育重点规划教材

ISBN 978-7-5643-5270-7

Ⅰ．①初… Ⅱ．①邢… ②罗… Ⅲ．①会计实务－职业教育－教材 Ⅳ．①F233

中国版本图书馆 CIP 数据核字（2017）第 020631 号

示范性职业教育重点规划教材

初级会计实务

主编 邢饶舫 罗小宁

责任编辑	孟秀芝
特邀编辑	褚媛媛
封面设计	何东琳设计工作室
出版发行	西南交通大学出版社（四川省成都市二环路北一段 111 号 西南交通大学创新大厦 21 楼）
发行部电话	028-87600564 028-87600533
邮政编码	610031
网址	http://www.xnjdcbs.com
印刷	四川森林印务有限责任公司
成品尺寸	185 mm×260 mm
印张	15.25
字数	379 千
版次	2017 年 2 月第 1 版
印次	2017 年 2 月第 1 次
书号	ISBN 978-7-5643-5270-7
定价	35.00 元

课件咨询电话：028-87600533

贵阳职业技术学院教材编写委员会名单

前言

本教材是贵阳职业技术学院校本教材。结合贵阳职业技术学院会计电算化专业学生学情、企业会计工作实践中对知识与技能的要求，坚持“必需、够用”的原则，推进“理实一体化”“做中学，做中教”等教学模式的实施。

《初级会计实务》教材编写以学生“易学，易懂”的原则进行，将理论与实践融合于教材中。该教材除会计电算化专业学生教学外，也可作为经济管理相关专业及在职会计人员自学用书。

作为理实一体化教材，《初级会计实务》形式上按照企业年末（12 月份）经济业务核算程序进行处理，共设四个模块：模块一工作要求及期初资料；模块二填制与审核会计凭证；模块三登记账簿；模块四编制报表。其中，填制与审核会计凭证模块是该教材的教学重点，教材编写中以“工作任务——解决方法——知识链接”的形式进行处理。以模拟原始凭证导入工作任务，以记账凭证的填制与审核作为解决方法，以知识链接引入相关知识和方法的学习。登记账簿模块根据填制与审核会计凭证模块中审核无误的记账凭证进行账簿登记，再进行月末结账处理，并据以进行编制报表模块的处理。

本教材由邢饶舫、罗小宁担任主编，刘庆梅担任副主编。具体编写分工为：刘庆梅编写模块一，模块三；邢饶舫编写模块一，模块二中项目一至项目四，模块三，模块四；罗小宁编写模块二中项目五至项目九，模块三，模块四。

教材编写过程中参考了有关专家的论文和专著，也得到了具有企业实践工作经验的专家的指导和帮助，在此表示衷心的感谢。书中实名企业及人名均为虚拟，请勿对号入座。教材中存在的疏漏和不足，恳请批评指正。

目录

模块一 会计工作要求及模拟企业基本情况

模块二 填制和审核会计凭证

模块一

会计工作要求及模拟企业基本情况

一、工作内容导入

本教材以模拟企业——G省G市兴旺公司2013年12月份发生的经济业务为主线，通过“填制及审核会计凭证——登记账簿——编制报表”的日常账务处理程序，帮助学生明确企业日常会计核算、期末结转、计算利润以及利润分配，掌握编制会计报表全部工作流程和基本方法。

二、会计工作程序及工作要求

（1）账务处理程序：记账凭证账务处理程序。

（2）审核有关经济业务的原始凭证，在准确无误的情况下，填制记账凭证（通用记账凭证）。

（3）根据审核无误的记账凭证，逐日逐笔登记“库存现金日记账”“银行存款日记账”和全部总分类账及明细分类账。

（4）月末，计算本月完工产品成本，计算已销产品成本和营业税金及附加等。

（5）采用“账结法”计算每月利润总额和净利润，年终对全年利润总额进行分配，并结清“未分配利润”以外的所有“利润分配”明细账户。

（6）根据有关资料编制2013年12月的“利润表”及全年的“资产负债表”“利润表”。

三、企业基本情况及期初资料

（一）基本信息

兴旺公司是G省G市一家工业生产企业，增值税一般纳税人。主要生产销售两种产品：AB产品和MN产品，该企业下设一个生产车间、财务部门、行政管理部门、销售部门、人事部和供应部。增值税税率为17%，企业所得税税率为25%。

企业全称：G省G市兴旺公司　　法定代表人：柴兴旺

注册资本：壹佰伍拾万元

资产总额：4 266 796元，其中固定资产2 483 211元

开户银行：中国工商银行G市高新区支行

账号：6222055802512345678

纳税登记号：520118012345678

单位地址：G省G市高新区东风路369号

（二）管理人员职责分工（表 1.1.1）

表 1.1.1　企业部分人员姓名及职务

企业部分人员姓名及职务

姓名	职务	姓名	职务
柴兴旺	总经理	赵立达	销售部经理
王立明	财务经理	杨伟光	生产部经理
叶小光	主管会计	邓林	行政管理部经理
余明亮	会计	陈勇	人事部经理
王红	出纳	孙阳	供应部经理

（三）会计工作基础数据

1. 2013 年总分类账年初余额、1—11 月累计发生额及 11 月末余额表（表 1.1.2）

表 1.1.2　2013 年总分类账年初余额、1—11 月累计发生额及 11 月末余额

会计科目	年初余额		1—11 月累计发生额		11 月末余额	
	借方	贷方	借方	贷方	借方	贷方
资产类：						
库存现金	50.00		213 370.00	210 520.00	2 900.00	
银行存款	355 235.00		19 937 581.00	19 272 811.00	1 020 005.00	
其他货币资金	100 000.00		3 829 350.00	3 929 350.00		
交易性金融资产	105 000.00				105 000.00	
应收票据	30 000.00		2 340 000.00	2 300 000.00	70 000.00	
应收账款	50 000.00		3 929 930.00	3 929 930.00	50 000.00	
坏账准备		500.00				500.00
预付账款			688 906.50	450 000.00	238 906.50	
应收股利	80 000.00		30 000.00	110 000.00		
其他应收款	3 000.00		15 000.00	18 000.00		
在途物资			600 000.00	600 000.00		
原材料	92 500.00		6 060 000.00	6 076 250.00	76 250.00	
库存商品	28 000.00		11 000 000.00	10 976 000.00	52 000.00	
委托加工物资						
周转材料	10 000.00		80 000.00	90 000.00		
长期股权投资	800 000.00		250 000.00	700 000.00	350 000.00	
固定资产	2 973 795.00		117 000.00	80 000.00	3 010 795.00	
累计折旧		490 584.00	85 000.00	221 886.00		627 470.00
固定资产减值准备						
固定资产清理			135 200.00	135 200.00		
会计科目	年初余额		1—11 月累计发生额		11 月末余额	
	借方	贷方	借方		借方	贷方
无形资产	193 000.00				193 000.00	
累计摊销		97 400.00		17 600.00		115 000.00
待处理财产损溢			20 500.00	20 500.00		

续表

会计科目	年初余额		1—11 月累计发生额		11 月末余额	
	借方	贷方	借方		借方	贷方
成本类:						
生产成本	34 700.00		9 350 000.00	9 355 000.00	29 700.00	
制造费用			1 665 865.80	1 665 865.80		
负债类:						
短期借款		100 000.00	50 000.00			50 000.00
应付票据		117 000.00	514 800.00	561 600.00		163 800.00
应付账款		585 000.00	2 749 500.00	2 564 500.00		400 000.00
预收账款		30 000.00	230 000.00	200 000.00		
应付职工薪酬		726 700.00	8 653 900.00	7 953 200.00		26 000.00
应交税费		22 350.00	3 831 202.25	3 832 227.25		23 375.00
应付利息			14 000.00	15 000.00		1000.00
其他应付款		3000.00	1 596 130.00	1 593 130.00		
长期借款		212 000.00		11 000.00		223 000.00
所有者权益:						
实收资本		1 500 000.00				1 500 000.00
资本公积		520 000.00				520 000.00
盈余公积		325 350.00				325 350.00
本年利润			18 901 834.50	19 999 500.00		1 097 665.50
利润分配		125 396.00				125 396.00
损益类:						
会计科目	年初余额		1—11 月累计发生额		11 月末余额	
	借方	贷方	借方		借方	贷方
主营业务收入			19 285 500.00	19 285 500.00		
其他业务收入			472 500.00	472 500.00		
投资收益			156 000.00	156 000.00		
营业外收入			85 500.00	85 500.00		
主营业务成本			13 544 600.00	13 544 600.00		
其他业务成本			295 300.00	295 300.00		
营业税金及附加			112 435.50	112 435.50		
管理费用			2 036 730.00	2 036 730.00		
销售费用			2 038 950.00	2 038 950.00		
财务费用			509 250.00	509 250.00		
资产减值损失						
营业外支出			45 500.00	45 500.00		
所得税费用			319 069.00	319 069.00		
合计	4 855 280.00	4 855 280.00	135 790 404.55	135 790 404.55	5 198 556.50	5 198 556.50

2. 资产负债表（表 1.1.3）

表 1.1.3 资产负债表

编制单位：G 省 G 市兴旺公司　　2013 年 11 月 30 日　　单位：元

资产	期末数	期初数	负债及所有者权益	期末数	期初数
流动资产：			流动负债：		
货币资金	1 022 905.00	455 285.00	短期借款	50 000.00	100 000.00
交易性金融资产	105 000.00	105 000.00	交易性金融负债		
应收票据	70 000.00	30 000.00	应付票据	163 800.00	117 000.00
应收账款	49 500.00	49 500.00	应付账款	400 000.00	585 000.00
预付账款	238 906.50		预收账款		30 000.00
应收利息			应付职工薪酬	26 000.00	726 700.00
应收股利		80 000.00	应交税费	23 375.00	22 350.00
其他应收款		3 000.00	应付利息	1 000.00	
存货	157 950.00	165 200.00	应付股利		
一年内到期的非流动资产			其他应付款		3 000.00
其他流动资产			一年内到期的非流动负债		
流动资产合计	1 644 261.50	887 985.00	其他流动负债		
			流动负债合计	664 175.00	1 584 050.00
非流动资产：			非流动负债：		
可供出售金融资产			长期借款	223 000.00	212 000.00
持有至到期投资			应付债券		
长期应收款			长期应付款		
长期股权投资	350 000.00	800 000.00	专项应付款		
投资性房地产			预计负债		
固定资产	2 383 325.00	2 483 211.00	递延所得税负债		
在建工程			其他非流动负债		
工程物资			非流动负债合计	223 000.00	212 000.00
固定资产清理			负债合计	887 175.00	1 796 050.00
生产性生物资产			所有者权益：		
油气资产			实收资本（或股本）	1 500 000.00	1 500 000.00
无形资产	78 000.00	95 600.00	资本公积	520 000.00	520 000.00
开发支出			减：库存股		
商誉			盈余公积	325 350.00	325 350.00
长期待摊费用			未分配利润	1 223 061.50	125 396.00
递延所得税资产			所有者权益合计	3 568 411.50	2 470 746.00
其他非流动资产					
非流动资产合计	2 811 325.00	3 378 811.00			
资产合计	4 455 586.50	4 266 796.00	负债和所有者权益合计	4 455 586.50	4 266 796.00

3. 利润表（表 1.1.4）

表 1.1.4　利润表

编制单位：　　　　2013 年 1—11 月　　　　单位：元

项目	本期金额	上期金额
一、营业收入	19 758 000.00	略
减：营业成本	13 839 900.00	
营业税金及附加	112 435.50	
销售费用	2 038 950.00	
管理费用	2 036 730.00	
财务费用	509 250.00	
资产减值损失		
加：公允价值变动收益（损失以“－”号填列）		
投资收益（损失以“—”填列）	156 000.00	
其中：对联营企业和合营企业的投资收益		
二、营业利润（亏损以“－”填列）	1 376 734.50	
加：营业外收入	85 500.00	
减：营业外支出	45 500.00	
其中：非流动资产处置损失		
三、利润总额（亏损以“－”填列）	1 416 734.50	
减：所得税费用	319 069.00	
四、净利润（净亏损以“－”填列）	1 097 665.50	
五、每股收益		
（一）基本每股收益		
（二）稀释每股收益		

模块二

填制和审核会计凭证

项目一　货币资金核算

货币资金是指企业生产经营过程中处于货币形态的资产，包括库存现金、银行存款和其他货币资金。

库存现金是指存放于企业财会部门、由出纳人员经管的货币。它是企业流动性最强的资产。企业应设置现金总账和现金日记账，分别进行库存现金的总分类核算和明细分类核算。

银行存款是企业存放在银行或其他金融机构的货币资金。企业应当根据业务需要，按照规定在其所在地银行开设账户，运用所开设的账户，进行存款、取款以及各种收支转账业务的结算。银行存款的收付应严格执行银行结算制度的规定。企业应设置银行存款总账和银行存款日记账，分别进行银行存款的总分类核算和明细分类核算。按开户银行和其他金融机构，存款种类等设置“银行存款日记账”。

其他货币资金是指企业除现金、银行存款以外的其他各种货币资金，主要包括银行汇票存款、银行本票存款、信用卡存款、信用证保证金存款、存出投资款和外埠存款等。

任务一　提取现金

（一）工作任务

12 月 1 日，出纳员从银行提取现金 5000 元备用（图 2.1.1）。

中国工商银行
现金支票存根
IX52066231

科　目：
对方科目：
签发日期：2013 年 12 月 01 日

收款人：G省G市兴旺公司
金　额：￥5000.00
用　途：备用

单位主管：王立明　　会计：余明亮

图 2.1.1　现金支票存根

（二）解决方法

财务流程：出纳开出现金支票到银行取现，以现金支票存根作为原始凭证编制记账凭证。

1. 会计分录

借：库存现金　　　　5000

　贷：银行存款　　　　5000

2. 填制记账凭证（表 2.1.1）

表 2.1.1　记账凭证

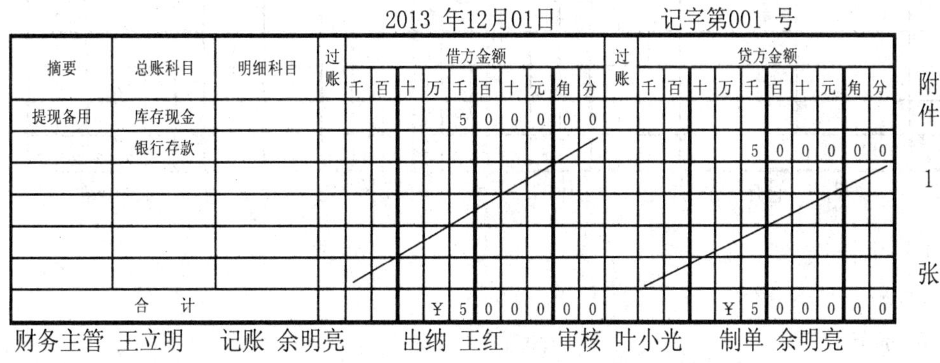

记账凭证

2013 年12月01日　　　　记字第001 号

摘要	总账科目	明细科目	过账	借方金额										过账	贷方金额									
				千	百	十	万	千	百	十	元	角	分		千	百	十	万	千	百	十	元	角	分
提现备用	库存现金							5	0	0	0	0	0											
	银行存款																		5	0	0	0	0	0
合计							¥	5	0	0	0	0	0					¥	5	0	0	0	0	0

附件 1 张

财务主管 王立明　记账 余明亮　出纳 王红　审核 叶小光　制单 余明亮

（一）工作任务

12 月 15 日，出纳员从银行提取现金 6000 元备用。（图 2.1.2）

中国工商银行

现金支票存根

IX52066240

科　目：

对方科目：

签发日期：2013 年 12 月 15 日

收 款 人：G 省 G 市兴旺公司

金　额：¥6000.00

用　途：备用

单位主管：王立明　　会计：余明亮

图 2.1.2　现金支票存根

（二）解决方法

1. 会计分录

借：库存现金　　　　6000

　贷：银行存款　　　　6000

2. 填制记账凭证（表 2.1.2）

表 2.1.2　记账凭证

记账凭证

2013 年12月15日　　　　记字第 024 号

摘要	总账科目	明细科目	过账	借方金额										过账	贷方金额								
				千	百	十	万	千	百	十	元	角	分		千	百	十	万	千	百	十	元	角	分
提现备用	库存现金							6	0	0	0	0	0										
	银行存款																		6	0	0	0	0	0
	合　计						¥	6	0	0	0	0	0					¥	6	0	0	0	0	0

附件 1 张

财务主管 王立明　记账 余明亮　出纳 王红　审核 叶小光　制单 余明亮

（三）知识链接

1. 现金的使用范围

现金的使用范围包括：① 职工工资、津贴；② 个人劳务报酬；③ 根据固定规定颁发给个人的科学技术、文化艺术、体育等各种奖金；④ 各种劳保、福利费用以及固定规定的对个人的其他支出；⑤ 向个人收购农副产品和其他物资的价款；⑥ 出差人员必须随身携带的差旅费；⑦ 结算起点（1000 元）以下的零星支出；⑧ 中国人民银行确定需要支付现金的其他支出。

2. 现金的限额

库存现金限额是指为了保证单位日常零星开支的需要，允许单位留存现金的最高数额。由开户银行根据单位的实际需要核定，一般按照单位 3 ~ 5 天日常零星开支所需确定。特殊情况可多于 5 天，但不得超过 15 天的日常零星开支需要确定。

3. 现金收支的规定

（1）开户单位现金收入应当于当日送存银行，当日送存确有困难的，由开户银行确定送存时间。

（2）开户单位支付现金，可以从本单位库存现金限额中支付或从开户银行提取，不得从本单位的现金收入中直接支付（即坐支）。因特殊情况需要坐支现金的，应报经开户银行审查批准并核定坐支范围和限额，定期报送坐支金额和使用情况。

（3）开户单位从开户银行提取现金时，应写明用途，由本单位财会部门负责人签字盖章，经开户银行审核后，予以支付。

（4）因特殊情况必须使用现金，开户单位向开户银行申请，本单位财会部门负责人签字盖章，开户银行审核后，予以支付现金。

任务二　借款（备用金、差旅费或个人借款等）

（一）工作任务

行政管理部门李某出差预借差旅费 3000 元，现金支付（表 2.1.3、表 2.1.4）。

表 2.1.3　借款单

借　款　单

2013 年 12 月 2 日

借款部门	行政管理部	借款人	李小明	审核人	赵丹									
借款用途	预借差旅费			金额										
				百	十	万	千	百	十	元	角	分		
借款金额（大写）	叁仟元整					¥	3	0	0	0	0	0		
报销金额		已退金额												

部门主管：邓林　　财务主管：王立明　　会计审核：余明亮　　出纳：王红

表 2.1.4　现金支出凭单

现金支出凭单

附件　　张　　　2013 年 12 月 2 日　　　第　　号

用款事项：	支付预借差旅费　现金付讫		
人民币（大写）：	人民币叁仟元整　　3000.00		
收款人 （签章）	主管人员 （签章）	会计人员 （签章）	出纳员付讫 （签章）

（二）解决方法

财务流程：借款人填制借款单，财务主管、单位负责人审核签章后，财务部门审核（是否还清前欠款，审核借款额度，登记还款时间）后作为原始凭证编制记账凭证。

1. 会计分录

借：其他应收款——李某　　3000

　贷：库存现金　　　　　　3000

2. 填制记账凭证（表 2.1.5）

表 2.1.5　记账凭证

记账凭证

2013 年 12月 02 日　　　　记字第　002　　号

摘要	总账科目	明细科目	过账	借方金额										过账	贷方金额									
				千	百	十	万	千	百	十	元	角	分		千	百	十	万	千	百	十	元	角	分
预借差旅费	其他应收款	李小明						3	0	0	0	0	0											
	库存现金																		3	0	0	0	0	0
合　计							¥	3	0	0	0	0	0					¥	3	0	0	0	0	0

附件 1 张

财务主管 王立明　记账 余明亮　出纳 王红　审核 叶小光　制单 余明亮

（三）知识链接

（1）企业职工外出借款，须主管人员审核用途并签章，无审核签章的借款纠纷，由相关责任人负责。

（2）按正常程序审核后的借款单作为原始凭证附在记账凭证后面，借款人还款时，另开收据，不得退还原借款单。

（3）财务部门应定期清理各部门人员借款情况，催促借款人按时归还借款，逾期仍未还款，可根据实际情况直接从借款人工资或报销费用中扣还。

任务三　缴存现金

（一）工作任务

12 月 31 日，出纳员将现金 8700 元缴存银行（表 2.1.6）。

表 2.1.6　中国工商银行现金缴款单

中国工商银行现金缴款单　　　　2013 年 12 月 31 日

存款人	全称	G省G市兴旺公司		
	账号	6222055802512345678	款项来源	
	开户行	中国工商银行G市高新区支行	交款人	王红

人民币（大写）：捌仟柒佰元整	金额（小写）	千	百	十	万	千	百	十	元	角	分
					¥	8	7	0	0	0	0

票面	张数	十	万	千	百	十	元	票面	张数	千	百	十	元	角	分
一百元	70			7	0	0	0	一角							
伍十元	24			1	2	0	0	伍角							
二十元	20				4	0	0	二角							
壹十元	10				1	0	0	壹角							
伍元								伍分							
二元								二分							
一元								一分							

（二）解决方法

财务流程：出纳员填制现金缴款单（或现金存款凭条），与现金一并交到开户银行。银行盖章后，退回现金缴款单（银行收款凭证联）作为原始凭证编制记账凭证。

1. 会计分录

借：银行存款　　8700

　贷：库存现金　　　8700

2. 填制记账凭证（表 2.1.7）

表 2.1.7 记账凭证

记账凭证

2013 年12月31日　　　　记字第 084 号

摘要	总账科目	明细科目	过账	借方金额										过账	贷方金额									
				千	百	十	万	千	百	十	元	角	分		千	百	十	万	千	百	十	元	角	分
缴存现金	银行存款							8	7	0	0	0	0											
	库存现金																		8	7	0	0	0	0
合计							¥	8	7	0	0	0	0					¥	8	7	0	0	0	0

附件 1 张

财务主管 王立明　记账 余明亮　出纳 王红　审核 叶小光　制单 余明亮

任务四 现金报销费用

（一）工作任务

12 月 10 日，行政管理部门李小明差旅费（表 2.1.8、表 2.1.9）。

表 2.1.8 差旅费报销单

差 旅 费 报 销 单

2013 年 12 月 10 日

出差人	李小明		共 1 人	职务			部门	行政管理		审批人	
出差事由	参加会议			出差起止日期	自 2014 年 12 月 3 日起						
到达地点	上海				至 2014 年 12 月 8 日止共 6 天						
项目金额	交通工具					其他			住宿费	出差补助	
	火车	汽车	轮船	飞机	市内交通费	餐饮费	会议费	保险费	住宿 6 天	天数	金额
				1120.00	80.00	650.00		60.00	720.00		180.00
总计人民币（大写）贰仟捌佰壹拾元整						¥ 2810.00					
原借款金额		报销金额		交结余金额人民币（大写）壹佰玖拾元整				¥ 190.00			
3000.00		2810.00		超支金额人民币（大写）							
财务主管：		会计：			出纳：			出差人：			

车票、餐饮发票等略。

表 2.1.9 收款收据

收 款 收 据

2013 年 12 月 10 日　　　　NO.05215023

交款单位或交款人	李小明	收款方式	现金
事由 交回差旅费余款 人民币（大写）: 壹佰玖拾元整　¥ 190.00			备注：
收款人：王红	收款单位（盖章）:	交款人：李某	

第二联记账联

（二）解决方法

财务流程：审核费用报销单及所附发票等费用单据，检查借款人借款情况，报销差旅费用小于借款金额，先将差额收回，再冲销借款。以收款收据、差旅费报销单及发票等作为原始凭证编制记账凭证。

1. 会计分录

借：管理费用——差旅费　　　　2810

　　库存现金　　　　　　　　　190

　贷：其他应收款——李小明　　　　3000

2. 填制记账凭证（表 2.1.10）

表 2.1.10　记账凭证

记账凭证

2013 年 12月 10 日　　　　记字第　012　　号

摘要	总账科目	明细科目	过账	借方金额										过账	贷方金额									
				千	百	十	万	千	百	十	元	角	分		千	百	十	万	千	百	十	元	角	分
报销差旅费	管理费用							2	8	1	0	0	0											
	库存现金								1	9	0	0	0											
	其他应收款	李小明																	3	0	0	0	0	0
合　计							¥	3	0	0	0	0	0					¥	3	0	0	0	0	0

附件 1 张

财务主管 王立明　记账 余明亮　出纳 王红　审核 叶小光　制单 余明亮

（三）知识链接

审核费用报销单及所附发票等费用单据，检查借款人借款情况时，报销差旅费用大于借款金额，先冲销借款，再将差额（一般为现金）支付给借款人。会计分录为：

借：管理费用

　贷：其他应收款

　　　库存现金

任务五　现金清查

（一）工作任务

12 月 30 日，现金清查盘点时发现现金短缺 500 元（表 2.1.11）。

表 2.1.11　库存现金盘点报告单

库存现金盘点报告单

单位名称：G 省 G 市兴旺公司

实存金额	账存金额	实存与账存对比结果		备注
		盘盈	盘亏	
1000.00	1500.00		500.00	
盘点人签章：余明亮		出纳员签章：王红		

（二）解决方法

财务流程：根据库存现金清查结果，直接填制“库存现金盘点报告表”（兼有盘存单和实存账存报告表的作用），由盘点人员、出纳人员共同签名盖章，并据以调整现金日记账的账面记录。

1. 会计分录

借：待处理财产损溢——待处理流动资产损溢　　500

　贷：库存现金　　500

2. 填制记账凭证（表 2.1.12）

表 2.1.12　记账凭证

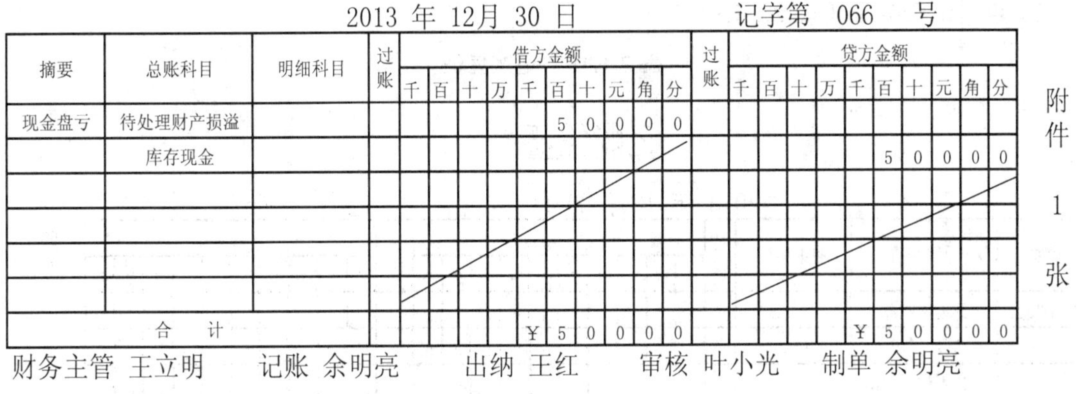

记账凭证

2013 年 12月 30 日　　　　记字第　066　号

摘要	总账科目	明细科目	过账	借方金额										过账	贷方金额									
				千	百	十	万	千	百	十	元	角	分		千	百	十	万	千	百	十	元	角	分
现金盘亏	待处理财产损溢								5	0	0	0	0											
	库存现金																			5	0	0	0	0
合　计								¥	5	0	0	0	0						¥	5	0	0	0	0

附件 1 张

财务主管　王立明　　记账　余明亮　　出纳　王红　　审核　叶小光　　制单　余明亮

任务六　现金清查结果的处理

（一）工作任务

12 月 30 日，经核查发现，短款 500 元中有 200 元无法查明原因，另 300 元是出纳员工作失误造成，收到出纳交来赔偿金 300 元（表 2.1.13、表 2.1.14）。

表 2.1.13　财产清查结果处理通知单

财产清查结果处理通知单

2013 年 12 月 30 日

经审核确认，财产清查中盘亏现金贰佰元整（￥200.00），无法查明原因，批准计入管理费用。

总经理：柴兴旺　　财务经理：王立明　　单位公章

表 2.1.14　收款收据

收 款 收 据

2013 年 12 月 30 日　　　　NO.05215028

交款单位 或交款人	王红	收款方式	现金
事由 赔偿金 人民币（大写）：叁佰元整　　¥ 300.00			备注：
收款人：王立明	收款单位（盖章）：		交款人：王红

第二联记账联

（二）解决方法

财务流程：企业现金清查，查明原因后，根据企业的管理权限，经经理（厂长）会议或类似机构批准后，根据批准决定书编制批准后的记账凭证。

1. 会计分录

批准后：

借：其他应收款——王红　　300

　　管理费用　　200

　贷：待处理财产损溢——待处理流动资产损溢　　500

2. 填制记账凭证（表 2.1.15）

表 2.1.15　记账凭证

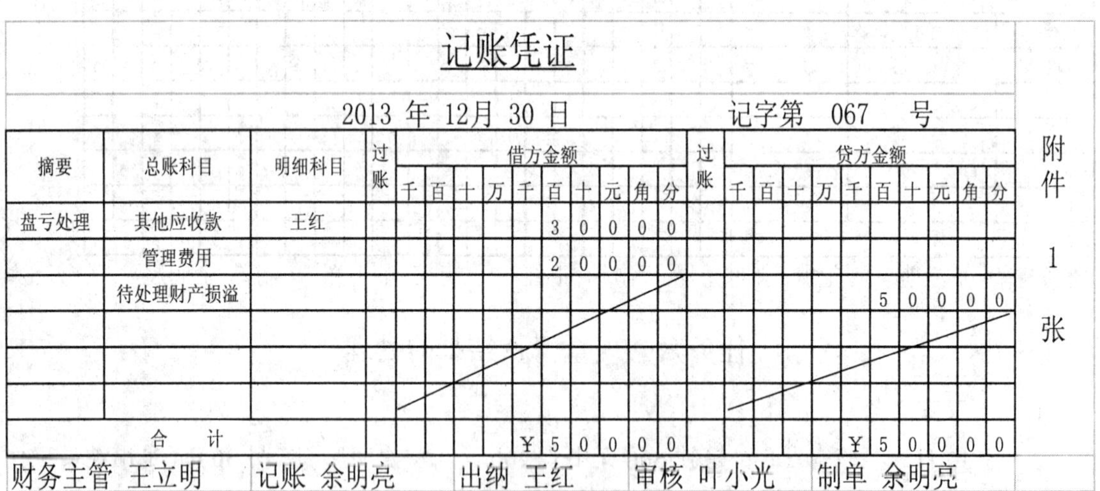

记账凭证

2013 年 12月 30 日　　　　记字第　067　　号

摘要	总账科目	明细科目	过账	借方金额 千	百	十	万	千	百	十	元	角	分	过账	贷方金额 千	百	十	万	千	百	十	元	角	分	附件
盘亏处理	其他应收款	王红							3	0	0	0	0												
	管理费用								2	0	0	0	0												1
	待处理财产损溢																			5	0	0	0	0	
																									张
	合　计							¥	5	0	0	0	0						¥	5	0	0	0	0	

财务主管 王立明　记账 余明亮　出纳 王红　审核 叶小光　制单 余明亮

财务流程：收到出纳交来赔偿金 300 元，根据收款收据编制记账凭证。

1. 会计分录

借：库存现金　　300

　贷：其他应收款——王红　　300

2. 填制记账凭证（表 2.1.16）

表 2.1.16　记账凭证

记账凭证

2013年12月30日　　　　　记字第 068 号

摘要	总账科目	明细科目	过账	借方金额										过账	贷方金额								
				千	百	十	万	千	百	十	元	角	分		千	百	十	万	千	百	十	元	角	分
收回赔偿金	库存现金								3	0	0	0	0											
	其他应收款	王红																		3	0	0	0	0
合　计								¥	3	0	0	0	0						¥	3	0	0	0	0

附件 1 张

财务主管 王立明　记账 余明亮　出纳 王红　审核 叶小光　制单 余明亮

（三）知识链接

1. 库存现金的清查

库存现金主要包括经常性清查与专门清查。

经常性清查由出纳人员每日业务终了清点库存现金实有数，并与库存现金日记账的账面余额核对，做到账实相符。

专门的清查小组对库存现金进行的定期清查或不定期清查，清查前，出纳人员应将全部有关现金的收付款凭证登记入账，结出库存现金余额并填列在“库存现金盘点报告表”的“账存金额”栏。清查小组盘点时，出纳人员必须在场，由出纳人员经手盘点现金，清查人员从旁监督。

2. 现金清查结果的账务处理

（1）库存现金盘盈的账务处理。

库存现金盘盈时：

借：库存现金

　贷：待处理财产损溢——待处理流动资产损溢

查明原因，按管理权限报经批准后：

借：待处理财产损溢——待处理流动资产损溢

　贷：其他应付款　　　　　　（需要支付或退还他人的金额）

　　　营业外收入　　　　　　（无法查明原因的金额）

（2）库存现金盘亏的账务处理。

库存现金盘亏时：

借：待处理财产损溢——待处理流动资产损溢

　贷：库存现金

查明原因，按管理权限报经批准后：

借：其他应收款　　　　　　（可收回的保险赔偿和过失人赔偿的金额）

　　营业外支出　　　　　　（自然灾害等原因造成净损失的金额）

　　管理费用　　　　　　　（无法查明原因）

　贷：待处理财产损溢——待处理流动资产损溢

任务七 缴纳税款

（一）工作任务

12 月 5 日，解缴上月应交增值税，城市维护建设税及教育费附加（表 2.1.17、表 2.1.18）。

表 2.1.17 税收通用缴款书

中 华 人 民 共 和 国

税 收 通 用 缴 款 书

隶属关系：其他企业　　　　　　　　　　　　G 国缴字 No.652145631

注册类型：　　　　填发日期：2013 年 12 月 5 日　　　　征收机关：市国税局直属分局

缴款单位（人）	代码	520118012345678		预算科目	编码	5011002
	全称	G 省 G 市兴旺公司			名称	增值税
	开户银行	中国工商银行 G 市高新区支行			级次	市级
	账号	6222055802512345678		收款国库		G 省 G 市国库
税款所属时期 2014 年 11 月 1 日至 2014 年 11 月 30 日				税款限缴时期 2014 年 12 月 15 日		
品目名称	课税数量	计税金额或销售收入	税率或单位税额	已缴或扣除额		实缴金额
增值税		150 000.00	17%	4250.00		21 250.00
金额合计	（大写）贰万壹仟贰佰伍拾元整					￥21 250.00
缴款单位（人）（盖章）经办人（章）	税务机关（盖章）填票人（章）	上列款项已收妥并划转收款单位账户。国库（银行）盖章 年 月 日			备注	

无银行收讫章无效

第一联 国库（银行）收款盖章后退缴款单位（人）作完税凭证

逾期不缴按税法规定加收滞纳金。

表 2.1.18 税收通用缴款书

中 华 人 民 共 和 国

税 收 通 用 缴 款 书

隶属关系：其他企业　　　　　　　　　　　　G 国缴字 No.652145631

注册类型：　　　　填发日期：2013 年 12 月 5 日　　　　征收机关：市国税局直属分局

缴款单位（人）	代码	520118012345678		预算科目	编码	5011002
	全称	G 省 G 市兴旺公司			名称	增值税
	开户银行	中国工商银行 G 市高新区支行			级次	市级
	账号	6222055802512345678		收款国库		G 省 G 市国库
税款所属时期 2014 年 11 月 1 日至 2014 年 11 月 30 日				税款限缴时期 2014 年 12 月 15 日		
品目名称	课税数量	计税金额或销售收入	税率或单位税额	已缴或扣除额		实缴金额
城市维护建设税		21 250.00	7%			1487.50
教育费附加		21 250.00	3%			637.50
金额合计	（大写）贰仟壹佰贰拾伍元整					￥2125.00
缴款单位（人）（盖章）经办人（章）	税务机关（盖章）填票人（章）	上列款项已收妥并划转收款单位账户。国库（银行）盖章 年 月 日			备注	

无银行收讫章无效

第一联 国库（银行）收款盖章后退缴款单位（人）作完税凭证

逾期不缴按税法规定加收滞纳金。

（二）解决方法

财务流程：企业进行纳税申报，确保企业银行存款账户余额足够缴纳税款，银行扣款并取回完税凭证，据以编制记账凭证。

1. 会计分录

借：应交税费——未交增值税　　21 250.00
　　　　　　——应交城市维护建设税　　1487.50
　　　　　　——教育费附加　　637.50
　贷：银行存款　　23 375.00

2. 填制记账凭证（表 2.1.19）

表 2.1.19　记账凭证

记账凭证

2013年12月05日　　记字第 005 号

摘要	总账科目	明细科目	过账	借方金额										过账	贷方金额									
				千	百	十	万	千	百	十	元	角	分		千	百	十	万	千	百	十	元	角	分
缴纳税款	应交税费	未交增值税					2	1	2	5	0	0	0											
		应交城建税						1	4	8	7	5	0											
		教育费附加							6	3	7	5	0											
	银行存款																	2	3	3	7	5	0	0
合　计						¥	2	3	3	7	5	0	0				¥	2	3	3	7	5	0	0

附件 2 张

财务主管 王立明　记账 余明亮　出纳 王红　审核 叶小光　制单 余明亮

（三）知识链接

纳税申报，缴纳税款的期限：增值税、营业税、消费税、个人所得税、城市维护建设税及其他附加税按月申报；企业所得税按季度申报，次年 5 月 31 日之前汇算清缴；房产税、土地使用税一般按季度申报；其他税种按税法规定时间申报。

印花税不用计提，不通过“应交税费”科目核算。实际缴纳时，直接计入管理费用。

任务八　申请银行汇票

（一）工作任务

12 月 4 日，申请银行汇票，银行受理后，收到金额为 220 000 元的银行汇票及解讫通知（表 2.1.20 ~ 表 2.1.22）。

表 2.1.20　银行汇票申请书（存根）

银行汇票申请书（存根）

申请日期 2013 年 12 月 4 日　　　　第 21034 号

<table>
<tr><td rowspan="3">汇款人</td><td>全称</td><td>G 省 G 市兴旺公司</td><td rowspan="3">汇款人</td><td>全称</td><td colspan="10">A 市黎明材料公司</td></tr>
<tr><td>账号或地址</td><td>6222055802512345678</td><td>账号或地址</td><td colspan="10">531825154246322</td></tr>
<tr><td>开户银行</td><td>中国工商银行 G 市高新区支行</td><td>开户银行</td><td colspan="10">A 市商业银行光明支行</td></tr>
<tr><td colspan="2" rowspan="2">金额</td><td colspan="3" rowspan="2">人民币（大写）贰拾贰万元整</td><td>千</td><td>百</td><td>十</td><td>万</td><td>千</td><td>百</td><td>十</td><td>元</td><td>角</td><td>分</td></tr>
<tr><td></td><td>¥</td><td>2</td><td>2</td><td>0</td><td>0</td><td>0</td><td>0</td><td>0</td><td>0</td></tr>
<tr><td colspan="3">备注：

银行盖章</td><td colspan="12">科目：
对方科目：
复核员：　　　　记账员：</td></tr>
</table>

表 2.1.21　银行汇票

中国工商银行

银 行 汇 票

<table>
<tr><td>付款期限
壹个月</td></tr>
</table>

代理付款行：工商银行　　行号：

出票日期：贰零壹叁年壹拾贰月零肆日

<table>
<tr><td colspan="11">收款人：A 市 LM 材料公司　　　　账号：531825154246322</td></tr>
<tr><td colspan="11">出票金额　人民币（大写）贰拾贰万元整</td></tr>
<tr><td rowspan="2">实际结算金额人民币（大写）</td><td>千</td><td>百</td><td>十</td><td>万</td><td>千</td><td>百</td><td>十</td><td>元</td><td>角</td><td>分</td></tr>
<tr><td></td><td>¥</td><td>2</td><td>2</td><td>0</td><td>0</td><td>0</td><td>0</td><td>0</td><td>0</td></tr>
<tr><td colspan="11"></td></tr>
</table>

申请人：G 省 G 市兴旺公司　　　　账号：6222055802512345678

出票行：工商银行　行号：

备注：

凭票付款

出票人签单

<table>
<tr><td colspan="10">密押</td><td rowspan="4">复核　　记账</td></tr>
<tr><td colspan="10">多余金额</td></tr>
<tr><td>千</td><td>百</td><td>十</td><td>万</td><td>千</td><td>百</td><td>十</td><td>元</td><td>角</td><td>分</td></tr>
<tr><td></td><td></td><td></td><td></td><td></td><td></td><td></td><td></td><td></td><td></td></tr>
</table>

表 2.1.22　银行汇票（解讫通知）

中国工商银行

银 行 汇 票 （解讫通知）

<table>
<tr><td>付款期限
壹个月</td></tr>
</table>

代理付款行：工商银行　　行号：

出票日期：贰零壹叁年壹拾贰月零肆日

<table>
<tr><td colspan="11">收款人：A 市 LM 材料公司　　　　账号：531825154246322</td></tr>
<tr><td colspan="11">出票金额　人民币（大写）贰拾贰万元整</td></tr>
<tr><td rowspan="2">实际结算金额人民币（大写）</td><td>千</td><td>百</td><td>十</td><td>万</td><td>千</td><td>百</td><td>十</td><td>元</td><td>角</td><td>分</td></tr>
<tr><td></td><td>¥</td><td>2</td><td>2</td><td>0</td><td>0</td><td>0</td><td>0</td><td>0</td><td>0</td></tr>
<tr><td colspan="11"></td></tr>
</table>

申请人：G 省 G 市兴旺公司　　　　账号：6222055802512345678

出票行：工商银行　行号：

备注：

凭票付款

出票人签单

<table>
<tr><td colspan="10">密押</td><td rowspan="4">复核　　记账</td></tr>
<tr><td colspan="10">多余金额</td></tr>
<tr><td>千</td><td>百</td><td>十</td><td>万</td><td>千</td><td>百</td><td>十</td><td>元</td><td>角</td><td>分</td></tr>
<tr><td></td><td></td><td></td><td></td><td></td><td></td><td></td><td></td><td></td><td></td></tr>
</table>

（二）解决方法

财务流程：企业申请银行汇票，填写“银行汇票申请书”，并签单（预留银行印鉴）。银行受理银行汇票申请书，受托款项后签发银行汇票，并用压数机压印出票金额，然后将银行汇票第二联和第三联（解讫通知）一并交给汇款人（企业）。企业根据银行汇票申请书编制记账凭证。

1. 会计分录

借：其他货币资金——银行汇票存款　　　　220 000

　贷：银行存款　　　　　　　　　　　　　　220 000

2. 填制记账凭证（表 2.1.23）

表 2.1.23　记账凭证

记账凭证

2013年12月04日　　　　　　记字第 004 号

摘要	总账科目	明细科目	过账	借方金额										过账	贷方金额									
				千	百	十	万	千	百	十	元	角	分		千	百	十	万	千	百	十	元	角	分
申请银行	其他货币资金	银行汇票				2	2	0	0	0	0	0	0											
汇票	银行存款																2	2	0	0	0	0	0	0
合　计					¥	2	2	0	0	0	0	0	0			¥	2	2	0	0	0	0	0	0

附件 1 张

财务主管 王立明　记账 余明亮　出纳 王红　审核 叶小光　制单 余明亮

（三）知识链接

1. 其他货币资金

其他货币资金的内容主要包括银行汇票存款、银行本票存款、信用卡存款、信用证保证金存款、存出投资款和外埠存款等。

银行汇票是指由出票银行签发的，由其在见票时按照实际结算金额无条件支付给收款人或者持票人的票据。银行汇票的出票银行为银行汇票的付款人。单位和个人各种款项的结算，均可使用银行汇票。银行汇票可以用于转账，注明“现金”字样的银行本票可以用于支取现金。

银行本票是指银行签发的，承诺自己在见票时无条件支付确定的金额给收款人或持票人的票据。单位和个人在同一票据交换区域需要支付的各种款项，均可使用银行本票。银行本票可以用于转账，注明“现金”字样的银行本票可以用于支取现金。

信用卡存款是指企业为取得信用卡而存入银行信用卡专户的款项。

信用证保证金存款是指采用信用证结算方式的企业为开具信用证而存入银行信用证保证金专户的款项。企业向银行申请开立信用证，应按规定向银行提交开证申请书、信用证申请人承诺书和购销合同。

存出投资款是指企业为购买股票、债券、基金等根据有关规定存入在证券公司指定银行开立的投资款专户的款项。

外埠存款是指企业为了到外地进行临时或零星采购，而汇往采购地银行开立采购专户的款项。

2. 账户设置

借方	其他货币资金 贷方
其他货币资金的取得	其他货币资金的减少
期末余额：实际持有的其他货币资金	

资产类账户，分别按照“外埠存款”“银行汇票”“银行本票”“信用卡存款”“信用证保证金存款””“存出投资款”等进行明细核算。

3. 其他货币资金的账务处理（以银行汇票存款为例）

（1）汇款单位（申请人）。

填写“银行汇票申请书”，出票银行受理，收妥款项后签发银行汇票。

借：其他货币资金——银行汇票

　贷：银行存款

用银行汇票结算材料价款和增值税税款时：

借：原材料

　　应交税费——应交增值税（进项税额）

　贷：其他货币资金——银行汇票

收到退回的银行汇票多余款项时：

借：银行存款

　贷：其他货币资金——银行汇票

（2）收款单位（销货单位）。

收到银行汇票（银行汇票和解讫通知），填制进账单到开户银行办理款项入账手续，根据进账单及销货发票等。

借：银行存款

　贷：主营业务收入

　　　应交税费——应交增值税（销项税额）

任务九　用银行汇票购进材料的核算

（一）工作任务

12 月 6 日，向 N 市 LM 材料公司购进 N 材料一批，增值税专用发票上注明货款为 180 000 元，增值税税额为 30 600 元，全部价款用银行汇票付讫，材料验收入库（表 2.1.24、表 2.1.25）。

表 2.1.24　增值税专用发票

G 省增值税专用发票　　　　NO.0689254

开票日期：2013 年 12 月 6 日

购货单位	名称：G 省 G 市兴旺公司 纳税人识别号：520118012345678 地址、电话：G 省 G 市高新区东风路 369 号 开户行及账号：中国工商银行 G 市高新区支行 6222055802512345678					密码区	（略）	
货物及应税劳务名称	规格型号	单位	数量	单价	金额	税率	税额	
N 材料		吨	100	1800	180 000	17%	30 600	
合计					¥180 000		30 600	
价税合计（大写）	贰拾壹万零陆佰元整				（小写）¥210 600			
销货单位	名称：N 市 LM 材料公司 纳税人识别号：620212054234679 地址、电话：G 省 N 市中山路 325 号 开户行及账号：中国工商银行 N 市中山支行 531825154246322					备注		

第一联　发票联　购货方记账联

收款人：　　　复核：　　　开票人：　　　销货单位（章）

增值税专用发票抵扣联略。

表 2.1.25　入库单

入　库　单

供货单位：N 市 LM 材料公司　　　　凭证编号：

发票号码：0689254　　　2013 年 12 月 6 日　　　材料仓库：

编号	名称	规格	单位	数量		单价	材料金额	运费	金额
				应收	实收				
	N 材料		吨	100	100	1800	180 000.00		180 000.00
合计				100	100	1800	180 000.00		180 000.00

部门主管：　　　记账：　　　保管：　　　经办人：

（二）解决方法

财务流程：

企业将银行汇票第二联和第三联（解讫通知）一并交给销货方。企业根据所收到销货方开出增值税专用发票（记账联）编制记账凭证。（增值税专用发票抵扣联抽出认证，单独装订）

1. 会计分录

借：原材料——N 材料　　180 000

　　应交税费——应交增值税（进项税额）　　30 600

　贷：其他货币资金——银行汇票　　210 600

2. 填制记账凭证（表 2.1.26）

表 2.1.26 记账凭证

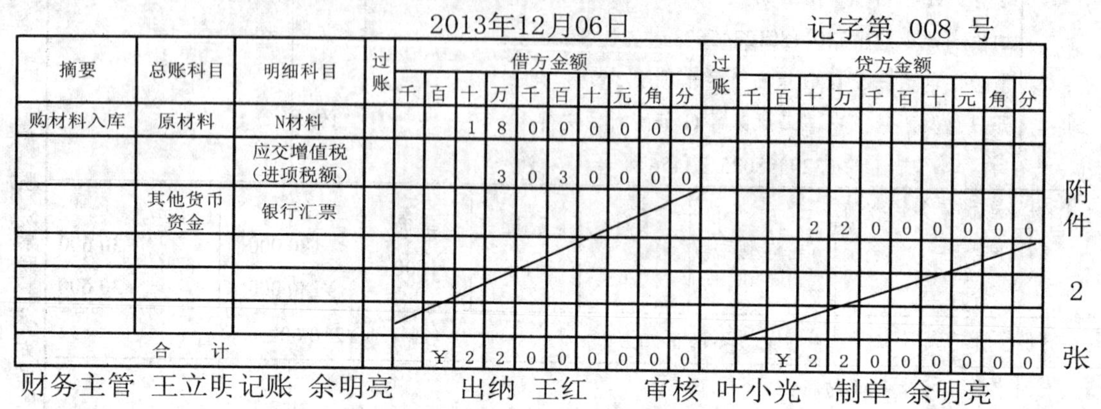

记账凭证

2013年12月06日 记字第 008 号

摘要	总账科目	明细科目	过账	借方金额 千	百	十	万	千	百	十	元	角	分	过账	贷方金额 千	百	十	万	千	百	十	元	角	分
购材料入库	原材料	N材料				1	8	0	0	0	0	0	0											
		应交增值税（进项税额）					3	0	3	0	0	0	0											
	其他货币资金	银行汇票															2	2	0	0	0	0	0	0
合 计					¥	2	2	0	0	0	0	0	0			¥	2	2	0	0	0	0	0	0

附件 2 张

财务主管 王立昄 记账 余明亮 出纳 王红 审核 叶小光 制单 余明亮

任务十 银行汇票结算退回余款的核算

（一）工作任务

12 月 9 日，出纳人员从银行取回银行汇票多余款收账通知（表 2.1.27）。

表 2.1.27 银行汇票

付款期限 壹个月

中国工商银行
银 行 汇 票　　2

出票日期：贰零壹叁年壹拾贰月零肆日

代理付款行：工商银行　行号：

收款人：N 市 LM 材料公司　账号：531825154246322

出票金额 人民币（大写）贰拾贰万元整

实际结算金额人民币（大写）贰拾壹万零陆佰元整	千	百	十	万	千	百	十	元	角	分
		¥	2	1	0	6	0	0	0	0

申请人：G 省 G 市兴旺公司　账号：6222055802512345678

出票行：工商银行　行号：

备注：

凭票付款

出票人签单

密押										
多余金额										
千	百	十	万	千	百	十	元	角	分	
			¥	9	4	0	0	0	0	复核　记账

（二）解决方法

财务流程：

企业根据银行汇票多余款收账通知编制记账凭证。

1. 会计分录

借：银行存款　　9400

　贷：其他货币资金——银行汇票　　9400

2. 填制记账凭证（表 2.1.28）

表 2.1.28　记账凭证

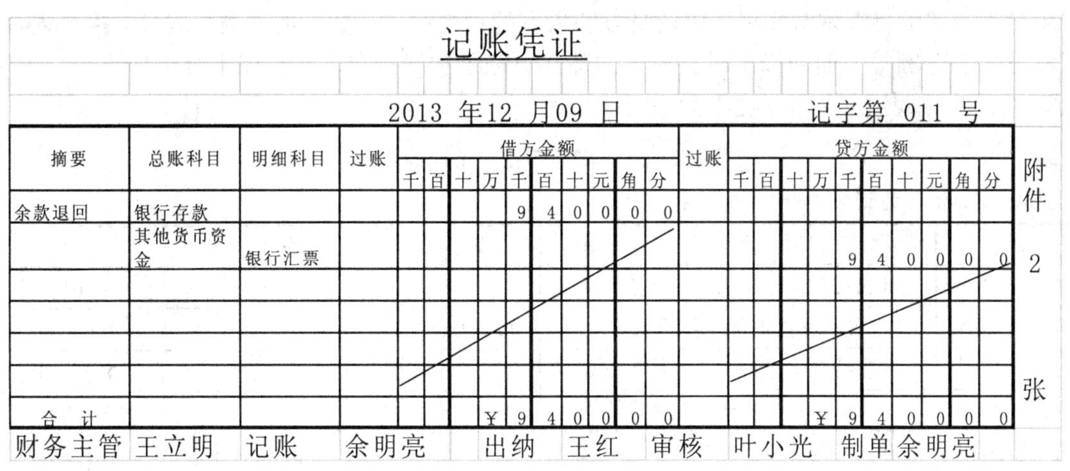

记账凭证

2013 年12 月09 日　　　　记字第 011 号

摘要	总账科目	明细科目	过账	借方金额										过账	贷方金额									
				千	百	十	万	千	百	十	元	角	分		千	百	十	万	千	百	十	元	角	分
余款退回	银行存款							9	4	0	0	0	0											
	其他货币资金	银行汇票																	9	4	0	0	0	0
合　计							¥	9	4	0	0	0	0					¥	9	4	0	0	0	0

附件 2 张

财务主管 王立明　记账 余明亮　出纳 王红　审核 叶小光　制单 余明亮

银行汇票 **任务十一　银行存款的核对**

（一）工作任务

12 月 1 日，出纳人员从银行取回银行对账单，并将“银行存款日记账”与“银行对账单”核对（表 2.1.29、表 2.1.30）。

表 2.1.29　银行存款日记账的记录

银行存款日记账的记录（11 月末最后三天）

日期	摘要	借方		贷方		余额
11 月 28 日	开出转账支票#2515 支付招待费			1200.00		69 601.00
11 月 28 日	收到委托银行代收的货款	10 000.00				79 601.00
11 月 29 日	开出转账支票#2516 支付办公费			890.00		78 711.00
11 月 29 日	销售产品收到转账支票	6417.00				85 128.00
11 月 30 日	开出转账支票#2517 支付材料款			1400.00		83 728.00
	本月合计	略		略		83 728.00

表 2.1.30　银行对账单的记录

银行对账单的记录（11 月末最后三天）

日期	摘要	借方		贷方		余额
11 月 28 日	代收 CS 公司货款			10 000.00		80 801.00
11 月 29 日	代付电费	2700.00				78 101.00
11 月 29 日	代收 MX 公司货款			3500.00		81 601.00
11 月 30 日	支付转账支票#2515	1200.00				80 401.00
11 月 30 日	支付转账支票#2516	890.00				79 511.00
	本月合计	略		略		79 511.00

（二）解决方法

财务流程：出纳人员取回对账单后，把企业“银行存款日记账”中的借方和贷方的每笔记录分别与“银行存款对账单”中的贷方和借方的每笔记录从凭证的种类、编号、摘要内容、记账方向、金额等方面加以核对，对上的即在对账单和银行存款日记账上分别做出记号（一般为“√”）。如表 2.1.31、表 2.1.32 所示。

表 2.1.31　银行存款日记账的记录

银行存款日记账的记录（11 月末最后三天）

日期	摘要	借方		贷方		余额
11 月 28 日	开出转账支票#2515 支付招待费			1200.00	√	69 601.00
11 月 28 日	收到委托银行代收的货款	10 000.00	√			79 601.00
11 月 29 日	开出转账支票#2516 支付办公费			890.00	√	78 711.00
11 月 29 日	销售产品收到转账支票	6417.00				85 128.00
11 月 30 日	开出转账支票#2517 支付材料款			1400.00		83 728.00
	本月合计	略		略		83 728.00

表 2.1.32　银行对账单的记录

银行对账单的记录（11 月末最后三天）

日期	摘要	借方		贷方		余额
11 月 28 日	代收 CS 公司货款			10 000.00	√	80 801.00
11 月 29 日	代付电费	2700.00				78 101.00
11 月 29 日	代收 MX 公司货款			3500.00		81 601.00
11 月 30 日	支付转账支票#2515	1200.00	√			80 401.00
11 月 30 日	支付转账支票#2516	890.00	√			79 511.00
	本月合计	略		略		79 511.00

发现本单位漏记、重记、错记或串户等情况，应由单位更正后登记入账。在与开户银行核对余额过程中，由于未达账项的存在，使银行账面余额与单位银行存款日记账账面余额不符，应及时编制银行存款余额调节表（表 2.1.33）。

表 2.1.33　银行存款余额调节表

2013 年 11 月 30 日

项目	金额	项目	金额
企业银行存款日记账余额	83 728.00	银行对账单余额	79 511.00
加：	3500.00	加：	6417.00
减：	2700.00	减：	1400.00
调节后的余额	84 528.00	调节后的余额	84 528.00

（三）知识链接

“银行存款日记账”应定期与“银行对账单”核对，至少每月核对一次。企业银行存款账面余额与银行对账单余额之间如有差额，应编制“银行存款余额调节表”调节相符，如没有记账错误，调节后的双方余额应相等。

企业银行存款账面余额与银行对账单余额之间不一致的原因，是因为存在未达账项。发生未达账项的具体情况有四种：

（1）单位已经入账，但银行尚未入账的收入事项。如单位存入银行的转账支票，银行尚未记入单位账户。

（2）单位已经入账，而银行尚未入账的付出事项。如单位签发的支票，单位已经入账，而银行尚未接到办理转账手续，因而未减少企业存款。

（3）银行已经入账，单位尚未入账的收入事项。如银行代收的票据及利息，银行已入单位的存款户而单位未能及时收到通知因而并未入账。

（4）银行已经入账而单位尚未入账的付出事项。如银行代扣的水电费、代扣的银行借款利息等已经入单位的账户而单位尚未收到银行通知因而尚未入账。

出现第一种和第四种情况时，单位银行存款账面余额会大于银行对账单的余额；反过来，出现第二种和第三种情况时，企业银行存款账面余额会小于银行对账单的余额。若未达账项不及时查对与调整，企业对实有存款数心中无数，则不利于合理调配使用资金、发挥资金的应有效益，还容易开出“空头”支票，造成不必要的经济损失，带来不必要的麻烦。所以，企业出纳人员应该及时取得银行对账单，编制银行存款余额调节表。

银行存款余额调节表只是为了核对账目，不能作为调整银行存款余额的记账依据。调节后的余额如果相等，通常说明企业和银行的账面记录一般没有错误，该余额通常为企业可以动用的银行存款实有数。调节后的余额如果不相等，通常说明一方或双方记账有误，需进一步查明原因后，予以更正和处理。

项目二 存货核算

一、存货的内容

存货是指企业在日常活动中持有以备出售的产品或商品，处在生产过程中的在产品，在生产过程或提供劳务过程中耗用的材料或物料等，包括各类材料、在产品、半成品、产成品、商品以及包装物、低值易耗品、委托代销商品等。

原材料是指企业在生产过程中经加工改变其形态或性质并构成产品主要实体的各种原料及主要材料、辅助材料、燃料、修理用备件（备品备件）、包装材料、外购半成品（外购件）等。

在产品是指企业正在制造尚未完工的生产物，包括正在各个生产工序加工的产品和已加工完毕但尚未检验或已检验但尚未办理入库手续的产品。

半成品是指经过一定生产过程并已检验合格交付半产品仓库保管，但尚未制造完工成为产成品，仍需进一步加工的中间产品。

产成品是指工业企业已经完成全部生产过程并已验收入库，可以按照合同规定的条件送交订货单位，或者可以作为商品对外销售的产品。

商品是指商品流通企业外购或委托加工完成验收入库用于销售的各种商品。

包装物是指为了包装本企业的商品而储备的各种包装容器，如桶、箱、瓶、坛、袋等。

低值易耗品是指不能作为固定资产核算的各种用具物品，如工具、管理用具、玻璃器皿、劳动保护用品以及在经营过程中周转使用的容器等。

委托代销商品是指企业委托其他单位代销的商品。

二、存货成本

存货应当按照成本进行初始计量。存货成本包括采购成本、加工成本和其他成本。

（1）存货的采购成本，包括购买价款、相关税费、运输费、装卸费、保险费以及其他可归属于存货采购成本的费用。

购买价款指企业购入的材料或商品的发票账单上列明的价款，但不包括按照规定可以抵扣的增值税进项税额。

存货的相关税费是指企业购买存货时发生的进口关税、消费税、资源税和不能抵扣的增值税进项税额以及相应的教育费附加等应计入存货采购成本的税金。

其他可归属于存货采购成本的费用是指采购成本中除上述各项以外的可归属于存货采购的费用，如在采购过程中发生的仓储费用、包装费、运输途中的合理损耗、入库前的挑选整理费用等。

商品流通企业在采购商品过程中发生的进货费用，应当计入存货采购成本，也可以先进行归集，期末根据所购商品的存销情况进行分摊。对于已售商品的进货费用，计入当期损益；对于未售商品的进货费用，计入期末存货成本。进化费用较小的，可以在发生时直接计入当期损益。

（2）存货的加工成本是指存货的加工过程中发生的追加费用，包括直接人工以及按照一定方法分配的制造费用。

（3）存货的其他成本是指除采购成本、加工成本以外的，使存货达到目前场所和状态所发生的其他支出。

三、存货成本的确定

存货的来源不同，其成本的构成内容也不同。原材料、商品、低值易耗品等通过购买而取得的存货的成本由采购成本构成；产成品、在产品、半成品等自制或需委托外单位加工完成的存货的成本由采购成本、加工成本以及使存货达到目前场所和状态所发生的其他支出构成。实务中具体按以下原则确定：

（1）购入的存货，其成本包括买价、运杂费（包括运输费、装卸费、保险费、包装费、仓储费）、运输途中的合理损耗、入库前的挑选整理费用以及按规定应计入成本的税费和其他费用。

（2）自制的存货，包括自制原材料、自制包装物、自制低值易耗品、自制半成品及库存商品等，其成本包括直接材料、直接人工和制造费用等各项实际支出。

（3）委托外单位加工完成的存货，包括加工后的原材料、包装物、低值易耗品、半成品、产成品等，其成本包括实际耗用的原材料或半成品、加工费、装卸费、保险费、委托加工的往返运输费等费用以及按规定应计入成本的税费。

非正常消耗的直接材料、直接人工和制造费用，仓储费用和不能归属于使存货达到目前场所和状态的其他支出不应计入存货成本，应在发生时计入当期损益。

任务一 材料购进的核算（一）

（一）工作任务

12 月 10 日，向 B 市 CX 材料厂购进 B 材料一批，增值税专用发票上注明货款为 147 675.00 元，增值税税额为 25 104.75 元；另发生运费 2500.00 元，货款未付，材料尚未收到（表 2.2.1、表 2.2.2）。

表 2.2.1 G 省增值税专用发票

G 省增值税专用发票 NO.0689254

开票日期：2013 年 12 月 10 日

<table>
<tr><td>购货单位</td><td colspan="4">名称：G 省 G 市兴旺公司
纳税人识别号：520118012345678
地址、电话：G 省 G 市高新区东风路 369 号
开户行及账号：中国工商银行 G 市高新区支行
6222055802512345678</td><td>密码区</td><td colspan="3">（略）</td></tr>
<tr><td colspan="2">货物及应税劳务名称
B 材料
合计</td><td>规格型号</td><td>单位
吨</td><td>数量
100</td><td>单价
1 476.75</td><td>金额
147 675.00
¥147 675.00</td><td>税率
17%</td><td>税额
25 104.75
¥ 25 104.75</td></tr>
<tr><td colspan="2">价税合计（大写）</td><td colspan="7">壹拾柒万贰仟柒佰柒拾玖元柒角伍分　　（小写）¥172 779.75</td></tr>
<tr><td>销货单位</td><td colspan="4">名称：B 市 CX 材料厂
纳税人识别号：620212054234679
地址、电话：G 省 B 市长兴路 35 号
开户行及账号：中国工商银行 B 市长兴支行
6225055802515645721</td><td>备注</td><td colspan="3"></td></tr>
</table>

第一联 发票联 购货方记账联

收款人：　　复核：　　开票人：　　销货单位（章）

增值税专用发票抵扣联略。

表 2.2.2 公路、内河货物运输业统一发票

公路、内河货物运输业统一发票

发 票 联　　发票代码：507030445871

开票日期：2013 年 12 月 10 日　　发票号码：10200457

<table>
<tr><td>机打代码
机打号码
机器编号</td><td>64154564524
45625785</td><td>税控码</td><td colspan="3">略</td></tr>
<tr><td>收货人及
纳税人识别号</td><td>G 省 G 市兴旺公司
520118012345678</td><td colspan="2">承运人及
纳税人识别号</td><td colspan="2">B 市 LD 运输公司
520157065752645</td></tr>
<tr><td>发货人及
纳税人识别号</td><td>G 省 B 市 CX 材料厂
620212054234679</td><td colspan="2">主管税务机关及代码</td><td colspan="2">B 市地方税务局**分局
代码（略）</td></tr>
<tr><td>运输项目及金额</td><td colspan="2">货物名称　数量（重量）　单位运价　计费里程　金额
B 材料　100　25.00　100　2500.00</td><td>其他项目及金额</td><td>费用名称　金额</td><td>备注：</td></tr>
<tr><td>运费小计</td><td>2500.00</td><td colspan="2">其他费用小计</td><td colspan="2"></td></tr>
<tr><td>合计（大写）</td><td colspan="5">贰仟伍佰元整</td></tr>
</table>

（二）解决方法

财务流程：审核采购员交来的采购发票、运费发票、采购订单（或合同）等与材料采购有关的原始凭证（将增值税专用发票抵扣联抽出认证，单凭保管），并据以编制记账凭证。

1. 会计分录

借：在途物资　　　　　　　　　　　　　150 000.00

　　应交税费——应交增值税（进项税额）　25 279.75

　贷：应付账款——B 市 CX 材料厂　　　　　　　175 279.75

2. 填制记账凭证（表 2.2.3）

表 2.2.3　记账凭证

记账凭证

2013年12月10日　　　　记字第 013号

摘要	总账科目	明细科目	过账	借方金额										过账	贷方金额									
				千	百	十	万	千	百	十	元	角	分		千	百	十	万	千	百	十	元	角	分
购材料	在途物资					1	5	0	0	0	0	0	0											
	应交税费	应交增值税（进项税额）					2	5	2	7	9	7	5											
	应付账款	B市长兴															1	7	5	2	7	9	7	5
合　计					¥	1	7	5	2	7	9	7	5			¥	1	7	5	2	7	9	7	5

附件 2 张

财务主管　王立明　记账　余明亮　出纳　王红　审核　叶小光　制单　余明亮

任务二　材料入库的核算

（一）工作任务

12 月 12 日，收到上述向 B 市 CX 材料厂购入 B 材料，验收入库（表 2.2.4）。

表 2.2.4　入库单

入　库　单

供货单位：B 市 CX 材料厂　　　　　　　　　　　　凭证编号：

发票号码：10200457　　　　2013 年 12 月 12 日　　　　材料仓库：

编号	名称	规格	单位	数量		单价	材料金额	运费	金额
				应收	实收				
	B 材料		吨	100	100	1476.75	147 675.00	2 325.00	150 000.00
合计				100	100	1476.75	147 675.00	2 325.00	150 000.00

部门主管：　　　　记账：　　　　保管：　　　　经办人：

（二）解决方法

财务流程：企业收到材料，验收入库。由经办人填制入库单，入库单中记账联交财务部门，据以编制材料入库的记账凭证。

1. 会计分录

借：原材料——B 材料　　　　150 000

　贷：在途物资　　　　　　　　150 000

2. 填制记账凭证（表 2.2.5）

表 2.2.5　记账凭证

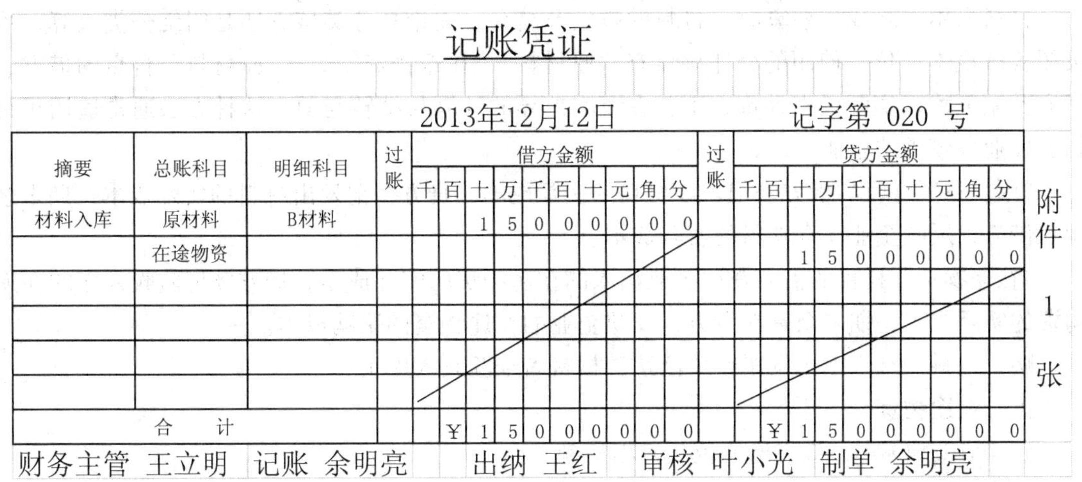

记账凭证

2013年12月12日　　　　记字第 020 号

摘要	总账科目	明细科目	过账	借方金额										过账	贷方金额								
				千	百	十	万	千	百	十	元	角	分		千	百	十	万	千	百	十	元	角	分
材料入库	原材料	B材料				1	5	0	0	0	0	0	0											
	在途物资																1	5	0	0	0	0	0	0
合　计					¥	1	5	0	0	0	0	0	0			¥	1	5	0	0	0	0	0	0

附件 1 张

财务主管 王立明　记账 余明亮　出纳 王红　审核 叶小光　制单 余明亮

（三）知识链接

1. 原材料的日常收发及结存

原材料的日常收发及结存可以采用实际成本核算，也可以采用计划成本核算。

相关账户设置如下：

借方　　　　原材料	贷方
验收入库材料的成本	发出材料的成本
期末余额：库存材料的成本	

资产类账户，按材料的保管地点（仓库）、材料的类别、品种和规格等进行明细核算。注：成本可以是实际成本或计划成本。

借方　　　　在途物资	贷方
购入物资的实际成本	入库物资的实际成本
期末余额：在途物资的实际成本	

资产类账户，按供应单位和物资品种进行明细核算。

借方　　　　材料采购	贷方
① 采购材料的实际成本 ② 入库时结转的节约差异	① 入库材料的计划成本 ② 入库时结转的超支差异
期末余额：在途材料的采购成本	

资产类账户，按供应单位和材料品种进行明细核算。

借方	材料成本差异　贷方
① 入库材料的超支差异 ② 发出材料负担的节约差异	① 入库材料的节约差异 ② 发出材料负担的超支差异
期末余额：实际－计划	期末余额：计划－实际

资产类账户，可以分别“原材料”“周转材料”等按照类别或品种进行明细核算。

（1）采用实际成本核算。

材料采用实际成本核算时，材料的收发及结存，无论总分类核算还是明细分类核算，均按照实际成本计价。使用的会计科目有“原材料”“在途物资”等。“原材料”科目的借方、贷方及余额均以实际成本计价，不存在成本差异的计算与结转问题。这种方法通常适用于材料收发业务较少的企业。

“原材料”科目的借方登记入库材料的实际成本，贷方登记发出材料的实际成本，期末余额在借方，反映企业库存材料的实际成本。

“在途物资”科目的借方登记企业购入的在途物资的实际成本，贷方登记验收入库的在途物资的实际成本，期末余额在借方，反映企业的在途物资的采购成本。

购入材料，未入库（发票账单已达，材料尚未验收入库）：

借：在途物资

　　应交税费——应交增值税（进项税额）

　贷：银行存款/应付账款/预收账款/应付票据等

材料验收入库时：

借：原材料

　贷：在途物资

若购入材料同时验收入库（发票账单与材料同时到达）：

借：原材料

　　应交税费——应交增值税（进项税额）

　贷：银行存款/应付账款/预收账款/应付票据等

材料收到，期末仍未收到发票账单，按暂估价入账：

借：原材料

　贷：应付账款

下月初，作相反的会计分录冲回（收到发票账单时再按实际金额入账）。

（2）采用计划成本核算。

材料采用计划成本核算时，材料的收发及结存，无论总分类核算还是明细分类核算，均按照计划成本计价。使用的会计科目有“原材料”“材料采购”“材料成本差异”等。材料实际成本与计划成本的差异，通过“材料成本差异”科目核算。

月末，计算本月发出材料应负担的成本差异并进行分摊，根据领用材料的用途计入相关资产的成本或者当期损益，从而将发出材料的计划成本调整为实际成本。

“原材料”科目的借方登记入库材料的计划成本，贷方登记发出材料的计划成本，期末余额在借方，反映企业库存材料的计划成本。

“材料采购”科目的借方登记企业购入材料的实际成本，贷方登记验收入库材料的计划成本。借方大于贷方表示超支，从“材料采购”科目贷方转入“材料成本差异”科目借方；贷方大于借方表示节约，从“材料采购”科目借方转入“材料成本差异”科目贷方；期末为借方余额，反映企业在途材料的采购成本。

“材料成本差异”科目反映企业已入库各种材料的实际成本与计划成本的差异，借方登记超支差异及发出材料应负担的节约差异，贷方登记节约差异及发出材料应负担的超支差异。期末如为借方余额，反映企业库存材料的实际成本大于计划成本的差异（即超支差异）；如为贷方余额，反映企业库存材料的实际成本小于计划成本的差异（即节约差异）。

购入材料：

借：材料采购

　　应交税费——应交增值税（进项税额）

　贷：银行存款/应付账款/预收账款/应付票据等

注意：计划成本法下，无论材料是否验收入库，都要先通过“材料采购”科目进行核算，以反映企业所购材料的实际成本。从而与“原材料”科目作比较，计算确定材料成本差异。

材料验收入库时：

借：原材料　　　　　（计划成本）

　贷：材料采购　　　　（计划成本）

结转入库材料超支差异（实际成本大于计划成本）：

借：材料成本差异　　　（实际成本 - 计划成本）

　贷：材料采购　　　　（实际成本 - 计划成本）

结转入库材料节约差异（计划成本大于实际成本）：

借：材料采购　　　　　（计划成本 - 实际成本）

　贷：材料成本差异　　（计划成本 - 实际成本）

材料收到，期末仍未收到发票账单，按计划成本入账：

借：原材料

　贷：应付账款

下月初，作相反的会计分录冲回（收到发票账单时再按实际金额入账）

2. 进项税额的抵扣

增值税一般纳税人企业购进材料取得增值税专用发票，按照专用发票上注明的税额进行进项税额的抵扣，按照专用发票上注明的金额计入采购成本。

下列项目的进项税额不得从销项税额中抵扣（不能抵扣的进项税额计入材料采购成本）：

（1）用于增值税非应税项目、免征增值税项目、集体福利或个人消费的购进货物或者应税劳务。

（2）非正常损失的购进货物及相关的应税劳务。

（3）非正常损失的在产品、产成品所耗用的购进货物或者应税劳务。

（4）国务院财政、税务主管部门规定的纳税人自用消费品。

3. 运输费用的结算

增值税一般纳税人企业发生运输费用，取得运输费用结算单据，按照“运输费用金额×7%”

计算的进项税额抵扣，“运输费用金额×（1-7%）+其他杂费”计入采购成本。运输费用和其他杂费（装卸费、保险费等）合并开具运杂费的，不得抵扣。运杂费需填写材料入库单（只写金额不写数量），并计入相应材料的采购成本。

注意：营改增政策对发票的影响：

（1）自本地区营改增试点实施之日起，试点地区增值税一般纳税人提供货物运输服务统一使用货物运输业增值税专用发票和普通发票。

（2）小规模纳税人提供货物运输服务，接受方索取货物运输业增值税专用发票的，可向主管税务机关申请代开货物运输业增值税专用发票。

（3）自本地区试点实施之日起，试点地区纳税人不得开具公路、内河货物运输业统一发票。因此，在我国运输业全面施行营改增后，公路、内河货物运输业统一发票将不再作为增值税扣税凭证，而是被货物运输业增值税专用发票取代。

若无特殊情况，本教材中M市为营改增试点地区，其他地区为非试点地区。

任务三　材料购进的核算（二）

（一）工作任务

12月15日，向M市HX材料厂购进M材料一批，增值税专用发票上注明货款为199 450元，增值税税额为33 906.50元，另发生运费，取得运输业增值税专用发票上注明运费5000元，增值税税额为550元，货款已预付，材料验收入库（表2.2.6 ~ 表2.2.8）。

表2.2.6　G省增值税专用发票

G省增值税专用发票　　　　NO.0985626

开票日期：2013年12月15日

<table>
<tr><td>购货单位</td><td colspan="5">名称：G省G市兴旺公司
纳税人识别号：520118012345678
地址、电话：G省G市高新区东风路369号
开户行及账号：中国工商银行G市高新区支行
6222055802512345678</td><td>密码区</td><td colspan="2">（略）</td></tr>
<tr><td>货物及应税劳务名称</td><td>规格型号</td><td>单位</td><td>数量</td><td>单价</td><td>金额</td><td>税率</td><td>税额</td></tr>
<tr><td>M材料</td><td></td><td>千克</td><td>1000</td><td>199.45</td><td>199 450.00</td><td>17%</td><td>33 906.50</td></tr>
<tr><td>合计</td><td></td><td></td><td></td><td></td><td>¥199 450.00</td><td></td><td>¥33 906.50</td></tr>
<tr><td>价税合计（大写）</td><td colspan="7">贰拾叁万叁仟叁佰伍拾陆元伍角整　　（小写）¥233 356.50</td></tr>
<tr><td>销货单位</td><td colspan="5">名称：G省M市HX材料厂
纳税人识别号：620558965658423
地址、电话：
开户行及账号：中国工商银行支行
6225055802515645721</td><td>备注</td><td colspan="2"></td></tr>
</table>

第一联 发票联 购货方记账联

收款人：　　复核：　　开票人：王霞　　销货单位（章）

增值税专用发票抵扣联略。

表 2.2.7　货物运输业增值税专用发票

货物运输业增值税专用发票　　　　NO.1254839

8545300015　　　　发票联　　　　开票日期：2013 年 12 月 15 日

承运人及 纳税人识别号	M 市 YT 运输有限公司 纳税人识别号：621218123456821	密码区	（略）		
实际受票方及 纳税人识别号	G 省 G 市兴旺公司 520118012345678				
收货人及 纳税人识别号	G 省 G 市兴旺公司 520118012345678	发货人及 纳税人识别号	G 省 M 市 HX 材料厂 620558965658423		
起运地、经由、到达地	M 市—G 市				
费用项目及金额	费用项目：运输费　金额：5000.00	费用项目　金额		运输货物信息	M 材料
合计金额	¥5000.00	税率 11%	税额 ¥550.00		
价税合计（大写）	伍仟伍佰伍拾元整		（小写）¥5550.00		
车种车号	AD*****	车船吨位 3	备注	完税凭证号码：02	
主管税务机关及代码	M 市地方税务局**分局 000000Y2				

收款人：　　复核人：　　开票人：张娅　　承运人（章）

注意：

货物运输业增值税专用发票分三联票和六联票，第一联：记账联（承运人记账凭证）；第二联：抵扣联（受票方扣税凭证）；第三联：发票联（受票方记账凭证）；第四联至第六联由发票使用单位自行安排使用。

（1）试点地区小规模纳税人向税务机关申请代开的货物运输业增值税专用发票，发票上有“代开”字样。“税率”栏和“税额”栏均自动打印“***”，可按票面“价税合计”栏金额和 7%的扣除率计算进项税额进行抵扣。（进项税额 = 运输费用金额（价税合计）×7%）

（2）试点地区一般纳税人开具的货物运输业增值税专用发票，按增值税专用发票上注明的税额抵扣。

（3）本教材中 M 市为营改增试点地区，其他地区为非试点地区。

表 2.2.8　入库单

入　库　单

供货单位：M 市 HX 材料厂　　　　凭证编号：

发票号码：0985626　　2013 年 12 月 15 日　　材料仓库：

编号	名称	规格	单位	数量		单价	材料金额	运费	金额
				应收	实收				
	M 材料		千克	1000	1000	195	199 450.00	550.00	200 000.00
合计				1000	1000	199.45	199 450.00	550.00	200 000.00

部门主管：孙阳　　记账：　　保管：刘伟　　经办人：张少华

（二）解决方法

财务流程：企业购入材料并验收入库。根据增值税专用发票、入库单等据以编制记账凭证。

1. 会计分录

借：原材料——M 材料　　　　　　　　　200 000.00

　　应交税费——应交增值税（进项税额）　38 906.50

　贷：预付账款——M 市 HX 材料厂　　　　　　　238 906.50

2. 填制记账凭证（表 2.2.9）

表 2.2.9　记账凭证

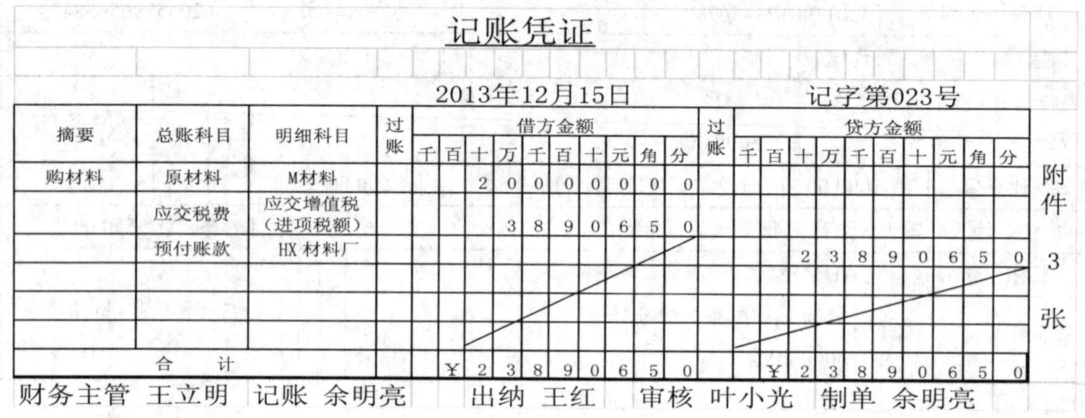

记账凭证

2013年12月15日　　　　记字第023号

摘要	总账科目	明细科目	过账	借方金额 千	百	十	万	千	百	十	元	角	分	过账	贷方金额 千	百	十	万	千	百	十	元	角	分
购材料	原材料	M材料				2	0	0	0	0	0	0	0											
	应交税费	应交增值税（进项税额）					3	8	9	0	6	5	0											
	预付账款	HX 材料厂															2	3	8	9	0	6	5	0
合　计					¥	2	3	8	9	0	6	5	0			¥	2	3	8	9	0	6	5	0

附件 3 张

财务主管 王立明　记账 余明亮　出纳 王红　审核 叶小光　制单 余明亮

任务四　材料购进的核算（三）

（一）工作任务

12 月 16 日，向本市 NF 公司购进 A 材料一批，增值税专用发票上注明货款为 210 000 元，增值税税额为 35 700 元，开出转账支票支付货款，材料验收入库（表 2.2.10、表 2.2.11、图 2.2.1）。

表 2.2.10　G 省增值税专用发票

G 省增值税专用发票　　　　NO.0685835

开票日期：2013 年 12 月 16 日

购货单位	名称：G 省 G 市兴旺公司 纳税人识别号：520118012345678 地址、电话：G 省 G 市高新区东风路 369 号 开户行及账号：中国工商银行 G 市高新区支行 6222055802512345678				密码区	（略）	
货物及应税劳务名称 A 材料 合计	规格型号	单位 千克	数量 2000	单价 105.00	金额 210 000.00 ¥210 000.00	税率 17%	税额 35 700.00 ¥35 700.00
价税合计（大写）	贰拾肆万伍仟柒佰元整				（小写）¥245 700.00		
销货单位	名称：G 市 NF 公司 纳税人识别号：520118012345678 地址、电话：G 省 G 市北京路 301 号 开户行及账号：中国工商银行北京路支行 6225055851245642546				备注		

第一联 发票联 购货方记账联

收款人：　　复核：　　开票人：刘万丽　　销货单位（章）

注：增值税专用发票抵扣联略。

中国工商银行
转支票存根
Ⅶ85625625

科　目：
对方科目：
签发日期：2013 年 12 月 16 日

收款人：G 市 NF 公司
金　额：¥245 700.00
用　途：材料款

单位主管：王立明　　会计：余明亮

图 2.2.1　中国工商银行转支票存根

表 2.2.11　入库单

入　库　单

供货单位：G 市 NF 公司　　　　凭证编号：
发票号码：0685835　　　　2013 年 12 月 16 日　　　　材料仓库：

编号	名称	规格	单位	数量		单价	材料金额	运费	金额
				应收	实收				
	A 材料		千克	2000	2000	105.00	210 000.00		210 000.00
合计				2000	2000	105.00	210 000.00		210 000.00

部门主管：孙阳　　记账：　　保管：刘伟　　经办人：张少华

（二）解决方法

财务流程：企业购入材料并验收入库。根据增值税专用发票、入库单等据以编制记账凭证。

1. 会计分录

借：原材料——A 材料　　210 000.00
　　应交税费——应交增值税（进项税额）　　35 700.00
　贷：银行存款　　245 700.00

2. 填制记账凭证（表 2.2.12）

表 2.2.12　记账凭证

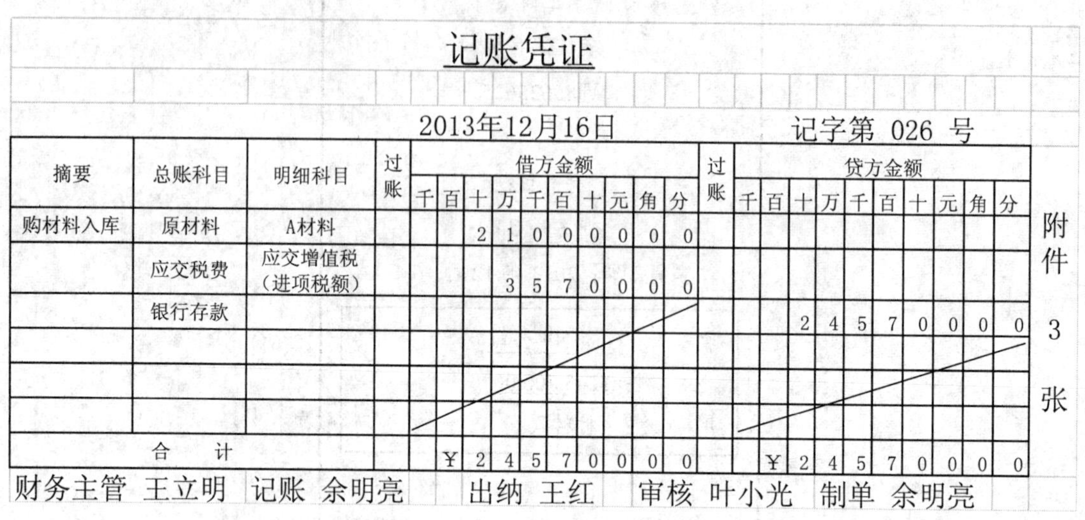

记账凭证

2013年12月16日　　　　记字第 026 号

摘要	总账科目	明细科目	过账	借方金额										过账	贷方金额									
				千	百	十	万	千	百	十	元	角	分		千	百	十	万	千	百	十	元	角	分
购材料入库	原材料	A材料				2	1	0	0	0	0	0	0											
	应交税费	应交增值税（进项税额）					3	5	7	0	0	0	0											
	银行存款																2	4	5	7	0	0	0	0
合　计					¥	2	4	5	7	0	0	0	0			¥	2	4	5	7	0	0	0	0

附件 3 张

财务主管 王立明　记账 余明亮　出纳 王红　审核 叶小光　制单 余明亮

任务五　材料发出的核算

（一）工作任务

12 月 30 日，根据生产车间生产产品领料单汇总：生产车间生产 AB 产品，领用 A 材料 1400 千克，B 材料 90 吨；生产 MN 产品，领用 M 材料 1000 千克，N 材料 100 吨；管理部门领用 M 材料 20 千克（表 2.2.13 ~ 表 2.2.22）。

表 2.2.13　领料单 1

领　料　单

编制部门：仓库　　　　2013 年 12 月 5 日　　　　金额单位：元

用途	材料名称	数量（千克）		实际成本		领用部门
		请领	实领	单位实际成本	金额	
生产 AB 产品	A 材料	100	100	105.00	10 500.00	生产车间
合计		100	100	105.00	10 500.00	

领料部门主管：杨伟光　　记账：　　保管：刘伟　　经办人：李元军

表 2.2.14　领料单 2

领　料　单

编制部门：仓库　　　　2013 年 12 月 10 日　　　　金额单位：元

用途	材料名称	数量（千克）		实际成本		领用部门
		请领	实领	单位实际成本	金额	
生产 AB 产品	A 材料	300	300	105.00	31 500.00	生产车间
合计		300	300	105.00	31 500.00	

领料部门主管：杨伟光　　记账：　　保管：刘伟　　经办人：李元军

表 2.2.15 领料单 3

领 料 单

编制部门：仓库　　2013 年 12 月 20 日　　金额单位：元

用途	材料名称	数量（千克）		实际成本		领用部门
		请领	实领	单位实际成本	金额	
生产 AB 产品	A 材料	1000	1000	105.00	105 000.00	生产车间
合计		1000	1000	105.00	105 000.00	

领料部门主管：杨伟光　　记账：　　保管：刘伟　　经办人：李元军

表 2.2.16 领料单 4

领 料 单

编制部门：仓库　　2013 年 12 月 5 日　　金额单位：元

用途	材料名称	数量（吨）		实际成本		领用部门
		请领	实领	单位实际成本	金额	
生产 AB 产品	B 材料	10	10	1500.00	15 000.00	生产车间
合计		10	10	1500.00	15 000.00	

领料部门主管：杨伟光　　记账：　　保管：刘伟　　经办人：李元军

表 2.2.17 领料单 5

领 料 单

编制部门：仓库　　2013 年 12 月 15 日　　金额单位：元

用途	材料名称	数量（吨）		实际成本		领用部门
		请领	实领	单位实际成本	金额	
生产 AB 产品	B 材料	80	80	1500.00	120 000.00	生产车间
合计		80	80	1500.00	120 000.00	

领料部门主管：杨伟光　　记账：　　保管：刘伟　　经办人：李元军

表 2.2.18 领料单 6

领 料 单

编制部门：仓库　　2013 年 12 月 3 日　　金额单位：元

用途	材料名称	数量（千克）		实际成本		领用部门
		请领	实领	单位实际成本	金额	
生产 MN 产品	M 材料	200	200	200.00	40 000.00	生产车间
合计		200	200	200.00	40 000.00	

领料部门主管：杨伟光　　记账：　　保管：刘伟　　经办人：李元军

表 2.2.19 领料单 7

领 料 单

编制部门：仓库　　2013 年 12 月 18 日　　金额单位：元

用途	材料名称	数量（千克）		实际成本		领用部门
		请领	实领	单位实际成本	金额	
生产 MN 产品	M 材料	800	800	200.00	160 000.00	生产车间
合计		800	800	200.00	160 000.00	

领料部门主管：杨伟光　　记账：　　保管：刘伟　　经办人：李元军

表 2.2.20 领料单 8

领 料 单

编制部门：仓库　　2013 年 12 月 2 日　　金额单位：元

用途	材料名称	数量（吨）		实际成本		领用部门
		请领	实领	单位实际成本	金额	
生产 MN 产品	N 材料	20	20	1800.00	36 000.00	生产车间
合计		20	20	1800.00	36 000.00	

领料部门主管：杨伟光　　记账：　　保管：刘伟　　经办人：李元军

表 2.2.21 领料单 9

领 料 单

编制部门：仓库　　2013 年 12 月 12 日　　金额单位：元

用途	材料名称	数量（吨）		实际成本		领用部门
		请领	实领	单位实际成本	金额	
生产 MN 产品	N 材料	80	80	1800.00	144 000.00	生产车间
合计		80	80	1800.00	144 000.00	

领料部门主管：杨伟光　　记账：　　保管：刘伟　　经办人：李元军

表 2.2.22 领料单 10

领 料 单

编制部门：仓库　　2013 年 12 月 18 日　　金额单位：元

用途	材料名称	数量（千克）		实际成本		领用部门
		请领	实领	单位实际成本	金额	
办公	M 材料	20	20	200.00	4 000.00	行政管理
合计		20	20	200.00	4 000.00	

领料部门主管：杨伟光　　记账：　　保管：刘伟　　经办人：李元军

（二）解决方法

财务流程：企业材料发出的核算在月末根据领料单汇总核算，据以编制材料发出的记账凭证。审核领料单填写是否规范，签章手续是否完备，领料单须经部门负责人审核，仓库保管员核对材料领用数量。

1. 会计分录

借：生产成本——AB 产品　　282 000

　　　　　　——MN 产品　　380 000

　　管理费用　　　　　　　4000

　贷：原材料——A 材料　　　　147 000

　　　　　　——B 材料　　　　135 000

　　　　　　——M 材料　　　　204 000

　　　　　　——N 材料　　　　180 000

2. 填制记账凭证（表 2.2.23）

表 2.2.23 记账凭证

记账凭证

2013年12月30日　　　　记字第 069号

摘要	总账科目	明细科目	过账	借方金额										过账	贷方金额									
				千	百	十	万	千	百	十	元	角	分		千	百	十	万	千	百	十	元	角	分
领用材料生	生产成本	AB产品				2	8	2	0	0	0	0	0											
产产品		MN产品				3	8	0	0	0	0	0	0											
	管理费用							4	0	0	0	0	0											
	原材料	A材料															1	4	7	0	0	0	0	0
		B材料															1	3	5	0	0	0	0	0
		M材料															2	0	4	0	0	0	0	0
		N材料															1	8	0	0	0	0	0	0
合　计					¥	6	6	6	0	0	0	0	0			¥	6	6	6	0	0	0	0	0

附件 10 张

财务主管 王立明　记账 余明亮　出纳 王红　审核 叶小光　制单 余明亮

（三）知识链接

1. 企业发出存货的计价方法

实际成本核算下，企业发出存货的计价方法有个别计价法、先进先出法、月末一次加权平均法和移动加权平均法。

（1）个别计价法是假设存货具体项目的实物流转与成本流转相一致，按照各种存货逐一辨认各批发出存货和期末存货所属的购进或生产批别，分别按其购入或生产时所确定的单位成本计算各批发出存货和期末存货成本的方法。

个别计价法的成本计算准确，符合实际情况，但在存货收发频繁情况下，其发出成本分辨的工作量大。这种方法适用于一般不能替代使用的存货、为特定项目专门购入或制造的存货以及提供的劳务，如珠宝、名画等贵重物品。

（2）先进先出法是指以先购入的存货应先发出（销售或耗用）这样一种存货实物流动假设为前提，对发出存货进行计价的一种方法。采用这种方法，先购入的存货成本在后购入存货成本之前转出，据此确定发出存货和期末存货的成本。具体方法是：收入存货时，逐笔登记收入存货的数量、单价和金额；发出存货时，按照先进先出的原则逐笔登记存货的发出成本和结存金额。

先进先出法可以随时结转存货发出成本，但较烦琐。在物价持续上升时，期末存货成本接近于市价，而发出成本偏低，会高估企业当期利润和库存存货价值；反之，会低估企业存货价值和当期利润。

【例 1】某企业采用先进先出法计算发出甲材料的成本，2012 年 2 月 1 日，结存甲材料 200 千克，每千克实际成本 100 元；2 月 10 日购入甲材料 300 千克，每千克实际成本 110 元；2 月 15 日发出甲材料 400 千克。

日期		摘要	收入			发出			结存		
月	日		数量	单价	金额	数量	单价	金额	数量	单价	金额
2	1	月初余额							200	100	20 000
	10	购入材料	300	110	330 000						
	15	发出材料				200 200	100 110	4200	100	110	11 000

2 月 15 日发出材料的实际成本 = 200 千克×100 元/千克+200 千克×110 元/千克 = 4200（元）

剩余的原材料的数量 = 200+300−400 = 100（千克）

剩余的甲原材料都是 2 月 10 日购入的，所以

月末原材料的实际成本 = 100 千克×110 元/千克 = 11 000（元）

（3）月末一次加权平均法是指以本月全部进货数量加上月初存货数量作为权数，去除本月全部进货成本加上月初存货成本，计算出存货的加权平均单位成本，以此为基础计算本月发出存货的成本和期末存货的成本的一种方法。

存货单位成本 =（月初库存存货的实际成本+本月购入存货的实际成本）/（月初库存存货的数量+本月收入存货的数量）

本月发出存货的成本 = 本月发出存货的数量×存货单位成本

本月月末库存存货成本 = 月末库存存货的数量×存货单位成本

或 = 月初库存存货的实际成本+本月购入存货的实际成本−本月发出存货的实际成本

【例 2】某企业采用月末一次加权平均计算发出原材料的成本。2012 年 2 月 1 日，甲材料结存 200 千克，每千克实际成本为 100 元；2 月 10 日购入甲材料 300 千克，每千克实际成本为 110 元；2 月 25 日发出甲材料 400 千克。

全月一次加权平均单价 =（200×100 + 300×110）÷（200 + 300）

= 106（元/千克）

月末库存材料的数量=200 + 300 − 400 = 100（千克）

甲材料的库存余额 = 100×106 = 10 600（元）

发出甲材料成本 = 400×106 = 42 400（元）

（4）移动加权平均法是指以每次进货的成本加上原有库存存货的成本的合计额，除以每次进货数量加上原有库存存货的数量的合计额，据以计算加权平均单位成本，作为下次进货前计算各次发出存货成本依据的一种方法。

【例3】

日期		摘要	收入			发出			结存		
月	日		数量	单价	金额	数量	单价	金额	数量	单价	金额
5	1	月初结存							150	10	1500
	5	购入	100	12	1200				250	10.8	2700
	11	发出				200	10.8	2160	50	10.8	540
	16	购入	200	14	2800				250	13.36	3340
	20	发出				100	13.36	1336	150	13.36	2004

发出材料的会计分录：

借：生产成本　　　（生产产品直接耗用材料）
　　制造费用　　　（生产部门一般耗用）
　　管理费用　　　（管理部门耗用）
　　销售费用　　　（销售部门耗用）
　贷：原材料　　　（发出材料实际成本）

2. 发出材料的核算

计划成本法下，月末企业根据领料单等编制“发料凭证汇总表”结转发出材料的计划成本，应当根据所发出材料的用途，按计划成本分别记入“生产成本”“制造费用”“销售费用”“管理费用”等科目，同时结转材料成本差异。

发出材料的会计分录：

借：生产成本　　　（生产产品直接耗用材料）
　　制造费用　　　（生产部门一般耗用）
　　管理费用　　　（管理部门耗用）
　　销售费用　　　（销售部门耗用）
　贷：原材料　　　（发出材料计划成本）

根据《企业会计准则第1号——存货》的规定，企业日常采用计划成本核算的，发出的材料成本应由计划成本调整为实际成本，通过“材料成本差异”科目进行结转，按照所发出材料的用途，分别记入“生产成本”“制造费用”“销售费用”“管理费用”等科目。

分配发出材料应负担的材料成本差异＝发出材料的计划成本×差异率

$$材料成本差异率=\frac{月初结存材料成本差异额+本月收入材料成本差异额}{月初结存材料计划成本+本月收入材料计划成本}\times100\%$$

（注：分母不含暂估料款金额）

发出存货成本应负担的成本差异，必须按月分摊，不得在季末或年末一次分摊。

会计分录：

借：生产成本　　　　（生产产品直接耗用材料）
　　制造费用　　　　（生产部门一般耗用）
　　管理费用　　　　（管理部门耗用）
　　销售费用　　　　（销售部门耗用）
　贷：材料成本差异　　（超支差异）

或

借：材料成本差异　　（节约差异）
　贷：生产成本　　　（生产产品直接耗用材料）
　　　制造费用　　　（生产部门一般耗用）
　　　管理费用　　　（管理部门耗用）
　　　销售费用　　　（销售部门耗用）

任务六　材料销售成本的结转

（一）工作任务

12 月 30 日，本月销售材料情况汇总如下：A 材料 50 千克，B 材料 2 吨，根据领料单结转销售材料成本（表 2.2.24、表 2.2.25）。

表 2.2.24　领料单

领　料　单

编制部门：仓库　　　　2013 年 12 月 20 日　　　　金额单位：元

用途	材料名称	数量（千克）		实际成本		领用部门
		请领	实领	单位实际成本	金额	
销售	A 材料	50	50	105.00	5250.00	销售部门
合计		50	50	105.00	5250.00	

领料部门主管：赵立达　　记账：　　保管：刘伟　　经办人：梁丽

表 2.2.25　领料单

领　料　单

编制部门：仓库　　　　2013 年 12 月 25 日　　　　金额单位：元

用途	材料名称	数量（吨）		实际成本		领用部门
		请领	实领	单位实际成本	金额	
销售	B 材料	2	2	1 500.00	3 000.00	销售部门
合计		2	2	1 500.00	3 000.00	

领料部门主管：赵立达　　记账：　　保管：刘伟　　经办人：梁丽

（二）解决方法

1. 会计分录

借：其他业务成本　　　　8250

　贷：原材料——A 材料　　　　5250

　　　　　——B 材料　　　　3000

2. 填制记账凭证（表 2.2.26）

表 2.2.26　记账凭证

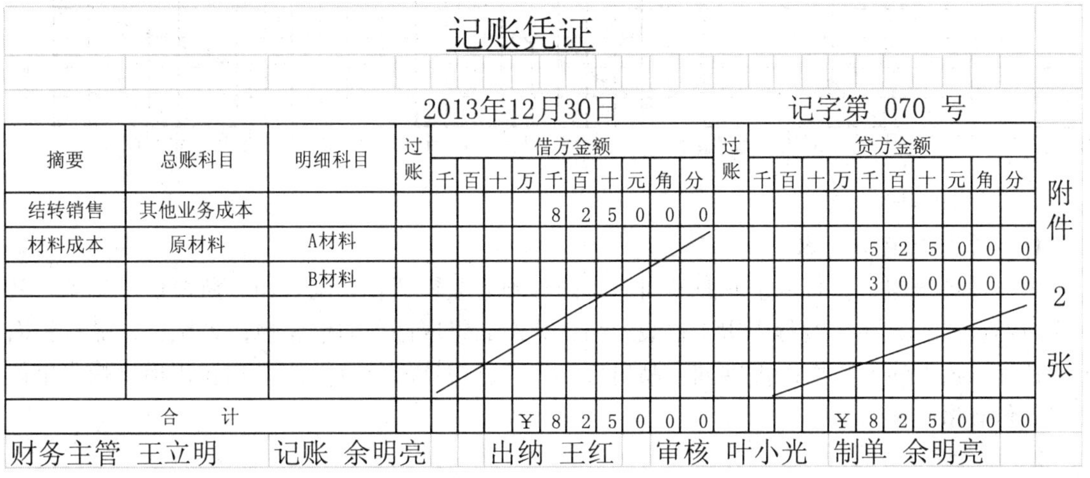

记账凭证

2013年12月30日　　　　记字第 070 号

摘要	总账科目	明细科目	过账	借方金额										过账	贷方金额									
				千	百	十	万	千	百	十	元	角	分		千	百	十	万	千	百	十	元	角	分
结转销售	其他业务成本							8	2	5	0	0	0											
材料成本	原材料	A材料																	5	2	5	0	0	0
		B材料																	3	0	0	0	0	0
合　计							¥	8	2	5	0	0	0					¥	8	2	5	0	0	0

附件 2 张

财务主管　王立明　　记账　余明亮　　出纳　王红　　审核　叶小光　　制单　余明亮

任务七　生产领用包装物的核算

（一）工作任务

12 月 18 日，销售部门领用包装物 2 000 元，该包装物随同产品销售不单独核算（表 2.2.27）。

表 2.2.27　领料单

领　料　单

编制部门：仓库　　　　2013 年 12 月 18 日　　　　金额单位：元

用途	材料名称	数量（个）		实际成本		领用部门
		请领	实领	单位实际成本	金额	
销售 MN 产品	包装箱	200	200	10.00	2000.00	销售部门
合计		200	200	10.00	2000.00	

领料部门主管：赵立达　　　记账：　　　保管：刘伟　　　经办人：梁丽

（二）解决方法

财务流程：审核领料单填写是否规范，签章手续是否完备，领料单须经部门负责人审核，仓库保管员核对包装物领用数量。

1. 会计分录

借：销售费用　　　　2000

　贷：周转材料——包装物　　　　2000

2. 填制记账凭证（表 2.2.28）

表 2.2.28 记账凭证

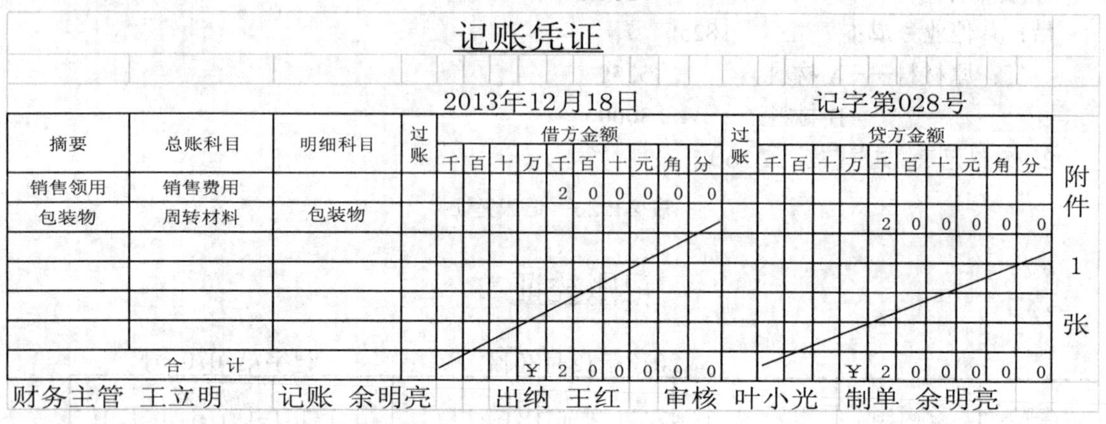

记账凭证

2013年12月18日 记字第028号

摘要	总账科目	明细科目	过账	借方金额										过账	贷方金额									
				千	百	十	万	千	百	十	元	角	分		千	百	十	万	千	百	十	元	角	分
销售领用	销售费用							2	0	0	0	0	0											
包装物	周转材料	包装物																	2	0	0	0	0	0
合计							¥	2	0	0	0	0	0					¥	2	0	0	0	0	0

附件 1 张

财务主管 王立明 记账 余明亮 出纳 王红 审核 叶小光 制单 余明亮

（三）知识链接

1. 包装物的核算内容

包装物是指为了包装本企业商品而储备的各种包装容器，如桶、箱、瓶、坛、袋等。其核算内容包括：① 生产过程中用于包装产品作为产品组成部分的包装物；② 随同产品销售而不单独计价核算的包装物；③ 随同产品出售单独计价核算的包装物；④ 出租出借给购买单位使用的包装物。

2. 账户设置

借方	周转材料 贷方
入库包装物或低值易耗品的成本	发出包装物或低值易耗品成本
余额：企业结存低值易耗品或包装物的成本	

资产类账户，按“包装物”“低值易耗品”分别进行明细核算。

3. 包装物的核算

（1）生产领用包装物。

借：生产成本

　　贷：周转材料——包装物

　　　　材料成本差异（借或贷）

（2）随同商品出售的包装物。

① 随同商品出售且不单独计价的包装物。

借：销售费用

　　贷：周转材料——包装物

② 随同商品出售且单独计价的包装物，一方面应反映其销售收入，计入其他业务收入；另一方面应反映其实际销售成本，计入其他业务成本。

借：银行存款

　　贷：其他业务收入

　　　　应交税费——应交增值税（销项税额）

结转所售单独计价包装物的成本：

借：其他业务成本

　贷：周转材料——包装物

　　　材料成本差异

③ 包装物出租出借的核算（一次摊销）。

借：销售费用 （出借）

　　其他业务成本 （出租）

　贷：周转材料——包装物

包装物出租或出借给购买单位使用时，多次使用的包装物应当根据使用次数分次进行摊销（见项目八低值易耗品的核算）。

任务八　低值易耗品的核算

（一）工作任务

12 月 20 日，购入专用工具一批，取得增值税专用发票上注明的买价为 10 000 元，增值税 1700 元。该专用工具已验收入库（表 2.2.29、表 2.2.30、图 2.2.2）。

表 2.2.29　G 省增值税专用发票

G 省增值税专用发票　　　　NO.0564257

开票日期：2013 年 12 月 20 日

<table>
<tr><td>购货单位</td><td colspan="6">名称：G 省 G 市兴旺公司
纳税人识别号：520118012345678
地址、电话：G 省 G 市高新区东风路 369 号
开户行及账号：中国工商银行 G 市高新区支行
6222055802512345678</td><td>密码区</td><td>（略）</td></tr>
<tr><td colspan="2">货物及应税劳务名称
专用工具
合计</td><td>规格型号</td><td>单位
件</td><td>数量
100</td><td>单价
100.00</td><td>金额
10 000.00
¥10 000.00</td><td>税率
17%</td><td>税额
1700.00
¥ 1700.00</td></tr>
<tr><td colspan="2">价税合计（大写）</td><td colspan="5">壹万壹仟柒佰元整</td><td colspan="2">（小写）¥11 700.00</td></tr>
<tr><td>销货单位</td><td colspan="6">名称：G 市工具厂
纳税人识别号：520115024525472
地址、电话：G 省 G 市朝阳路 25 号
开户行及账号：中国建设银行朝阳支行 43250589612563258</td><td>备注</td><td></td></tr>
</table>

第一联 发票联 购货方记账联

收款人：　　　复核：　　　开票人：周兴华　　　销货单位（章）

增值税专用发票抵扣联略。

中国工商银行

转支票存根

Ⅶ85625628

科　目：

对方科目：

签发日期：2013 年 12 月 20 日

收款人：G 市工具厂

金　额：¥11 700.00.00

用　途：货款

单位主管：王立明　　会计：余明亮

图 2.2.2　中国工商银行转支票存根

表 2.2.30 入库单

入 库 单

供货单位：G 市工具厂　　　　凭证编号：

发票号码：0564257　　　　2013 年 12 月 20 日　　　　材料仓库：

编号	名称	规格	单位	数量		单价	材料金额	运费	金额
				应收	实收				
	专用工具		件	100	100	100.00	10 000.00		10 000.00
合计				100	100	100.00	10 000.00		10 000.00

部门主管：孙阳　　　　记账：　　　　保管：刘伟　　　　经办人：张少华

（二）解决方法

财务流程：（同材料采购业务）

1. 会计分录

借：周转材料——低值易耗品　　　　10 000.00

　　应交税费——应交增值税（进项税额）　　　　1700.00

　贷：银行存款　　　　11 700.00

2. 填制记账凭证（表 2.2.31）

表 2.2.31 记账凭证

记账凭证

2013年12月20日　　　　记字第 037 号

摘要	总账科目	明细科目	过账	借方金额										过账	贷方金额									
				千	百	十	万	千	百	十	元	角	分		千	百	十	万	千	百	十	元	角	分
购入低值易	周转材料	低值易耗品					1	0	0	0	0	0	0											
耗品	应交税费	应交增值税（进）						1	7	0	0	0	0											
	银行存款																	1	1	7	0	0	0	0
合　计						¥	1	1	7	0	0	0	0				¥	1	1	7	0	0	0	0

附件 3 张

财务主管 王立明　　记账 余明亮　　出纳 王红　　审核 叶小光　　制单 余明亮

（三）知识链接

1. 低值易耗品的内容

低值易耗品通常被视同存货，作为流动资产进行核算和管理，一般划分为一般工具、专用工具、替换设备、管理用具、劳动保护用品、其他用具等。

2. 低值易耗品的核算

核算时设置“周转材料——低值易耗品”科目。低值易耗品的摊销方法应根据使用次数分次进行摊销。

（1）一次转销法。

采用一次转销法摊销低值易耗品，在领用低值易耗品时，将其价值一次、全部计入有关资产成本或者当期损益，主要适用于价值较低或极易损坏的低值易耗品的摊销。

借：制造费用

　　管理费用

　贷：周转材料——低值易耗品

（2）分次摊销法。

采用分次摊销法摊销低值易耗品时候，低值易耗品在领用时摊销其账面价值的单次平均摊销额。适用可供多次反复使用的低值易耗品。需要设置“周转材料——低值易耗品——在用”“周转材料——低值易耗品——在库”“周转材料——低值易耗品——摊销”明细科目。

例如，某低值易耗品采用分次摊销法进行摊销，估计使用次数为两次。

领用低值易耗品时：

借：周转材料——低值易耗品——在用

　贷：周转材料——低值易耗品——在库

第一次领用时摊销价值的一半：

借：制造费用

　　管理费用

　贷：周转材料——低值易耗品——摊销

第二次领用时：

借：制造费用

　　管理费用

　贷：周转材料——低值易耗品——摊销

同时：

借：周转材料——低值易耗品——摊销

　贷：周转材料——低值易耗品——在用

任务九　发出委托加工材料

（一）工作任务

12 月 19 日，委托 G 市兴华加工厂加工一批商品，发出 B 材料一批，实际成本 30 000 元（表 2.2.32）。

表 2.2.32　委托加工物资发料单

委托加工物资发料单

加工单位：G 市兴华加工厂　　　　2013 年 12 月 19 日　　　　NO.54216

材料名称	规格	单位	数量	单位成本	实际成本
B 材料		吨	20	1500 元	30 000.00 元

领料部门主管：杨伟光　　　　发料：刘伟　　　　制表：李元军

（二）解决方法

财务流程：领料部门经办人员填制委托加工物资发料单，部门负责人签章，仓库保管人员核对发出材料数量，财会部门据以编制会计凭证。

1. 会计分录

借：委托加工物资　　　　　　30 000

　贷：原材料——B 材料　　　　　　30 000

2. 填制记账凭证（表 2.2.33）

表 2.2.33　记账凭证

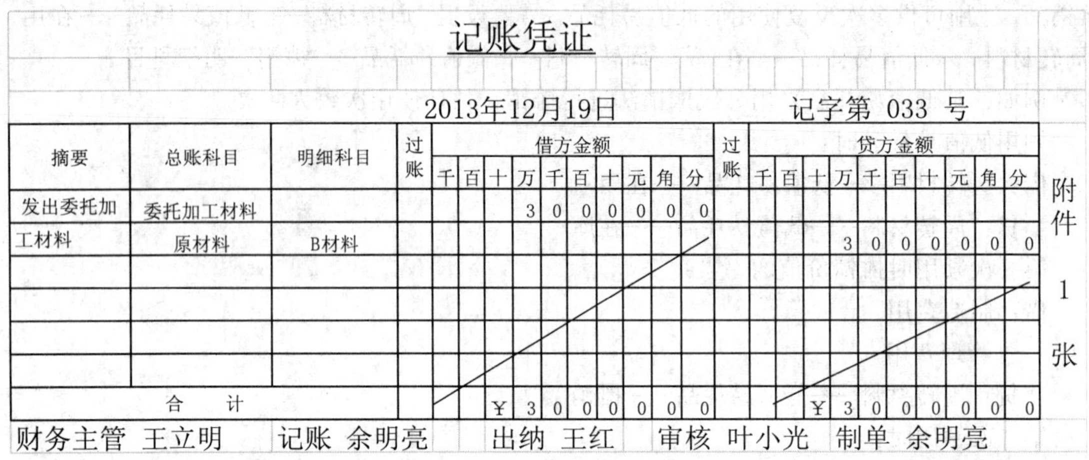

记账凭证

2013年12月19日　　　　记字第 033 号

摘要	总账科目	明细科目	过账	借方金额 千	百	十	万	千	百	十	元	角	分	过账	贷方金额 千	百	十	万	千	百	十	元	角	分	
发出委托加工材料	委托加工材料						3	0	0	0	0	0	0												附件
	原材料	B材料																3	0	0	0	0	0	0	
																									1
																									张
合　计						¥	3	0	0	0	0	0	0				¥	3	0	0	0	0	0	0	

财务主管 王立明　记账 余明亮　出纳 王红　审核 叶小光　制单 余明亮

（三）知识链接

1. 委托加工物资的实际成本

委托加工物资是指企业委托外单位加工的各种材料、商品等物资。

委托外单位加工完成存货的成本，以实际耗用的原材料或者半成品成本、加工费、运输费、装卸费和保险费等费用以及按规定应计入成本的税金，作为实际成本。

2. 账户设置

借方　　　委托加工物资	贷方
委托加工物资的实际成本	加工完成验收入库物资的实际成本 剩余物资的实际成本
余额：尚未完工委托加工物资实际成本	

资产类账户。

3. 委托加工物资的核算

（1）发出委托加工材料时。

借：委托加工物资

　贷：原材料

（2）支付加工费、运杂费等。

借：委托加工物资

　　应交税费——应交增值税（进项税额）　（委托加工应纳增值税）

　贷：银行存款

若委托加工物资需要缴纳消费税，由受托方代收代缴消费税。

借：委托加工物资 （收回后直接销售的，消费税记入“委托加工物资”）

　　应交税费——应交增值税（进项税额） （委托加工应纳增值税）

　　应交税费——应交消费税 （收回后用于继续加工的）

　贷：银行存款

（3）加工完成验收入库。

借：库存商品/原材料

　贷：委托加工物资

4. 关注问题

（1）收回委托加工物资时一定计入存货成本：实际耗用的原材料或者半成品成本；加工费；往返运杂费。

（2）收回委托加工物资时不一定计入存货成本：① 消费税：支付的用于连续生产应税消费品的消费税，应记入“应交税费——应交消费税”科目的借方；支付的收回后直接用于销售的委托加工应税消费品的消费税，应计入委托加工物资成本。② 增值税：一般纳税企业缴纳的增值税按税法规定可以抵扣，不计入存货成本。小规模纳税企业缴纳的增值税不可以抵扣，计入存货成本。

任务十 支付委托加工费

（一）工作任务

12 月 20 日，用银行存款支付 G 市 XF 加工厂委托加工费 3510 元（该委托加工物资收回后直接销售）（表 2.2.34、图 2.2.3）。

表 2.2.34 G 省增值税专用发票

G 省增值税专用发票　　　　NO.125465

开票日期：2013 年 12 月 20 日

<table>
<tr><td>购货单位</td><td colspan="5">名称：G 省 G 市兴旺公司
纳税人识别号：520118012345678
地址、电话：G 省 G 市高新区东风路 369 号
开户行及账号：中国工商银行 G 市高新区支行 6222055802512345678</td><td>密码区</td><td colspan="2">（略）</td></tr>
<tr><td colspan="2">货物及应税劳务名称</td><td>规格型号</td><td>单位</td><td>数量</td><td>单价</td><td>金额</td><td>税率</td><td>税额</td></tr>
<tr><td colspan="2">材料加工费</td><td></td><td>吨</td><td>20</td><td>150.00</td><td>3000.00</td><td>17%</td><td>510.00</td></tr>
<tr><td colspan="2">合计</td><td></td><td></td><td></td><td></td><td>¥3000.00</td><td></td><td>¥ 510.00</td></tr>
<tr><td colspan="2">价税合计（大写）</td><td colspan="7">叁仟伍佰壹拾元整　　（小写）¥3510.00</td></tr>
<tr><td>销货单位</td><td colspan="5">名称：G 市 XF 加工厂
纳税人识别号：520117012355486
地址、电话：G 省 G 市兴华路 128 号
开户行及账号：中国工商银行兴华支行 6222055952645427865</td><td>备注</td><td colspan="2"></td></tr>
</table>

第一联 发票联 购货方记账联

收款人：　　复核：　　开票人：赵小红　　销货单位（章）

注：增值税专用发票抵扣联略。

中国工商银行
转支票存根
Ⅶ85625630
科　目：
对方科目：
签发日期：2013 年 12 月 20 日

收款人：G 市 XF 加工厂
金　额：¥3510.00
用　途：支付委托加工费

单位主管：王立明　　会计：余明亮

图 2.2.3　中国工商银行转支票存根

（二）解决方法

财务流程：审核业务员交来加工费发票，加工合同等与委托加工物资有关的原始凭证，将发票抵扣联抽出认证，单独保管，开出支票支付加工费，并编制记账凭证。

1. 会计分录

借：委托加工物资　　3000

　　应交税费——应交增值税（进项税额）　　510

　贷：银行存款　　3510

2. 填制记账凭证（表 2.2.35）

表 2.2.35　记账凭证

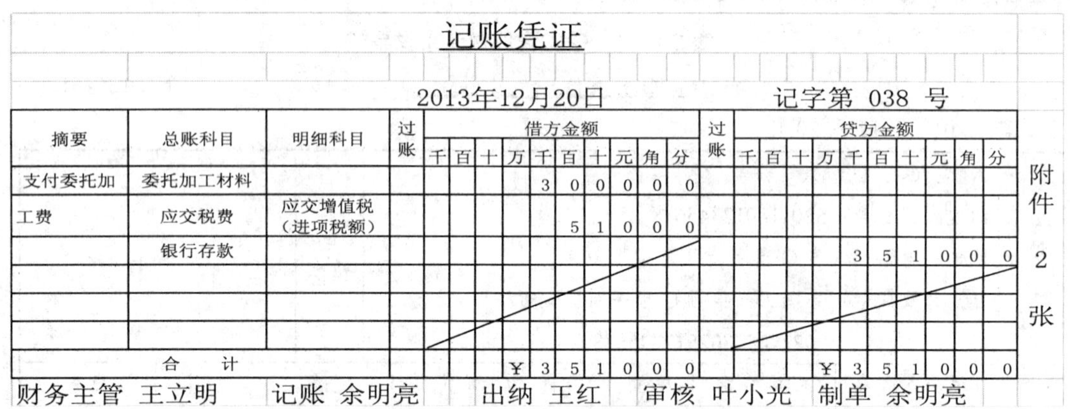

记账凭证

2013年12月20日　　　　记字第 038 号

摘要	总账科目	明细科目	过账	借方金额 千	百	十	万	千	百	十	元	角	分	过账	贷方金额 千	百	十	万	千	百	十	元	角	分
支付委托加	委托加工材料							3	0	0	0	0	0											
工费	应交税费	应交增值税（进项税额）							5	1	0	0	0											
	银行存款																		3	5	1	0	0	0
合　计							¥	3	5	1	0	0	0					¥	3	5	1	0	0	0

附件 2 张

财务主管 王立明　记账 余明亮　出纳 王红　审核 叶小光　制单 余明亮

任务十一　月末完工产品验收入库

（一）工作任务（见项目八任务十八）

（二）解决方法（见项目八任务十八）

（三）知识链接

1. 工业企业完工产品成本的计算

企业期末无在产品成本，结转完毕后，生产成本各明细科目余额应为零。期末有在产品的生产企业，应将生产费用在完工产品与在产品之间进行分配，“生产成本”的借方余额为月末在产品的生产成本。

2. 账户设置

借方	库存商品 贷方
验收入库的库存商品成本	发出的库存商品成本
余额：期末库存商品成本	

资产类账户。

3. 库存商品的核算

验收入库时：

借：库存商品——甲产品

　　　　　　——乙产品

　贷：生产成本——基本生产成本——甲产品

　　　　　　　——基本生产成本——乙产品

销售发出结转销售成本：

借：主营业务成本

　贷：库存商品——甲产品

　　　　　　　——乙产品

任务十二　原材料盘盈

（一）工作任务

12 月 30 日，财产清查中盘盈 A 材料 20 千克，实际单位成本 105 元，经调查由于收发计量错误造成（表 2.2.36）。

表 2.2.36　存货盘点表

存货盘点表

2013 年 12 月 30 日

物资名称	单位成本	实存数	账存数	盘点情况		金额	差异原因
				盘盈数量	盘亏数量		
A 材料	105			20 千克		2100.00	收发计量错误

财务负责人：王立明　　　　监督：叶小光　　　　盘点：刘伟

（二）解决方法

财务流程：定期对存货进行盘点，财务经理负责，会计监督，保管员盘点，清点后编制存货盘点表，及时报告盘盈盘亏，并编制会计分录，调整账实相符。

1. 会计分录

报经批准前：

借：原材料——A 材料　　　　　　　　　　2100

　贷：待处理财产损溢——待处理流动资产损溢　　　　2100

2. 填制记账凭证（表 2.2.37）

表 2.2.37 记账凭证

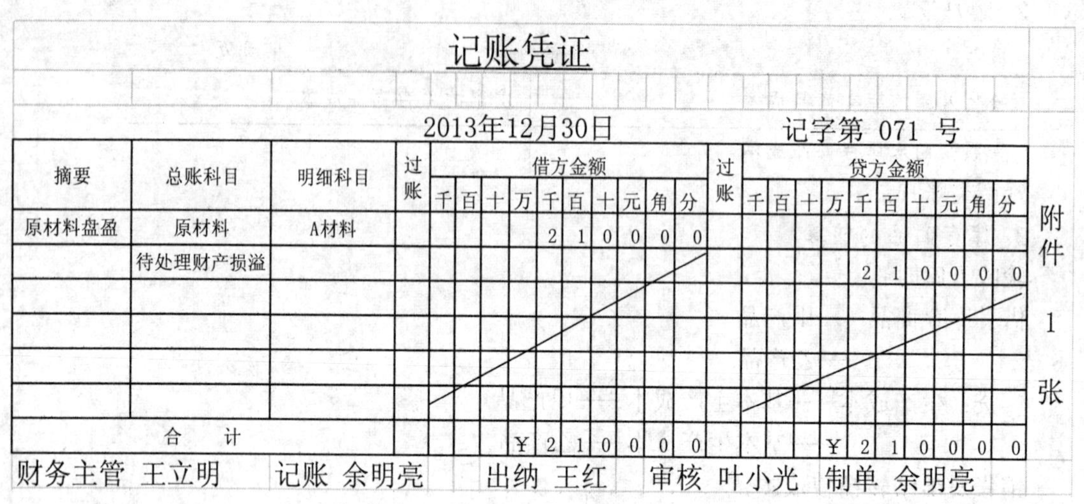

记账凭证

2013年12月30日　　　　记字第 071 号

摘要	总账科目	明细科目	过账	借方金额										过账	贷方金额									
				千	百	十	万	千	百	十	元	角	分		千	百	十	万	千	百	十	元	角	分
原材料盘盈	原材料	A材料						2	1	0	0	0	0											
	待处理财产损溢																		2	1	0	0	0	0
合计							¥	2	1	0	0	0	0					¥	2	1	0	0	0	0

附件 1 张

财务主管 王立明　记账 余明亮　出纳 王红　审核 叶小光　制单 余明亮

任务十三 材料盘盈处理

（一）工作任务

12 月 31 日，经公司批准，盘亏材料 2100 元，计入当期管理费用（表 2.2.38）。

表 2.2.38 财产清查结果处理通知单

财产清查结果处理通知单

2013 年 12 月 31 日

经审核确认，A 材料在财产清查中盘盈 20 千克，实际单位成本为 105 元，总成本 21 000 元。属于材料收发计量错误，决定调整管理费用。

总经理：柴兴旺　　财务经理：王立明　　单位公章

（二）解决方法

财务流程：盘盈盘亏结果及时报告相关领导或有权处理部门，取得存货盘盈（亏）处理通知单，根据企业处理决定编制记账凭证。

1. 会计分录

报经批准后：

借：待处理财产损溢——待处理流动资产损溢　　2100

　贷：管理费用　　　　　　　　　　　　　　　2100

2. 填制记账凭证（表 2.2.39）

表 2.2.39 记账凭证

记账凭证

2013年12月31日　　　　记字第 077 号

摘要	总账科目	明细科目	过账	借方金额										过账	贷方金额								
				千	百	十	万	千	百	十	元	角	分		千	百	十	万	千	百	十	元	角	分
材料盘盈处理	待处理财产损溢							2	1	0	0	0	0											
	管理费用																		2	1	0	0	0	0
合　计							¥	2	1	0	0	0	0					¥	2	1	0	0	0	0

附件 1 张

财务主管 王立明　记账 余明亮　出纳 王红　审核 叶小光　制单 余明亮

（三）知识链接

1. 存货盘盈的核算

（1）批准前：

借：原材料/库存商品等

　贷：待处理财产损溢——待处理流动资产损溢

（2）批准后：

借：待处理财产损溢——待处理流动资产损溢

　贷：管理费用

2. 存货盘亏及毁损的核算

（1）批准前：

借：待处理财产损溢——待处理流动资产损溢

　贷：原材料/库存商品等

　　应交税费——应交增值税（进项税额转出）

注：存货盘亏属于非正常损失的部分要进行增值税进项税额转出处理。

（2）批准后：

借：原材料　　（残料价值入库）

　其他应收款（应由保险公司和过失人的赔款）

　管理费用　（净损失：一般经营损失）

　营业外支出（净损失：非常损失）

　贷：待处理财产损溢——待处理流动资产损溢

项目三　固定资产与无形资产的核算

固定资产是指同时具有以下特征的有形资产：为生产商品、提供劳务、出租可经营管理而持有；使用寿命超过一个会计年度。

企业持有固定资产的目的，是为了生产商品、提供劳务、出租或经营管理的需要，而不像存货是为了对外出售。企业使用固定资产的期限较长，使用寿命一般超过一个会计年度。这表明企业固定资产属于非流动资产，给企业带来的收益期超过一年，能在一年以上的时间里为企业创造经济利益。固定资产可按经济用途分类或综合分类。

固定资产按经济用途分类：① 生产经营用固定资产，指直接服务于企业生产、经营过程的各种固定资产，如生产经营用的房屋、建筑物、机器、设备、器具、工具等。② 非生产经营用固定资产，是指不直接服务于生产、经营过程的各种固定资产，如职工宿舍等使用的房屋、设备和其他固定资产等。

固定资产综合分类：① 生产经营用固定资产；② 非生产经营用固定资产；③ 租出固定资产；④ 不需用固定资产；⑤ 未使用固定资产；⑥ 土地（过去已经估价单独入账的土地）；⑦ 融资租入固定资产。

任务一 固定资产取得的核算

（一）工作任务

12 月 7 日，企业购入不需要安装的生产用设备一台，当日投入使用。取得增值税专用发票上注明金额 20 万元，增值税税额 34 000 元。另发生运输费 3000 元，销售方已代垫。当即办理电汇付款（表 2.3.1 ~ 表 2.3.4）。

表 2.3.1 G 省增值税专用发票

G 省增值税专用发票 NO.125465

开票日期：2013 年 12 月 7 日

<table>
<tr><td>购货单位</td><td colspan="6">名称：G 省 G 市兴旺公司
纳税人识别号：520118012345678
地址、电话：G 省 G 市高新区东风路 369 号
开户行及账号：中国工商银行 G 市高新区支行
6222055802512345678</td><td>密码区</td><td>（略）</td></tr>
<tr><td colspan="2">货物及应税劳务名称
机器设备
合计</td><td>规格型号
123*8</td><td>单位
台</td><td>数量
1</td><td>单价
200 000.00</td><td>金额
200 000.00
¥200 000.00</td><td>税率
17%</td><td>税额
34 000.00
¥ 34 000.00</td></tr>
<tr><td colspan="2">价税合计（大写）</td><td colspan="7">贰拾叁万肆仟元整　　（小写）¥234 000.00</td></tr>
<tr><td>销货单位</td><td colspan="6">名　　称：D 市 HS 机械厂
纳税人识别号：520142546545245
地 址、电 话：立新路 522 号 16654789
开户行及账号：中国工商银行 D 市*支行 6222052144532168521</td><td>备注</td><td></td></tr>
</table>

第一联 发票联 购货方记账联

收款人：　　复核：　　开票人：李俊杰　　销货单位（章）

注：增值税专用发票抵扣联略。

表 2.3.2 公路、内河货物运输业统一发票

公路、内河货物运输业统一发票

发 票 联　　　　　　　　　　　　　　　　　　　　　　发票代码：507030445871

开票日期：2013-12-07　　　　　　　　　　　　　　　　　发票号码：10501256

机打代码 机打号码 机器编号	64145264252 12586547	税控码	略
收货人及 纳税人识别号	G省G市兴旺公司 520118012345678	承运人及 纳税人识别号	D市速通运输公司 520525635725635
发货人及 纳税人识别号	D市HY机械厂 520142546545245	主管税务机关及代码	D市地方税务局**分局 代码（略）
运输项目及金额	货物名称 数量（重量）单位运价 计费里程 金额 机器设备 1 15.00 200 3000.00	其他项目及金额	费用名称 金额 　　备注：
运费小计	3 000.00	其他费用小计	
合计（大写）	叁仟元整		

表 2.3.3 中国工商银行网上银行电子回单

中国工商银行网上银行电子回单

电子回单号：

付款人	全称	G省G市LD公司	收款人	全称	D市HS机械厂
	账号	6222055802512345678		账号	6222052144532168521
	开户银行	中国工商银行G市高新区支行		开户银行	中国工商银行D市*支行
金额		人民币（大写）：壹拾贰万元整　¥120 000.00			
摘要		设备款	业务种类		汇兑
用途		设备款			
交易流水号		058244	时间戳		2013-12-0715：24
中国工商银行电子回单专用章		备注：			
		验证码：kgtutogt155uh45687ggi/2t;iegp			
记账网点	00235	记账柜员	00025	记账日期	2013年12月7日

表 2.3.4 固定资产调拨单

固 定 资 产 调 拨 单

2013年12月 7日

调出单位：D市HS机械厂

调入单位：G省G市LD公司　　　　　　　　　　　　　调拨单号：086247

调拨原因或依据		购入				调拨方式		有偿	
名称	规格型号	单位	数量	预计使用年限	已使用年限	原值	已提折旧	净值	协商价格
机器设备		台	1	15		202 790.00		202 790.00	
调出单位				调入单位					备注：生产车间使用
公章： 财务： 经办：		（公章）		公章： 财务： 经办：		（公章）			

会计主管：叶小光　　　　　稽核：　　　　　　　制单：章一凡

（二）解决方法

财务流程：审核是否有经审批的购置固定资产申请手续，固定资产采购合同，审核发票，验收单，固定资产调拨单（生产用固定资产由生产部门负责，非生产用固定资产由行政办公部门负责），审核审批手续是否完备。交由出纳付款。

1. 会计分录

借：固定资产　　　　　　　　　　　　　　202 790

　　应交税费——应交增值税（进项税额）　　34 210

　贷：银行存款　　　　　　　　　　　　　　　　237 000

2. 填制记账凭证（表 2.3.5）

表 2.3.5　记账凭证

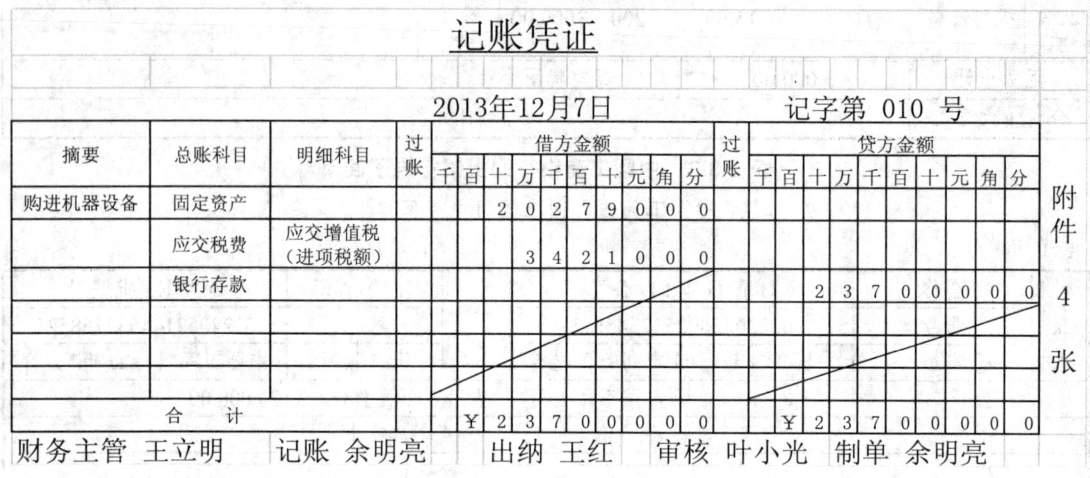

记账凭证

2013年12月7日　　　　记字第 010 号

摘要	总账科目	明细科目	过账	借方金额 千	百	十	万	千	百	十	元	角	分	过账	贷方金额 千	百	十	万	千	百	十	元	角	分	
购进机器设备	固定资产					2	0	2	7	9	0	0	0												附件
	应交税费	应交增值税（进项税额）					3	4	2	1	0	0	0												
	银行存款																2	3	7	0	0	0	0	0	4
																									张
合计					¥	2	3	7	0	0	0	0	0			¥	2	3	7	0	0	0	0	0	

财务主管 王立明　记账 余明亮　出纳 王红　审核 叶小光　制单 余明亮

（三）知识链接

1. 固定资产的取得

（1）企业外购固定资产的成本，包括购买价款、相关税费、使固定资产达到预定可使用状态前所发生的归属于该资产的运输费、装卸费、安装费和专业人员服务费等。

（2）一般纳税人购进机器设备等固定资产的进项税额不纳入固定资产成本核算，可以在销项税额中抵扣。

（3）企业应当设备“固定资产登记簿”和“固定资产卡片”，按固定资产类别、使用部门和每项固定资产进行明细核算。

2. 账户设置

借方　　　　　　　　固定资产	贷方
企业增加的固定资产原价	企业减少的固定资产原价
余额：期末固定资产的账面原价	

资产类账户。核算企业固定资产的原价。按固定资产类别、使用部门和每项固定资产进行明细核算。

借方　　　　　　　　在建工程	贷方
各项在建工程的实际支出	完工工程转出的成本
余额：尚未达到预定可使用状态的在建工程成本	

资产类账户，核算企业基建、更新改造等在建工程发生的支出。

3. 固定资产取得的核算

企业购入需要安装的固定资产时：

借：在建工程
　　应交税费——应交增值税（进项税额）
　贷：银行存款/应付账款

支付安装费等：

借：在建工程
　贷：银行存款/原材料/应付职工薪酬

设备安装完毕交付使用时：

借：固定资产
　贷：在建工程

4. 企业自行建造固定资产

（1）自营工程。

购入工程物资时：

借：工程物资
　贷：银行存款

工程领用工程物资时：

借：在建工程
　贷：工程物资

工程领用原材料时：

借：在建工程
　贷：原材料
　　　应交税费——应交增值税（进项税额转出）

工程领用库存商品时：

借：在建工程
　贷：库存商品
　　　应交税费——应交增值税（销项税额）

支付费用、分配工程人员工资等：

借：在建工程
　贷：银行存款/库存现金
　　　应付职工薪酬

工程完工转入固定资产成本：

借：固定资产
　贷：在建工程

（2）出包工程。

按合同规定向承建方结算进度款、补付工程款时：

借：在建工程
　贷：银行存款

工程完工达到预定可使用状态时：

借：固定资产

　贷：在建工程

任务二　固定资产计提折旧的核算

（一）工作任务

12 月 29 日，企业采用直线法计提固定资产折旧（表 2.3.6）。

表 2.3.6　固定资产折旧计算表

固定资产折旧计算表

2013 年 12 月 29 日

部门	固定资产名称	已提折旧	固定资产原值	月折旧率	折旧额	累计折旧
生产部门	房屋及建筑物	180 000.00	775 000.00	0.8%	6 200.00	186 200.00
	机器设备	134 650 .00	370 700.00	1%	3 707.00	138 357.00
	其他	30 000.00	150 000.00	0.5%	750.00	30 750.00
	小计	344 650.00	1 295 700.00		10 657.00	355 307.00
销售部门	房屋及建筑物	73 460.00	283 175.00	0.8%	2 265.40	75 725.40
	其他	75 000.00	375 000.00	0.5%	1 875.00	76 875.00
	小计	148 460.00	658 175.00		4 140.40	152 600.40
行政管理	房屋及建筑物	70 000.00	350 000.00	0.8%	2 800.00	72 800.00
	其他	64 360.00	706 920.00	0.5%	3 534.60	67 894.60
	小计	134 360.00	1 056 920.00		6 334.60	140 694.60
合　计		627 470.00	3 010 795.00		21 132.00	648 602.00

（二）解决方法

财务流程：根据固定资产原值及固定资产增减变动情况和企业按照会计准则制定的折旧政策编制固定资产折旧计算表（分部门、类别），并据以编制记账凭证。

1. 会计分录

借：制造费用　　　　10 657.00

　　销售费用　　　　4140.40

　　管理费用　　　　6334.60

　贷：累计折旧　　　　　　21 132.00

2. 填制记账凭证（表 2.3.7）

表 2.3.7　记账凭证

记账凭证

2013年12月29日　　　　记字第 062 号

摘要	总账科目	明细科目	过账	借方金额 千	百	十	万	千	百	十	元	角	分	过账	贷方金额 千	百	十	万	千	百	十	元	角	分	附件 1 张
计提折旧	制造费用						1	0	6	5	7	0	0												
	销售费用							4	1	4	0	4	0												
	管理费用							6	3	3	4	6	0												
	累计折旧																	2	1	1	3	2	0	0	
合　计						¥	2	1	1	3	2	0	0				¥	2	1	1	3	2	0	0	

财务主管 王立明　　记账 余明亮　　出纳 王红　　审核 叶小光　　制单 余明亮

（三）知识链接

1. 账户设置

借方　　　　　　　　　　累计折旧	贷方
处置固定资产转出的累计折旧	计提的固定资产折旧
余额：固定资产的累计折旧额	

“固定资产”的调整科目，资产类账户，核算企业固定资产的累计折旧。

2. 固定资产计提折旧的范围

除下列情况外，企业应当对所有固定资产计提折旧：① 已提足折旧仍继续使用的固定资产；② 单独计价入账的土地。

计提折旧的时间范围有：

（1）当月增加的固定资产，当月不计提折旧，从下月起计提折旧；当月减少的固定资产，当月仍计提折旧，从下月起不计提折旧。

（2）固定资产提足折旧后，不论能否继续使用，均不再计提折旧；提前报废的固定资产，也不再补提折旧。

（3）已达到预定可使用状态但尚未办理竣工决算的固定资产，应当按照估计价值确定其成本，并计提折旧；待办理竣工决算后，再按实际成本调整原来的暂估价值，但不需要调整原已计提的折旧额。

3. 固定资产折旧的计算

企业应当在固定资产的使用寿命内，按照确定的方法对应计折旧额进行系统分摊。

影响折旧的因素：固定资产原价、预计净残值、固定资产减值准备、固定资产寿命。

应计折旧额 = 固定资产原价 − 预计净残值

固定资产的折旧方法：

（1）年限平均法（直线法）。

年折旧率 =（1 − 预计净残值率）÷预计使用寿命（年）

月折旧率 = 年折旧率÷12

月折旧额 = 固定资产原值×月折旧率

（2）工作量法。

单位工作量折旧额=（固定资产原价×（1 − 预计净残值率）÷预计总工作量

某项固定资产月折旧额=该项固定资产当月工作量×单位工作量折旧额

（3）双倍余额递减法。

年折旧率=2/预计使用寿命（年）×100%

月折旧率=年折旧率÷12

月折旧额=每月月初固定资产账面净值×月折旧率

（4）年数总和法（预计使用 n 年）。

年折旧率=尚可使用年限/（1+2+3+4+⋯+n）

=（预计使用寿命－已使用年限）/［预计使用寿命×（预计使用寿命+1）/2］

月折旧率=年折旧率÷12

月折旧额=（固定资产原值－预计净残值）×月折旧率

4. 固定资产折旧的核算

借：制造费用　　（生产部门使用固定资产应计提折旧）
　　管理费用　　（管理部门使用固定资产应计提折旧）
　　销售费用　　（销售部门使用固定资产应计提折旧）
　　其他业务成本（经营租出固定资产应计提折旧）
　　在建工程　　（在建工程使用固定资产计提折旧）
　贷：累计折旧

任务三　固定资产处置的核算

（一）工作任务

12 月 21 日，生产车间一台机器设备陈旧，转入清理。该机器设备账面原值 90 000 元，已提折旧 78 000 元（表 2.3.8）。

表 2.3.8　固定资产清理报废单

固定资产清理报废单

2013 年 12 月 21 日

固定资产使用部门			生产车间				
名称及型号	单位	数量	原始价值	已提折旧	净值	预计使用年限	实际使用年限
机器设备	台	1	90 000	78 000	12 000	15	12
建造单位	建造年份			申请报废原因：设备陈旧，长期使用不正常。			
**机械厂	2000 年 11 月						
使用部门：设备陈旧，建议出售。　杨伟光			财务主管：同意出售。　王立明		总经理：同意出售。　柴兴旺		

（二）解决方法

财务流程：审核原始单据（使用部门填制清理报废原因，财务部门及总经理核准），核实清理的固定资产原值、已使用年限、折旧提取、减值准备计提等情况。

1. 会计分录

借：固定资产清理　　　12 000
　　累计折旧　　　　　78 000
　贷：固定资产　　　　　　90 000

2. 填制记账凭证（表 2.3.9）

表 2.3.9　记账凭证

记账凭证

2013年12月21日　　　　记字第 042 号

摘要	总账科目	明细科目	过账	借方金额										过账	贷方金额									
				千	百	十	万	千	百	十	元	角	分		千	百	十	万	千	百	十	元	角	分
固定资产报废	固定资产清理						1	2	0	0	0	0	0											
清理	累计折旧						7	8	0	0	0	0	0											
	固定资产																	9	0	0	0	0	0	0
合　计						¥	9	0	0	0	0	0	0				¥	9	0	0	0	0	0	0

附件 1 张

财务主管 王立明　　记账 余明亮　　出纳 王红　　审核 叶小光　　制单 余明亮

（三）知识链接

1. 固定资产处置

固定资产处置包括固定资产的出售、报废、毁损、对外投资、非货币性资产交换、债务重组等。

2. 账户设置

借方　　　固定资产清理	贷方
转出的固定资产账面价值 清理发生的税、费	固定资产清理收益
余额：尚未清理完毕的清理净损失	余额：尚未清理完毕的清理净收益

资产类账户，按照被清理的固定资产项目设置明细账进行明细核算。

3. 账务处理

（1）固定资产转入清理。

借：固定资产清理

　　累计折旧

　　固定资产减值准备

　贷：固定资产

（2）发生清理费用。

借：固定资产清理

　贷：银行存款

　　　应交税费——应交营业税

注：按照税法规定，企业销售房屋、建筑物等不动产，应按销售额计算缴纳营业税，不交增值税。

（3）收回出售固定资产的价款、残料价值和变价收入等。

借：银行存款/原材料

贷：固定资产清理

应交税费——应交增值税（销项税额）

（4）保险赔偿等。

借：其他应收款

贷：固定资产清理

（5）清理净损益的处理。

结转处置损失时：

借：营业外支出

贷：固定资产清理

结转处置利得时：

借：固定资产清理

贷：营业外收入

任务四　固定资产出售的核算

（一）工作任务

12 月 21 日，出售转入清理的机器设备，取得转账支票一张，已到银行办理进账（表 2.3.10、表 2.3.11）。

表 2.3.10　G 省增值税普通发票

G 省增值税普通发票　　　　NO.254681

开票日期：2013 年 12 月 21 日

<table>
<tr><td>购货单位</td><td colspan="4">名称：G 市大山乡松树村乡镇企业
纳税人识别号：520153255685698
地址、电话：G 省 G 市大山乡 12564585
开户行及账号：中国工商银行 G 市大山乡办事处
6222055802535628549</td><td>密码区</td><td colspan="3">（略）</td></tr>
<tr><td colspan="2">货物及应税劳务名称
机器设备
合计</td><td>规格型号
1257*</td><td>单位
台</td><td>数量
1</td><td>单价</td><td>金额
13 200.00
¥13 200.00</td><td>税率
17%</td><td>税额
2 244.00
¥ 2 244.00</td></tr>
<tr><td colspan="2">价税合计（大写）</td><td colspan="7">壹万伍仟肆佰肆拾肆元整　　　　（小写）¥15 444.00</td></tr>
<tr><td>销货单位</td><td colspan="4">名称：G 省 G 市兴旺公司
纳税人识别号：520118012345678
地址、电话：G 省 G 市高新区东风路 369 号
开户行及账号：中国工商银行 G 市高新区支行
6222055802512345678</td><td>备注</td><td colspan="3"></td></tr>
</table>

第三联 记账联 销货方记账联

收款人：　　　复核：叶小光　　　开票人：王红　　　销货单位（章）

表 2.3.11　中国工商银行进账单（收账通知）

中国工商银行进账单（收账通知）

委托日期：2013 年 12 月 21 日　　　　　　第 12564 号

付款人			收款人									
付款人	全称	G 市大山乡松树村乡镇企业	收款人	全称	G 省 G 市兴旺公司							
	账号	6222055802535628549		账号	6222055802512345678							
	开户行	中国工商银行 G 市大山乡办事处		开户行	中国工商银行 G 市高新区支行							
人民币（大写）壹万伍仟肆佰肆拾肆元整			百	拾	万	仟	百	拾	元	角	分	
				¥	1	5	4	4	4	0	0	
票据种类		票据张数	收款人开户行盖章：									
票据号码												
主管　会计　复核　记账												

（二）解决方法

财务流程：收到出售固定资产款项，对方交来转账支票一张，出纳到银行办理进账，并开具销售发票（普通发票）。

1. 会计分录

借：银行存款　　　　　　　　　　15 444

　贷：固定资产清理　　　　　　　　　　13 200

　　　应交税费——应交增值税（销项税额）　2244

2. 填制记账凭证（表 2.3.12）

表 2.3.12　记账凭证

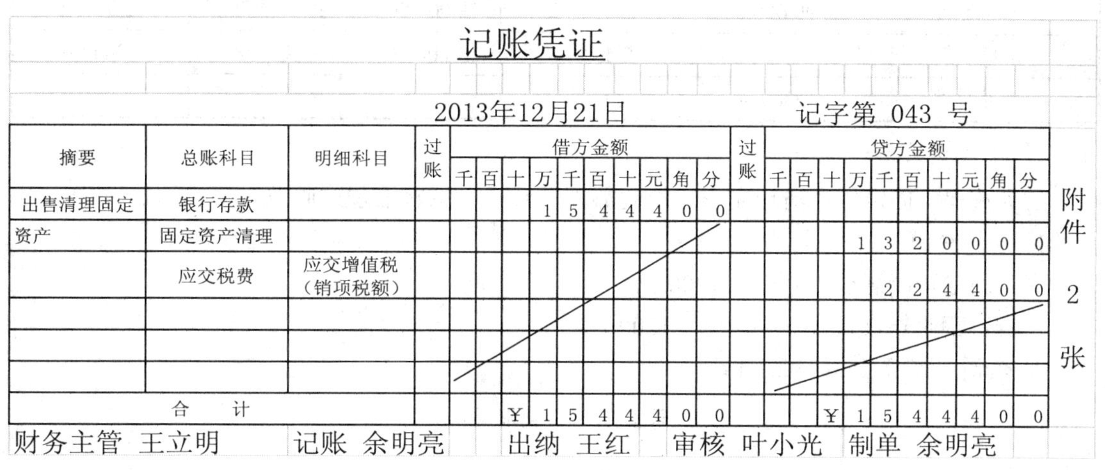

记账凭证

2013年12月21日　　　　记字第 043 号

摘要	总账科目	明细科目	过账	借方千	百	十	万	千	百	十	元	角	分	过账	贷方千	百	十	万	千	百	十	元	角	分	附件
出售清理固定	银行存款						1	5	4	4	4	0	0												附件 2 张
资产	固定资产清理																	1	3	2	0	0	0	0	
	应交税费	应交增值税（销项税额）																	2	2	4	4	0	0	
合　计						¥	1	5	4	4	4	0	0				¥	1	5	4	4	4	0	0	

财务主管 王立明　记账 余明亮　出纳 王红　审核 叶小光　制单 余明亮

（三）知识链接

（1）一般纳税人销售自己使用过的属于《增值税暂行条例》第十条规定，不得抵扣且未抵扣进项税额的固定资产，按简易办法依 4%征收率减半征收增值税。

（2）一般纳税人销售自己使用过的其他固定资产（简称已使用过的固定资产）应区分不同情况征收增值税：

① 销售自己使用过的 2009 年 1 月 1 日以后购进或者自制的固定资产，按照适用税率征收增值税。

② 2008 年 12 月 31 日以前未纳入扩大增值税抵扣范围试点的纳税人，销售自己使用过的

2008 年 12 月 31 日以前购进或者自制的固定资产，按照简易办法依照 3%征收率减按 2%征收增值税。

③ 2008 年 12 月 3 日以前已纳入扩大增值税抵扣范围试点的纳税人，销售自己使用过的在本地区扩大增值税抵扣范围试点以前购进或者自制的固定资产，按照简易办法依照 3%征收率减按 2%征收增值税；销售自己使用过的在本地区扩大增值税抵扣范围试点以后购进或者自制的固定资产，按照适用税率征收增值税。

（3）生产用设备等固定资产清理涉及增值税的核算。

① 非正常损失的固定资产，应该通过“应交税费——应交增值税（进项税额转出）”核算。

② 纳税人销售自己使用过的生产设备，应该通过“应交税费——应交增值税（销项税额）”（原固定资产购入时已抵扣进项税额）或“应交税费——未交增值税”（原固定资产购入时未抵扣进项税额）核算。

任务五　固定资产处置净损益的结转

（一）工作任务

12 月 22 日，结转清理机器设备净收益（表 2.3.13）。

表 2.3.13　固定资产清理结转表

固定资产清理结转表

2013 年 12 月 21 日

固定资产名称	机器设备	使用单位	生产车间		
原始价值	90 000.00	累计折旧	78 000.00	账面净值	12 000.00
清理费用		变价收入	13 200.00	应交税费	2244.00
处置利得	1200.00	处置损失		减值准备	

（二）解决方法

财务流程：固定资产清理完毕，填制清理结转表，结转清理净收益。

1. 会计分录

借：固定资产清理　　　　1200

　贷：营业外收入　　　　　1200

2. 填制记账凭证（表 2.3.14）

表 2.3.14　记账凭证

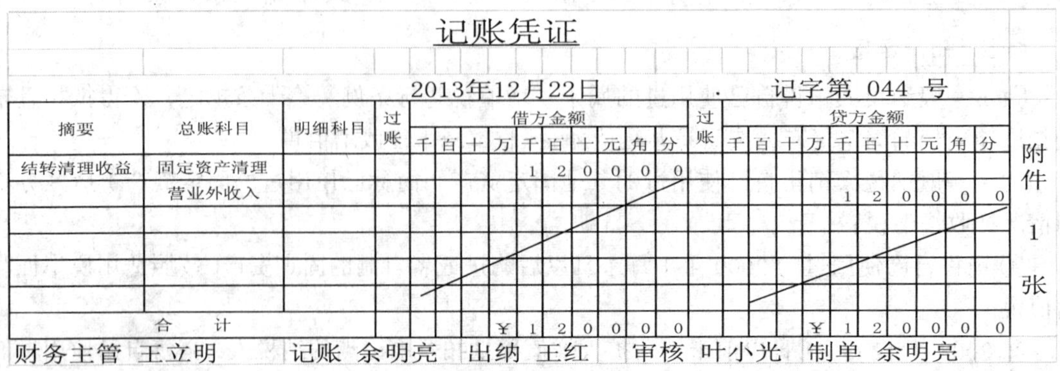

记账凭证

2013年12月22日　　　　记字第 044 号

摘要	总账科目	明细科目	过账	借方金额										过账	贷方金额									
				千	百	十	万	千	百	十	元	角	分		千	百	十	万	千	百	十	元	角	分
结转清理收益	固定资产清理							1	2	0	0	0	0											
	营业外收入																		1	2	0	0	0	0
合　计							￥	1	2	0	0	0	0					￥	1	2	0	0	0	0

附件 1 张

财务主管 王立明　记账 余明亮　出纳 王红　审核 叶小光　制单 余明亮

任务六　固定资产清查的核算

（一）工作任务

12 月 30 日，资产清查时发现盘亏设备一台，该设备原价为 8000 元，已提折旧 6500 元。经领导批准，同意列入营业外支出（表 2.3.15、表 2.3.16）。

表 2.3.15　固定资产盘盈盘亏报告表

固 定 资 产 盘 盈 盘 亏 报 告 表

部门：行政管理部门　　　　2013 年 12 月 30 日

资产名称	盘盈		盘亏			原因
	数量	价值	数量	原始价值	已提折旧	
办公设备			1 台	8000.00	6500.00	

财务负责人：王立明　　　　部门主管：邓林　　　　盘点：伍大可

表 2.3.16　财产清查结果处理通知单

财产清查结果处理通知单

2013 年 12 月 31 日

经审核确认，行政管理部门固定资产清查中盘亏办公设备一台，同意做盘亏处理，按 1 500 元列入营业外支出。

总经理：柴兴旺　　　　财务经理：王立明　　　　单位公章

（二）解决方法

财务流程：企业定期进行固定资产清查，财务经理负责，会计监督，各固定资产使用部门盘点，清查后编制固定资产盘盈盘亏报告表，据以编制记账凭证，调整账实相符。

盘盈盘亏结果及时报告相关领导或有权处理部门，取得财产清查结果处理通知单，根据企业处理决定编制记账凭证。

1. 会计分录

报经批准前：

借：待处理财产损溢——待处理固定资产损溢

　　累计折旧

　贷：固定资产

报经批准后：

借：营业外支出

　贷：待处理财产损溢——待处理固定资产损溢

2. 编制记账凭证（表 2.3.17、表 2.3.18）

表 2.3.17 记账凭证

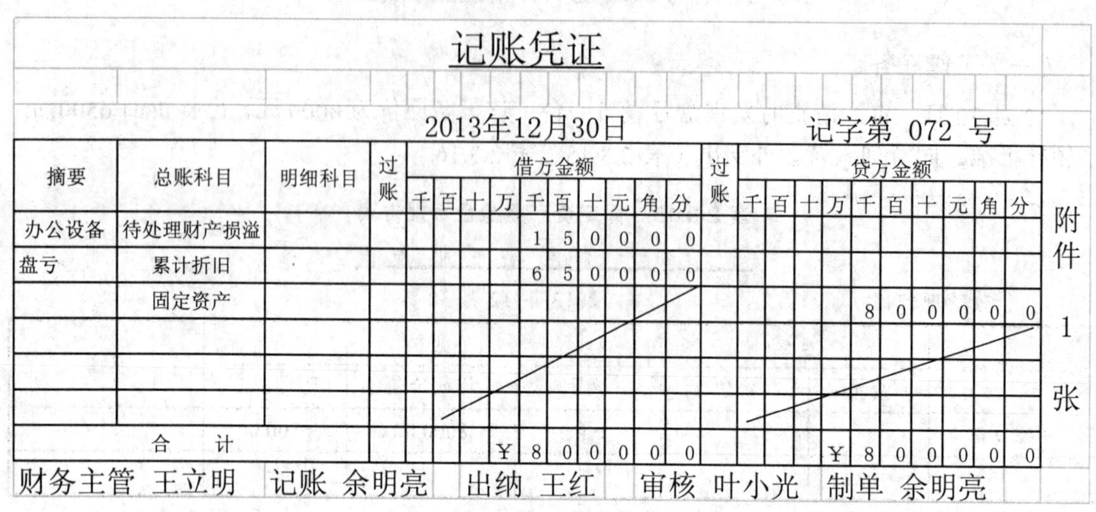

记账凭证

2013年12月30日　　　　记字第 072 号

摘要	总账科目	明细科目	过账	借方金额										过账	贷方金额									
				千	百	十	万	千	百	十	元	角	分		千	百	十	万	千	百	十	元	角	分
办公设备	待处理财产损溢							1	5	0	0	0	0											
盘亏	累计折旧							6	5	0	0	0	0											
	固定资产																		8	0	0	0	0	0
合　计							¥	8	0	0	0	0	0					¥	8	0	0	0	0	0

附件 1 张

财务主管 王立明　记账 余明亮　出纳 王红　审核 叶小光　制单 余明亮

表 2.3.18 记账凭证

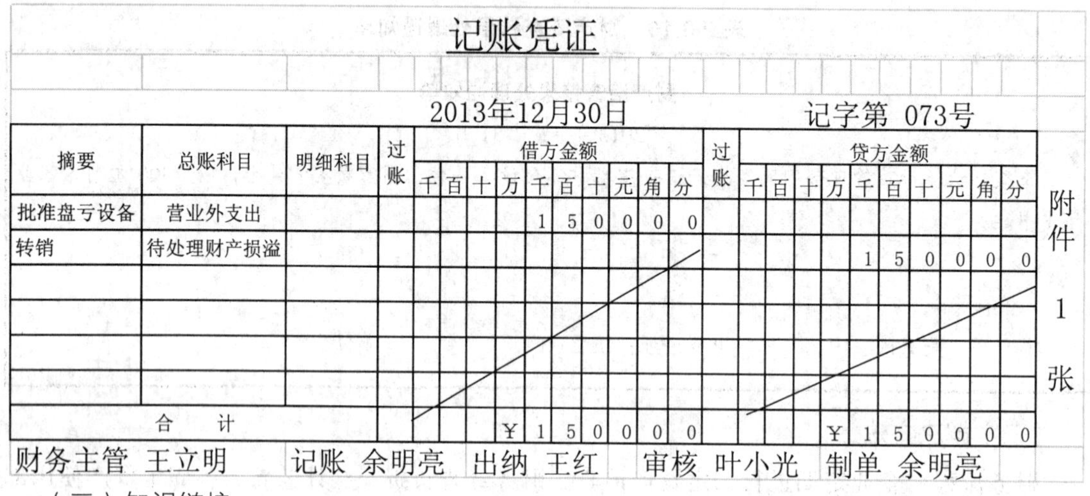

记账凭证

2013年12月30日　　　　记字第 073号

摘要	总账科目	明细科目	过账	借方金额										过账	贷方金额									
				千	百	十	万	千	百	十	元	角	分		千	百	十	万	千	百	十	元	角	分
批准盘亏设备	营业外支出							1	5	0	0	0	0											
转销	待处理财产损溢																		1	5	0	0	0	0
合　计							¥	1	5	0	0	0	0					¥	1	5	0	0	0	0

附件 1 张

财务主管 王立明　记账 余明亮　出纳 王红　审核 叶小光　制单 余明亮

（三）知识链接

企业应当定期或者至少每年年末对固定资产进行清查盘点，以保证固定资产核算的真实性，充分挖掘企业现有固定资产的潜力。其账务处理如下：

1. 固定资产的盘盈

根据《企业会计准则第 28 号——会计政策、会计估计变更和差错更正》的规定，企业在清查中盘盈的固定资产，作为前期差错处理。

借：固定资产　　　　　　　　（重置成本）

　贷：以前年度损溢调整

结转为留存收益时（假定与其计税基础不存在差异）：

借：以前年度损溢调整

　贷：盈余公积——法定盈余公积

　　　利润分配——未分配利润

2. 固定资产的盘亏

盘亏固定资产时：

借：待处理财产损溢——待处理固定资产损溢

　　累计折旧

　贷：固定资产

报经批准转销时：

借：营业外支出

　贷：待处理财产损溢——待处理固定资产损溢

任务七　固定资产减值的核算

（一）工作任务

12 月 31 日，经过减值测试发现行政管理部门使用一辆小轿车可变现净值为 110 000 元，低于其账面价值 125 000 元，应计提减值准备 15 000 元（表 2.3.19）。

表 2.3.19　固定资产减值损失计算单

固定资产减值损失计算单

编制部门：财务部　　　　2013 年 12 月 30 日　　　　金额：元

资产名称	年初资产减值准备	账面余额	计提资产减值准备前账面价值	可变现净值	年末资产减值准备	当期需要计提的资产减值准备
小轿车	0	125 000.00	125 000.00	110 000.00	15 000.00	15 000.00
合计	0	125 000.00	125 000.00	110 000.00	15 000.00	15 000.00

（二）解决方法

财务流程：财务部门计算确认固定资产可变现净值，资产的可收回金额低于其账面价值的，填制固定资产减值损失计算单，并据以调整固定资产减值准备。

1. 会计分录

借：资产减值损失——固定资产减值损失　　　15 000

　贷：固定资产减值准备　　　　　　　　　　　　15 000

2. 编制记账凭证（表 2.3.20）

表 2.3.20　记账凭证

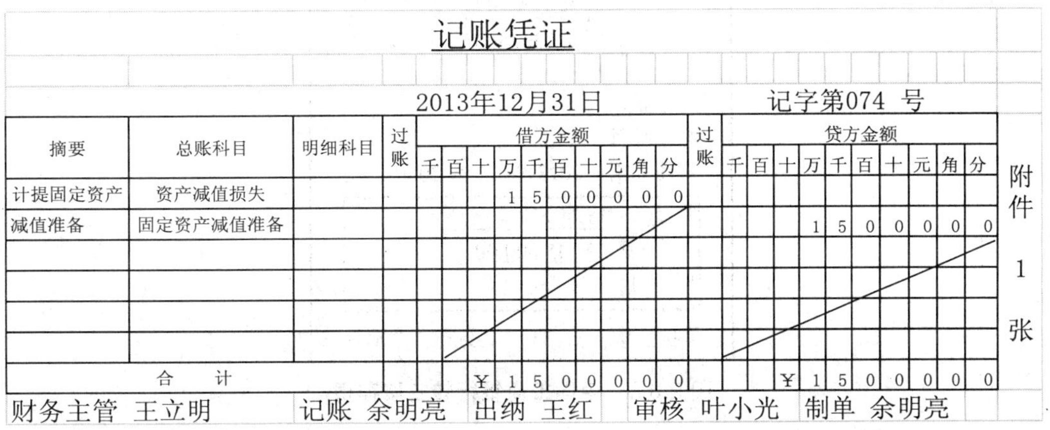

记账凭证

2013年12月31日　　　　记字第074 号

摘要	总账科目	明细科目	过账	借方金额	过账	贷方金额
计提固定资产	资产减值损失			1500000		
减值准备	固定资产减值准备					1500000
合　计				¥1500000		¥1500000

附件 1 张

财务主管 王立明　记账 余明亮　出纳 王红　审核 叶小光　制单 余明亮

（三）知识链接

固定资产可收回金额的计量：

（1）固定资产的初始入账价值是历史成本，由于固定资产使用年限较长，市场条件和经营环境的变化、科学技术的肺结核以及企业经营管理不善等原因，都可能导致固定资产创造未来经济利益的能力大大下降。因此，固定资产的真实价值有可能低于账面价值，在期末必须对固定资产减值损失进行确认。

（2）固定资产存在减值迹象，应当估计其可收回金额。可收回金额应当根据资产的公允价值减去处置费用后的净额与资产预计未来现金流量的现值两者之间较高者确定。资产的公允价值减去处置费用后的净额与资产预计未来现金流量的现值，只要有一项超过了资产的账面价值，就表明资产没有发生减值。

（3）固定资产减值损失一经确认，在以后会计期间不得转回。

任务八　无形资产取得的核算

（一）工作任务

12 月 20 日，购进一项专利权，支付买价 15 000 元，另支付咨询费 3000 元。款项用银行存款支付（图 2.3.1 ~ 图 2.3.4）。

G 省地方税务局通用机打发票

发票代码：256214521574
发票号码：20125465

开票日期：2013 年 12 月 20 日　　行业分类：服务业　　机打号码：00532153

客户名称（全称）：G 省 G 市兴旺公司				支票号码：	
商品名称	规格	单位	数量	单价	金额
专利权					145 000.00
人民币合计（大写）壹拾肆万伍仟元整				（小写）¥ 145 000.0	
开票单位（盖章）G 市 FX 有限公司		开票人：代云华		税务登记号：2105223502541645874	

第一联 发票联

图 2.3.1　G 省地方税务局通用机打发票

发票密码：

中国工商银行
转支票存根
Ⅶ85625635

科　目：
对方科目：
签发日期：2013 年 12 月 20 日
收款人：G 市 FX 有限公司
金　额：¥145 000.00
用　途：购买专利权
单位主管：王立明　会计：余明亮

图 2.3.2　中国工商银行转支票存根

G 省国家税务局通用机打发票

发票代码：256214521565
发票号码：20123562

开票日期：2013 年 12 月 20 日　　行业分类：服务业　　机打号码：00552256

客户名称（全称）：G 省 G 市兴旺公司				支票号码：	
商品名称	规格	单位	数量	单价	金额
咨询费					5 000.00
人民币合计（大写）伍仟元整			（小写）¥5 000.0		
开票单位（盖章）G 市立信会计事务所		开票人：张曼云		税务登记号：210522350252456275	

第一联 发票联

图 2.3.3　G 省国家税务局通用机打发票

发票密码：

中国工商银行
转支票存根
Ⅶ85625636

科　目：
对方科目：
签发日期：2013 年 12 月 20 日

收款人：G 市立信会计事务所
金　额：¥5 000.00
用　途：咨询费

单位主管：王立明　会计：余明亮

图 2.3.4　中国工商银行转支票存根

（二）解决方法

财务流程：审查无形资产购置申请手续是否完备、购置协议等，审核购置发票，出纳开出转账支票支付款项。

1. 会计分录

借：无形资产　　　　150 000

　贷：银行存款　　　　　　150 000

2. 编制记账凭证（表 2.3.21）

表 2.3.21　记账凭证

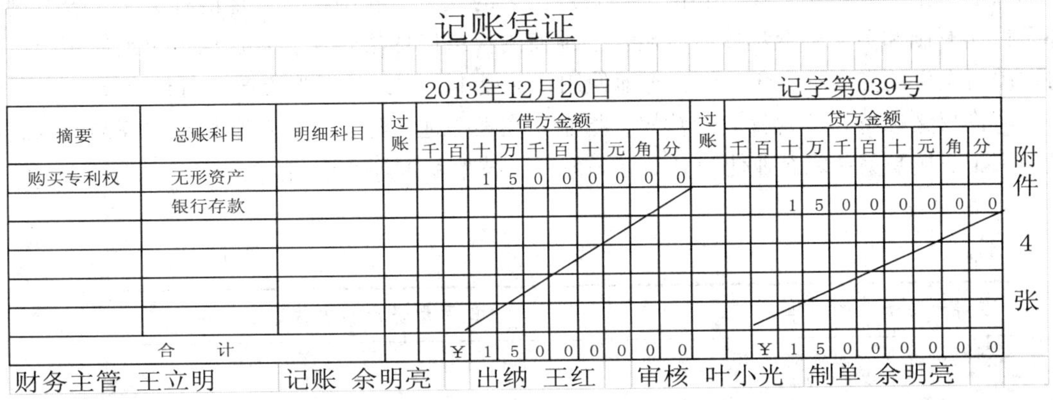

记账凭证

2013年12月20日　　　　记字第039号

摘要	总账科目	明细科目	过账	借方金额 千	百	十	万	千	百	十	元	角	分	过账	贷方金额 千	百	十	万	千	百	十	元	角	分
购买专利权	无形资产					1	5	0	0	0	0	0	0											
	银行存款																1	5	0	0	0	0	0	0
合　计					¥	1	5	0	0	0	0	0	0			¥	1	5	0	0	0	0	0	0

附件 4 张

财务主管 王立明　记账 余明亮　出纳 王红　审核 叶小光　制单 余明亮

（三）知识链接

1. 无形资产概述

无形资产是企业拥有或者控制的没有实物形态的可辨认非货币性资产。具有如下特征：

（1）不具有实物形态。无形资产是不具有实物形态，不像固定资产、存货等有形资产具有实物形态。

（2）具有可辨认性。能够从企业中或者划分出来，并能单独或者与相关合同、资产或负债一起，用于出售、转让、授予许可、租赁或者交换。商誉的存在无法与企业自身分离，不具有可辨认性，不属于无形资产。

（3）属于非货币性长期资产。无形资产能够在多个会计期间为企业带来经济利益，使用年限在一年以上，其价值将在各个受益期间逐渐摊销。

2. 无形资产的内容

无形资产主要包括专利权、非专利技术、商标权、著作权、土地使用权和特许权等。

专利权是指国家专利主管机关依法授予发明创造专利申请人对其发明创造在法定期限内所享有的专利权，包括发明专利权、实用新型专利权和外观设计专利权。企业不应将其所拥有的一切专利权都予以资本化，作为无形资产管理和核算。一般而言，只有从外单位购入的专利或者自行开发并按法律程序申请取得的专利，才能作为无形资产管理和核算。企业从外单位购入的专利权，应按实际支付的价款作为专利权的成本。企业自行开发并按法律程序申请取得的专利权，应按照《企业会计准则第 6 号——无形资产》确定的金额作为成本。

非专利权术即专有技术，或技术秘密、技术诀窍，是指先进的、未公开的、未申请专利、可以带来经济效益的技术及诀窍。主要包括工业专用技术、商业（贸易）专有技术和管理专有技术。非专利技术并不是专利法的保护对象，专有技术所有人依靠自我保密的方式来维持其独占权，可以用于转让和投资。企业的非专利技术，自己开发的，应交符合《企业会计准则第 6 号——无形资产》规定的开发支出资本化条件的，确认为无形资产。从外部购入的非专利技术，应将实际发生的支出予以资本化，作为无形资产入账。

商标权是指专门在某类指定的商品或产品上使用特定的名称或图案的权利。企业购买他人的商标，一次性支出费用较大的，可以将其资本化，作为无形资产管理。应根据购入商标的价款、支付的手续费及有关费用作为商标的成本。

著作权又称版权，指作者对其创作的文学、科学和艺术作品依法享有的权利。

土地使用权是指国家准许某一企业或单位在一定期间内对国有土地享有开发、利用、经营的权利。根据《中华人民共和国土地管理法》的规定，我国实行土地的社会主义公有制，即全民所有制和劳动群众集体所有制。土地使用权可以依法转让。企业取得土地使用权，应将取得时发生的支出资本化，作为土地使用权的成本，记入“无形资产”科目核算。

特许权又称特许经营权、专营权，指企业在某一地区经营或销售某种特定商品的权利或是一家企业接受另一家企业使用其商标、商号、技术秘密等的权利。

3. 账户设置

借方	无形资产 贷方
取得无形资产的成本	出售无形资产转出的账面价值
余额：企业无形资的成本	

资产类账户。

借方	累计摊销 贷方
处置无形资产转出的累计摊销	企业计提的无形资产摊销
余额：企业无形资产的累计摊销数	

资产类账户，属于“无形资产”的调整账户。

4. 无形资产取得的核算

（1）外购无形资产。

借：无形资产

　贷：银行存款

外购无形资产的成本包括购买价款、相关税费以及直接归属于该项资产达到预定用途所发生的其他支出。

（2）自行研究开发无形资产。

研究阶段或开发阶段支出：

借：研发支出——资本化支出　（满足资本化条件的支出）

　　　　——费用化支出　（不满足资本公条件的支出）

　贷：银行存款/原材料/应付职工薪酬等

达到预定用途形成无形资产时：

借：无形资产

　贷：研发支出——资本公支出

期末，将费用化支出转入当期损益：

借：管理费用

　贷：研发支出——费用化支出

如果无法可靠区分研发阶段支出，应将其发生的研发支出全部费用化：

借：管理费用

　贷：银行存款/原材料/应付职工薪酬等

（3）接受捐赠的无形资产。

捐赠方提供了有关凭据的，按凭据上标明的金额加上应支付的相关税费，作为实际成本。

捐赠方没有提供有关凭据的，按如下顺序确定其成本：① 同类或类似无形存在活跃市场的，按同类或类似无形资产的市场价格估计的金额，加上应支付的相关税费，作为实际成本。② 同类或类似无形资产不存在活跃市场的，按该接受捐赠的无形资产的预计未来现金流量的现值，作为实际成本。

任务九　出租无形资产的核算

（一）工作任务

12 月 19 日，企业出租一项专利权给 G 市 MM 有限公司，取得租金收入 12 000 元（不考虑相关税费），收到转账支票一张，已到银行办理进账（图 2.3.5、表 2.3.22）。

G 省地方税务局通用机打发票

发票代码：256214562541
发票号码：20135624

开票日期：2013 年 12 月 19 日　　行业分类：工业　　机打号码：00652142

客户名称（全称）：G 市 MM 有限公司　　支票号码：

商品名称	规格	单位	数量	单价	金额
出租专利权租金					5000.00

人民币合计（大写）伍仟元整　　（小写）¥ 5000.0

开票单位（盖章）G 省 G 市兴旺公司　　开票人：王红　　税务登记号：520118012345678

第二联　记账联

发票密码：

图 2.3.5　G 省地方税务局通用机打发票

表 2.3.22　中国工商银行进账单（收账通知）

中国工商银行进账单（收账通知）

委托日期：2013 年 12 月 19 日

<table>
<tr><td rowspan="3">付款人</td><td>全称</td><td>G 市 MM 有限公司</td><td rowspan="3">收款人</td><td>全称</td><td colspan="9">G 省 G 市兴旺公司</td></tr>
<tr><td>账号</td><td>6222055803545254369</td><td>账号</td><td colspan="9">6222055802512345678</td></tr>
<tr><td>开户行</td><td>中国工商银行中华路支行</td><td>开户行</td><td colspan="9">中国工商银行 G 市高新区支行</td></tr>
<tr><td colspan="3" rowspan="2">人民币
（大写）伍仟元整</td><td colspan="2">百</td><td>拾</td><td>万</td><td>仟</td><td>百</td><td>拾</td><td>元</td><td>角</td><td>分</td></tr>
<tr><td colspan="2"></td><td></td><td>¥</td><td>5</td><td>0</td><td>0</td><td>0</td><td>0</td><td>0</td></tr>
<tr><td>票据种类</td><td></td><td>票据张数</td><td colspan="11" rowspan="3">收款人开户行盖章：</td></tr>
<tr><td>票据号码</td><td colspan="2"></td></tr>
<tr><td colspan="3">主管　会计　复核　记账</td></tr>
</table>

（二）解决方法

财务流程：根据专利权出租协议，按月收取专利权租金，收到 G 市 MM 有限公司交来转账支票一张，到银行办理进账。

1. 会计分录

借：银行存款　　5000

　贷：其他业务收入　　5000

2. 编制记账凭证（表 2.3.23）

表 2.3.23　记账凭证

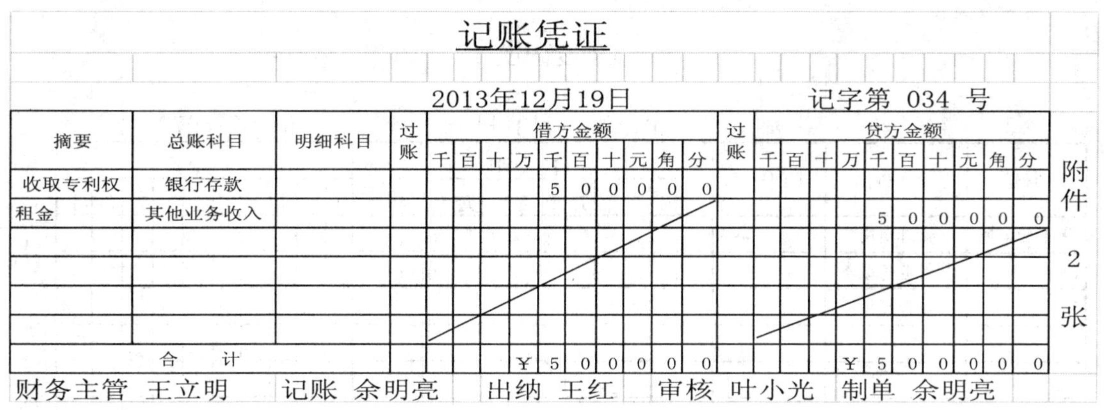

记账凭证

2013年12月19日　　记字第 034 号

摘要	总账科目	明细科目	过账	借方金额	过账	贷方金额
收取专利权	银行存款			5000.00		
租金	其他业务收入					5000.00
合　计				￥5000.00		￥5000.00

附件 2 张

财务主管 王立明　记账 余明亮　出纳 王红　审核 叶小光　制单 余明亮

（三）知识链接

出租无形资产是指将无形资产的使用权让渡给其他企业使用，属于让渡资产使用权的业务。一般情况下，出租无形资产不属于企业的主营业务。因此，期租金收入应记入企业的“其他业务收入”账户；相应的出租成本，包括支付的相关税费和出租期间无形资产的摊销额，应记入“其他业务成本”账户。

任务十　无形资产摊销的核算

（一）工作任务

12 月 31 日，企业对无形资产进行摊销（表 2.3.24）。

表 2.3.24　无形资产摊销计算单

无形资产摊销计算表

2013 年 12 月 31 日

无形资产名称	原值	使用年限	月摊销额	备注
专利权	150 000.00	10	1250.00	
专利权（出租）	108 000.00	10	900.00	
合计	258 000.00		2150.00	

制表：王红　　　　审核：叶小光

（二）解决方法

财务流程：填制、审核无形资产转让计算单，开具销售发票，办理审批手续（财务主管审批，公司总经理签字），收到出售无形资产款项并到银行办理进账，根据收入金额计算应纳营业税税额。

1. 会计分录

借：管理费用　　　1250

　　其他业务成本　　900

　贷：累计摊销　　　　2150

2. 编制记账凭证（表 2.3.25）

表 2.3.25　记账凭证

记账凭证

2013年12月31日　　　　记字第 078 号

摘要	总账科目	明细科目	过账	借方金额										过账	贷方金额									
				千	百	十	万	千	百	十	元	角	分		千	百	十	万	千	百	十	元	角	分
无形资产摊	管理费用							1	2	5	0	0	0											
销	其他业务成本								9	0	0	0	0											
	累计摊销																		2	1	4	0	0	0
合　计							¥	2	1	4	0	0	0					¥	2	1	4	0	0	0

附件 1 张

财务主管 王立明　记账 余明亮　出纳 王红　审核 叶小光　制单 余明亮

（三）知识链接

（1）无形资产属于企业长期资产，能在较长时间里给企业带来经济利益。但无形资产通常也有一定的有效期限，因此，企业应将入账的无形资产在一定年限内平均摊销。

企业自用的无形资产，期摊销的无形资产价值应当计入当期管理费用；出租的无形资产，相关的无形资产摊销价值应当计入“其他业务成本”账户。

（2）无形资产摊销的核算。

借：管理费用　　　　　（企业自用的无形资产）

　　其他业务成本　　　（出租的无形资产）

　贷：累计摊销

企业应当于取得无形资产时分析判断其使用寿命。

使用寿命有限的无形资产应进行摊销。对于使用寿命有限的无形资产，通常视其残值为零。应当自可供使用（即达到预定用途）当月起开始摊销，处置当月不再摊销。使用寿命不确定的无形资产不应摊销。

无形资产摊销的方法包括年限平均法（即直线法）、生产总量法等。企业应当按月对无形资产进行摊销。

无形资产年摊销额=无形资产原值/无形资产摊销年限（或生产总量）

月摊销额=年摊销额/12

任务十一　出售无形资产的核算

（一）工作任务

12 月 22 日，企业将一项商标权出售，取得销售收入 23 000 元，该商标权的账面价值为 25 000 元，累计摊销 5000 元，未计提减值准备（营业税税率 5%）。（表 2.3.26 ~ 表 2.3.28、图 2.3.6）

表 2.3.26　无形资产转让计算单

无形资产转让计算单

2013 年 12 月 22 日

调出单位	G 市兴旺公司		调入单位	G 市 FZ 有限公司		
名称	单位	数量	原始价值	已摊销	净值	转让方式
商标权	项	1	85 000	65 000	20 000	有偿
转让价值	人民币（大写）贰万叁仟元整　　¥23 000.00				备注：	

总经理：柴兴旺　　财务经理：王立明　　复核：叶小光　　制单：王红

G 省地方税务局通用机打发票

发票代码：256214425632

发票号码：20135625

开票日期：2013 年 12 月 22 日　　行业分类：工业　　机打号码：00653624

客户名称（全称）：G 市 HZ 有限公司					支票号码：
商品名称	规格	单位	数量	单价	金额
商标权					23 000.00
人民币合计（大写）贰万叁仟元整				（小写）¥23 000.00	
开票单位（盖章）G 省 G 市兴旺公司		开票人：王红		税务登记号：520118012345678	

第二联 记账联

发票密码：

图 2.3.6　G 省地方税务局通用机打发

表 2.3.27　中国工商银行进账单（收账通知）

中国工商银行进账单（收账通知）

委托日期：2013 年 12 月 22 日

付款人	全称	G 市 HZ 有限公司		收款人	全称	G 省 G 市兴旺公司						
	账号	6222055802535426871			账号	6222055802512345678						
	开户行	中国工商银行 G 市中山支行			开户行	中国工商银行 G 市高新区支行						
人民币（大写）贰万叁仟元整				百	拾	万	仟	百	拾	元	角	分
					¥	2	3	0	0	0	0	0
票据种类	转账支票	票据张数	1	收款人开户行盖章：								
票据号码												
主管　会计　复核　记账												

表 2.3.28　营业税计算表

营业税计算表

2013 年 12 月 22 日

计税项目	计税金额	税率	营业税
转让商标权	23 000.00	5%	1 150.00

财务主管：王立明　　　　　　　　　　　　　　　　制表：王红

（二）解决方法

财务流程：填制、审核无形资产转让计算单，开具销售发票，办理审批手续（财务主管审批，公司总经理签字），收到出售无形资产款项并到银行办理进账，根据收入金额计算应纳营业税税额。

1. 会计分录

借：银行存款　　　　　　23 000

　　累计摊销　　　　　　65 000

　贷：无形资产　　　　　　　　85 000

　　　应交税费——应交营业税　　1150

　　　营业外收入　　　　　　　　1850

2. 编制记账凭证（表 2.3.29）

表 2.3.29　记账凭证

记账凭证

2013年12月22日　　　　　　　　记字第 046号

摘要	总账科目	明细科目	过账	借方金额 千	百	十	万	千	百	十	元	角	分	过账	贷方金额 千	百	十	万	千	百	十	元	角	分
出售商标权	银行存款						2	3	0	0	0	0	0											
	累计摊销						6	5	0	0	0	0	0											
	无形资产																	8	5	0	0	0	0	0
	应交税费	应交营业税																	1	1	5	0	0	0
	营业外收入																		1	8	5	0	0	0
合　计						¥	8	8	0	0	0	0	0				¥	8	8	0	0	0	0	0

附件 4 张

财务主管 王立明　记账 余明亮　出纳 王红　审核 叶小光　制单 余明亮

（三）知识链接

（1）企业出售无形资产，即转让无形资产使用权，一方面应反映因转让而取得的收入，另一方面应交无形资产的价值予以轮伐期，作为转让无形资产的一项成本。如果该项无形资产已计提了减值准备，在出售时还应交已计提的减值准备注销。

出售无形资产的净收益，记入“营业外收入——出售无形资产收益”账户；出售无形资产的净损失，记入“营业外支出——出售无形资产损失”。

（2）无形资产处置的核算。

借：银行存款　　　　　（实际收到的金额）

　　累计摊销　　　　　（已计提的累计摊销）

　　贷：无形资产　　　　　　　　　　　　（无形资产账面余额）
　　　　应交税费/银行存款　　　　　　　（应支付的相关税费）
　　　　营业外收入——出售无形资产收益　（差额：无形资产处置利得）

或者

借：银行存款
　　累计摊销
　　营业外支出——出售无形资产损失（差额：无形资产处置损失）
　贷：无形资产
　　　应交税费/银行存款

注：已计提减值准备应同时结转减值准备，借记“无形资产减值准备”科目。

项目四　投资核算

企业的投资有广义和狭义之分。广义的投资既包括对外投资，也包括对内投资（如购买固定资产、无形资产等）。企业会计核算中的投资指狭义的投资。

投资是让渡某项资产而换取另一项资产。如企业以货币资金购买债券，能为投资者带来未来的经济利益。投资与其他资产相比，为企业带来的经济利益在方式上有所不同。企业的其他资产，通常能为企业带来直接的经济利益。而投资为企业带来的经济利益通常是间接的，不是通过企业自身直接生产经营产生的，而是通过其他单位使用投资者投入的资产并创造效益后分配取得的，或者是通过投资改善贸易关系等从而达到获得经济利益的目的，还可能通过证券市场买卖证券攻取价差收益等。

企业的对外投资主要有金融资产与长期股权投资。

金融资产包括：交易性金融资产，持有至到期投资与可供出售金融资产。

交易性金融资产主要是指企业为了近期内出售而持有的金融资产，如企业以赚取差价为目的从二级市场购入的股票、债券、基金等。

持有至到期投资是指到期日固定、回收金额固定或可确定，且企业在明确意图和能力持有至到期的非衍生金融资产。通常情况下，包括企业持有的、在活跃市场上有公开报价的国债、企业债券、金融债券等。

可供出售金融资产是指初始确认时即被指定为可供出售的非衍生金融资产，以及没有被划分为持有至到期投资、贷款和应收款项、以公允价值计量且其变动计入当期损益的金融资产。通常情况下，包括企业从二级市场上购入的债券投资、股票投资、基金投资等，但这些金融资产没有被称为交易性金融资产或持有至到期投资。

任务一　交易性金融资产的核算

（一）工作任务

12 月 5 日，企业按每股 4 元的价格购入面值 1.0 元的 G 省航天城投股票 10 000 股，并准备在近期内出售，支付交易税费 500 元，股票购买价格中包含每股 0.5 元已宣告发放但尚未领取的现金股利（图 2.4.1、表 2.4.1）。

中国工商银行
转支票存根
Ⅶ85625624

科　目：
对方科目：
签发日期：2013 年 12 月 5 日

收款人：G 省 G 市兴旺公司
金　额：¥40 500.00
用　途：存入投资款

单位主管：王立明　　会计：余明亮

图 2.4.1　中国工商银行转支票存根

表 2.4.1　中国工商银行进账单（收账通知）

中国工商银行进账单（收账通知）

委托日期：2013 年 12 月 5 日

<table>
<tr><td rowspan="3">付款人</td><td>全称</td><td colspan="4">G 省 G 市兴旺公司</td><td rowspan="3">收款人</td><td colspan="2">全称</td><td colspan="7">G 省 G 市兴旺公司</td></tr>
<tr><td>账号</td><td colspan="4">6222055802512345678</td><td colspan="2">账号</td><td colspan="7">6222055802515621456</td></tr>
<tr><td>开户行</td><td colspan="4">中国工商银行 G 市高新区支行</td><td colspan="2">开户行</td><td colspan="7">中国工商银行 G 市高新区支行</td></tr>
<tr><td colspan="6" rowspan="2">人民币
（大写）肆万零伍佰元整</td><td>百</td><td>拾</td><td>万</td><td>仟</td><td>百</td><td>拾</td><td>元</td><td>角</td><td>分</td></tr>
<tr><td></td><td>¥</td><td>4</td><td>0</td><td>0</td><td>5</td><td>0</td><td>0</td><td>0</td></tr>
<tr><td colspan="2">票据种类</td><td>转账支票</td><td>票据张数</td><td colspan="2">1</td><td colspan="9" rowspan="3">收款人开户行盖章：</td></tr>
<tr><td colspan="2">票据号码</td><td colspan="4"></td></tr>
<tr><td colspan="6">主管　　会计　　复核　　记账</td></tr>
</table>

表 2.4.2　成交过户交割凭单

05/12/2013	成交过户交割凭单
股东编号：A254156 电脑编号：5426147 公司代号：0025	成交证券：G 省环保 成交数量：10 000（股） 成交价格：4.00
申请编号：56245 申报时间：10:15:00 成交时间：10:30:25	成交金额：10 000.00 过户佣金：0 过户费用：500.00
上次余额：0 本次成交：10 000 本次库存：10 000	印花税： 应付金额：40 500.00 附加费用： 应付金额：40 500.00

（二）解决方法

财务流程：出纳开出转账支票一张，将投资款项存入证券公司指定银行开立的投资款专户。购买股票时，直接从投资款专户转账支付。取得股票成交过户交割凭单，据以编制记账凭证。

1. 会计分录

借：其他货币资金——存出投资款　　40 500

　贷：银行存款　　40 500

借：交易性金融资产——成本　　35 000

　　投资收益　　500

　　应收股利　　5000

　贷：其他货币资金——存出投资款　　40 500

2. 编制记账凭证（表 2.4.3、表 2.4.4）

表 2.4.3　记账凭证

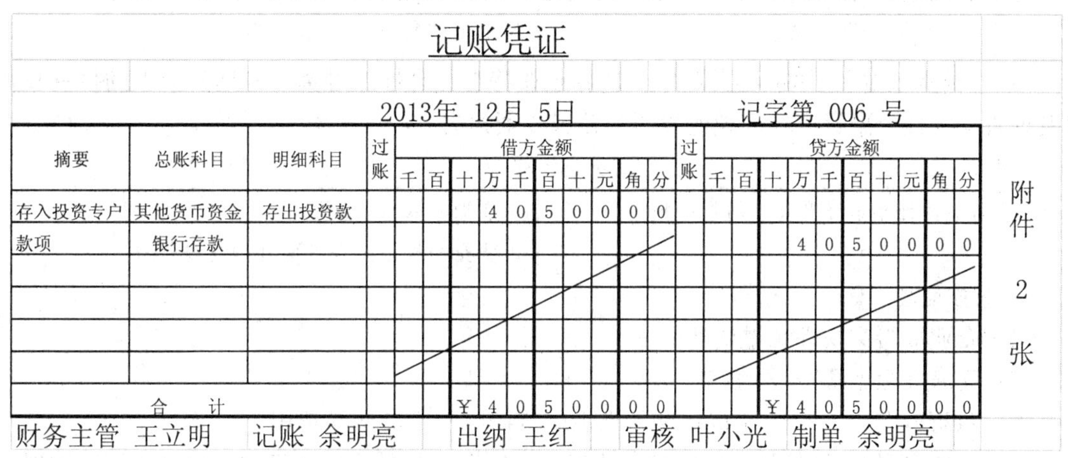

记账凭证

2013年 12月 5日　　　　记字第 006 号

摘要	总账科目	明细科目	过账	借方金额 千	百	十	万	千	百	十	元	角	分	过账	贷方金额 千	百	十	万	千	百	十	元	角	分
存入投资专户	其他货币资金	存出投资款					4	0	5	0	0	0	0											
款项	银行存款																	4	0	5	0	0	0	0
合　计						¥	4	0	5	0	0	0	0				¥	4	0	5	0	0	0	0

附件 2 张

财务主管 王立明　记账 余明亮　出纳 王红　审核 叶小光　制单 余明亮

表 2.4.4　记账凭证

记账凭证

2013 年 12月 5 日　　　　记字第 007 号

摘要	总账科目	明细科目	过账	借方金额 千	百	十	万	千	百	十	元	角	分	过账	贷方金额 千	百	十	万	千	百	十	元	角	分
购入航天城	交易性金融资产	成本					3	5	0	0	0	0	0											
投股票	投资收益								5	0	0	0	0											
	应收股利							5	0	0	0	0	0											
	其他货币资金	存出投资款																4	0	5	0	0	0	0
合　计						¥	4	0	5	0	0	0	0				¥	4	0	5	0	0	0	0

附件 1 张

财务主管 王立明　记账 余明亮　出纳 王红　审核 叶小光　制单 余明亮

（三）知识链接

1. 交易性金融资产的特点

交易性金融资产的特点有：投资变现能力强；以充分利用闲置资金获取收益为目的；持

有时间短，可随时转让；回收金额不固定或不可确定。

2. 账户设置

（1）“交易性金融资产”，属资产类账户，核算企业为交易目的所持有的债券投资、股票投资、基金投资等交易性金融资产的公允价值。

借方　　　　交易性金融资产	贷方
① 交易性金融资产的取得成本 ② 期末（公允价值-账面价值）	① 期末（账面价值-公允价值） ② 出售时结转的成本和公允价值变动

企业应当按照交易性金融资产的类别和品种，分别设置“成本”“公允价值变动”等明细科目进行核算。

（2）“公允价值变动损益”，属损益类账户，是核算企业交易性金融资产等的公允价值变动而形成的应计入当期损益的利得或损失。

借方　　　　公允价值变动损益	贷方
期末（账面价值-公允价值）	期末（公允价值-账面价值）

（3）“投资收益”，属损益类账户，核算企业持有交易性金融资产等期间取得的投资收益以及处置交易性金融资产等实现的投资收益或投资损失。

借方　　　　投资收益	贷方
出售交易性金融资产发生的投资损失	持有期间取得的投资收益 出售交易性金融资产实现的投资收益

3. 账务处理

（1）企业取得交易性金融资产。

借：交易性金融资产——成本

　　投资收益　　　　（取得交易性金融资产时发生的交易费用）

　　应收利息/应收股利（已到付息期但尚未领取的利息或已宣告发放但尚未发放的现金股利）

　贷：其他货币资金——存出投资款/银行存款

【例 1】2012 年 1 月 2 日，A 公司购入甲公司发行的公司债券，该笔债券于 2010 年 7 月 1 日发行，面值为 800 000 元，票面利率为 5%。上年债券利息于下年初支付。A 公司将其划分为交易性金融资产，支付价款为 1 000 000 元（包含已到付息期但尚未领取的债券利息 20 000 元），另支付相关交易费用 3000 元。A 公司应编制如下会计分录：

借：交易性金融资产——成本　　980 000

　　应收利息　　20 000

　　投资收益　　3000

　贷：其他货币资金——存出投资款　　1 003 000

（2）交易性金融资产持有期间。

① 被投资单位宣告发放现金股利或期末按债券利率计算的利息收入。

借：应收股利/应收利息

　贷：投资收益

【例 2】（承例 1）2012 年 1 月 20 日，A 公司收到上述债券利息 20 000 元。

借：其他货币资金——存出投资款 20 000

贷：应收利息 20 000

【例 3】（承例 2）2012 年 12 月 31 日，确认甲公司的公司债券利息收入 40 000（800 000×5%）元。

借：应收利息 40 000

贷：投资收益 40 000

② 资产负债表日，交易性金融资产应当按照公允价值计量，公允价值与账面价值之间的差额计入当期损益。

若公允价值高于账面价值：

借：交易性金融资产——公允价值变动 （公允价值-账面价值）

贷：公允价值变动损益

若账面价值高于公允价值：

借：公允价值变动损益 （账面价值-公允价值）

贷：交易性金融资产——公允价值变动

【例 4】（承例 3）2012 年 6 月 30 日，A 公司购买的甲公司债券公允价值（市价）为 1 100 000 元。

2012 年 6 月 30 日，

确认甲公司债券的公允价值变动损益=1 100 000−980 000=120 000（元）

借：交易性金融资产——公允价值变动 120 000

贷：公允价值变动损益 120 000

【例 5】（承例 4）2012 年 12 月 31 日，A 公司购买的甲公司债券公允价值（市价）为 1 000 000 元。

2012 年 12 月 31 日，

确认甲公司债券的公允价值变动损益=1 000 000−1 100 000=-100 000（元）

借：公允价值变动损益 100 000

贷：交易性金融资产——公允价值变动 100 000

（3）交易性金融资产的出售。

① 出售时，应当将该金融资产出售时的公允价值与其账面余额（“交易性金融资产——成本”与“交易性金融资产——公允价值变动”两个账户）之间的差额作为投资损益。

借：其他货币资金——存出投资款/银行存款（实际收到的金额）

交易性金融资产——公允价值变动 （借或贷记该科目）

贷：交易性金融资产——成本 （金融资产的账面成本）

投资收益 （差额，借或贷记该科目）

② 同时，将原计入该金融资产的公允价值变动转出。

借：公允价值变动

贷：投资收益

或者

借：投资收益

贷：公允价值变动

【例6】(承例5) 2013年1月15日，A公司出售了所持有的甲公司债券，售价为1 050 000元。

借方	交易性金融资产——公允价值变动	贷方
2012年6月30日：120 000		2012年12月31日：100 000

借方	公允价值变动损益	贷方
2012年12月31日：100 000		2012年6月30日：120 000

应编制如下会计分录：

借：其他货币资金——存出投资款　　1 050 000

　贷：交易性金融资产——成本　　980 000

　　　　　　　　　——公允价值变动　　20 000

　　　投资收益　　50 000

同时，

借：公允价值变动损益　　20 000

　贷：投资收益　　20 000

附一：持有至到期投资的核算

一、持有至到期投资的内容

持有至到期投资是指到期日固定、回收金额固定或可确定，且企业在明确意图和能力持有至到期的非衍生金融资产。通常情况下，包括企业持有的、在活跃市场上有公开报价的国债、企业债券、金融债券等。

“到期日固定、回收金额固定或可确定”是指相关合同明确了投资者在确定的期间内获得或应收取现金流量(例如投资利息和本金等)的金额和时间。因此，权益工具投资不能划分为持有至到期投资。

“有明确意图持有至到期”是指投资者在取得投资时意图就是明确的。

“有能力持有至到期”是指企业有足够的财务资源，并不受外部因素影响将投资持有至到期。

二、持有至到期投资的账务处理

(一)账户设置

为了反映和监督持有至到期投资的取得、收取利息和出售等情况，企业应当设置“持有至到期投资”科目进行核算企业持有至到期投资的摊余成本。

借方	持有至到期投资 贷方
① 持有至到期投资的取得成本 ② 一次还本付息债券投资在期末按票面利率计算确定的应收未收利息等	出售持有至到期投资时结转成本

企业可以按照持有至到期投资的类别和品种，分别设置“成本”“利息调整”“应计利息”等明细科目进行核算。

（二）持有至到期投资取得的核算

借：持有至到期投资——成本　　　　（投资的面值）
　　应收利息　　　　（已到付息期但尚未领取的利息）
　贷：其他货币资金——存出投资款/银行存款　　　　（实际支付金额）
　　　持有至到期投资——利息调整　　　　（差额，借或贷记本账户）

【例 1】2012 年 1 月 1 日，A 公司支付价款 1 000 000 元（含交易费用）从证券市场购入某公司同日发行的 4 年期公司债券 10 000 份，该债券票面价值为 1 200 000 元，票面年利率为 4%，于年末支付本年度债券利息（即每年利息 60 000 元），本金在债券到期时一次性偿还。A 公司将其划分为持有至到期投资。A 公司应编制如下会计分录：

借：持有至到期投资——成本　　　　1 200 000
　贷：其他货币资金——存出投资款　　　　1 000 000
　　　持有至到期投资——利息调整　　　　200 000

（三）持有期间的核算

1. 持有至到期投资的债券利息收入

（1）分期付息、一次还本债券投资，应当在资产负债表日按照持有至到期投资的面值和票面利率计算确定的应收未收利息，借记“应收利息”科目，按照持有至到期投资的摊余成本和实际利率计算确定的利息收入，贷记“投资收益”科目，按照其差额，借或贷记“持有至到期投资——利息调整”科目。

借：应收利息　　　　（按照面值和票面利率计算确定的应收未收利息）
　贷：投资收益　　　　（按照摊余成本和实际利率计算确定的利息收入）
　　　持有至到期投资——利息调整　　　　（差额，借或贷记本账户）

【例 2】（承例 1）假定 A 公司购入的上述公司债券实际利率是 8%。A 公司 2012 年末至 2015 年末的持有至到期投资利息计算如表 2.4.5 所示。

表 2.4.5　持有至到期投资利息计算

利息日期	应收利息 （1）＝面值×票面利息	利息收入 （2）＝上期（5）×实际利息	利息调整 （3）＝（1）－（2）	剩余利息调整 （4）＝上期（4）－（3）	期末摊余成本 （5）＝上期（5）－（3）
2012 年 1 月				−200 000.00	1 000 000.00
2012 年 12 月	60 000	80 000.00	−20 000.00	−180 000.00	1 020 000.00
2013 年 12 月	60 000	81 600.00	−21 600.00	−158 400.00	1 041 600.00
2014 年 12 月	60 000	83 328.00	−23 328.00	−135 072.00	1 064 928.00
2015 年 12 月	60 000	85 194.24	−25 194.24	−109 877.76	1 090 122.24
合计	240 000	330 122.24	−90 122.24		

相关会计分录如下：

2012 年 12 月 31 日：

借：应收利息　　60 000

　　持有至到期投资——利息调整　　20 000

　贷：投资收益　　80 000

2013 年 12 月 31 日：

借：应收利息　　60 000

　　持有至到期投资——利息调整　　21 600

　贷：投资收益　　81 600

2014 年 12 月 31 日：

借：应收利息　　60 000

　　持有至到期投资——利息调整　　23 328

　贷：投资收益　　83 328

2015 年 12 月 31 日：

借：应收利息　　60 000

　　持有至到期投资——利息调整　　25 194.24

　贷：投资收益　　85 194.24

年初收到债券利息时的会计分录：

借：其他货币资金——存出投资款　　60 000

　贷：应收利息　　60 000

（2）一次还本付息的债券投资，应当在资产负债表日按照持有至到期投资的面值和票面利率计算确定的应收未收利息，借记“持有至到期投资——应计利息”科目，按照持有至到期投资的摊余成本和实际利率计算确定的利息收入，贷记“投资收益”科目，按照其差额，借或贷记“持有至到期投资——利息调整”科目。

借：持有至到期投资——应计利息　（按照面值和票面利率计算确定的应收未收利息）

　贷：投资收益　（按照摊余成本和实际利率计算确定的利息收入）

　　　持有至到期投资——利息调整　（差额，借或贷记本账户）

2. 持有至到期投资的减值

资产负债表日，持有至到期投资的账面价值高于预计未来现金流量现值的，企业应当将该持有至到期投资的账面价值减记至预计未来现金流量现值，将减记的金额作为资产减值损失进行会计处理，计入当期损益，同时计提相应的资产减值准备。

已计提减值准备的持有至到期投资价值以后又得以恢复的，应当在原已计提的减值准备金额内予以转回。转回的金额计入当期损益。

当持有至到期投资的账面价值高于预计未来现金流量现值时：

借：资产减值准备

　贷：持有至到期投资减值准备

已计提减值准备的持有至到期投资价值以后又得以恢复的：

借：持有至到期投资减值准备

　贷：资产减值准备

（四）持有至到期投资的出售

企业出售持有至到期投资时，应当将取得的价款与账面价值之间的差额作为投资损益进行会计处理。如果对持有至到期投资计提了减值准备，还应当同时结转减值准备。

借：银行存款/其他货币资金——存出投资款（实际收到的金额）
　　持有至到期投资——利息调整　　（借记或贷记本账户）
　贷：持有至到期投资——成本　　（原投资成本）
　　　　　　　　　　——应计利息　　（原应收未收利息）
　　　投资收益　　（差额，借记或贷记本账户）

【例 3】（承例 2）假定 2016 年 1 月 8 日，A 公司将所持有的某公司债券 10 000 份全部出售，取得价款 1 100 000 元。该日，A 公司债券投资的账面余额为　其中：成本明细科目为借方余额 1 500 000 元；利息调整明细科目为贷方 409 877.76 元。假定该债券在持有期间未发生减值准备。A 公司应编制如下会计分录：

借：其他货币资金——存出投资款　　1 100 000
　　持有至到期投资——利息调整　　109 877.76
　贷：持有至到期投资——成本　　1 200 000
　　　投资收益　　9 877.76

附二：可供出售金融资产的核算

一、可供出售金融资产的内容

可供出售金融资产是指初始确认时即被指定为可供出售的非衍生金融资产，以及没有划分为持有至到期投资、贷款和应收款项、以公允价值计量且其变动计入损益的金融资产的金融资产。通常情况下，包括企业从二级市场上购入的债券投资、股票投资、基金投资等，但这些金融资产没有被划分为交易性金融资产或持有至到期投资。

二、可供出售金融资产的账务处理

（一）账户设置

1.“可供出售金融资产”科目的核算

“可供出售金融资产”科目核算企业持有的可供出售金融资产的公允价值。

借方	可供出售金融资产　　贷方
① 可供出售金融资产的取得成本 ② 资产负债表日公允价值高于账面余额的差额 ③ 可供出售金融资产转回的减值损失等	① 资产负债表日，公允价值低于账面余额的差额 ② 可供出售金融资产发生的减值损失 ③ 出售时结转的成本和公允价值变动

企业应当按照可供出售金融资产的类别和品种，分别设置“成本”“利息调整”“应计利息”“公允价值变动”等明细科目进行核算。

2.“其他综合收益”科目的核算

“其他综合收益”科目核算企业可供出售金融资产公允价值变动而形成的应计入所有者权益的利得或损失等。

借方	其他综合收益 贷方
资产负债表日企业持有的可供出售金融资产的公允价值低于账面余额的差额等	资产负债表日企业持有的可供出售金融资产的公允价值高于账面余额的差额等

可供出售金融资产发生减值的，也可以单独设置“可供出售金融资产减值准备”科目进行核算。

（二）可供出售金融资产的取得

1. 企业取得可供出售金融资产

借：可供出售金融资产——成本　　（取得时的公允价值与交易费用之和）
　　应收股利　　（已宣告而尚未发放的现金股利）
　贷：其他货币资金——存出投资款　　（实际支付的金额）

2. 企业取得的可供出售金融资产为债券投资

借：可供出售金融资产——成本　　（债券面值）
　　应收利息　　（已到付息期但尚未领取的利息）
　贷：银行存款　　（实际支付的金额）
　　　可供出售金融资产——利息调整　　（差额，借或贷记本科目）

【例1】2013年1月15日，A公司购入甲上市公司股票1 000 000股，并将其划分为可供出售金融资产。该笔股票投资地购买日的公允价值为 10 000 000 元，另支付相关交易费用25 000元。A公司应编制如下会计分录：

借：可供出售金融资产——成本　　10 00 000
　　应收股利　　25 000
　贷：其他货币资金——存出投资款　　1 250 000

【例2】2013年1月1日，A公司购入乙公司发行的公司债券，该笔债券于2010年7月1日发行，面值为25 000 000元，票面利率为4%。上年债券利息于下年初支付。A公司将其划分为可供出售金融资产，支付价款为 26 000 000 元（其中包含已到付息期但尚未领取的债券利息 500 000元），另支付交易费用300 000元。2013年1月8日，A公司收到该笔债券利息500 000元。2014年初，A公司又收到债券利息1 000 000元。甲公司编制如下会计分录：

2013年1月1日，购入B公司债券时：

借：可供出售金融资产——成本　　25 000 000
　　　　　　　　　　——利息调整　　800 000
　　应收股利　　500 000
　贷：其他货币资金——存出投资款　　26 300 000

（三）可供出售金融资产的持有

1. 现金股利或债券利息的核算

企业在持有可供出售金融资产期间取得的现金股利或债券利息，应当作为投资收益进行会计处理。

（1）可供出售金融资产为分期付息，一次还本债券投资的，则资产负债表日的会计分录：

借：应收利息　　　　　　　　　　　　（面值和票面利率计算的应收未收利息）

　贷：投资收益　　　　　　　　　　　（按照摊余成本和实际利率计算确定的利息收入）

　　可供出售金融资产——利息调整（差额，借或贷记本科目）

（2）可供出售金融资产为一次还本付息债券投资的，资产负债表日的会计分录：

借：可供出售金融资产——应计利息　（面值和票面利率计算的应收未收利息）

　贷：投资收益　　　　　　　　　　　（按照摊余成本和实际利率计算确定的利息收入）

　　可供出售金融资产——利息调整（差额，借或贷记本科目）

2. 公允价值计量

资产负债表日，可供出售金融资产应当按照公允价值计量，可供出售金融资产公允应当作为其他综合收益，计入所有者权益，不构成当期利润。

资产负债表日，可供出售金融资产的公允价值高于其账面价值的差额：

借：可供出售金融资产——公允价值变动

　贷：其他综合收益

资产负债表日，可供出售金融资产的公允价值低于其账面价值的差额：

借：其他综合收益

　贷：可供出售金融资产——公允价值变动

【例3】（承例2）假定2013年6月30日，A公司购买的乙公司债券的公允价值（市价）为27 800 000元；2013年12月31日，A公司购买的乙公司债券的公允价值（市价）为25 600 000元。假定不考虑其他因素。A公司应编制如下会计分录：

2013年6月30日，确认乙公司债券的公允价值变动时：

借：可供出售金融资产——公允价值变动　　　2 000 000

　贷：其他综合收益　　　　　　　　　　　　　　　2 000 000

2013年12月31日，确认乙公司债券的公允价值变动时：

借：其他综合收益　　　　　　　　　　　　　2 200 000

　贷：可供出售金融资产——公允价值变动　　　　　2 200 000

3. 减值处理

资产负债表日，确定可供出售金融资产发生减值的，应当将减记的金额作为资产减值损失进行会计处理，同时直接冲减可供出售金融资产或计提相应的资产减值准备。

（1）确定可供出售金融资产发生减值的：

借：资产减值准备（应减记的金额）

　贷：其他综合收益　　　　　　（从所有者权益中转出原计入资本公积的累计损失金额）

　　可供出售金融资产——减值准备（差额，借或贷记本科目）

（2）已确认减值损失，随后会计期间内公允价值已上升且客观上与确认原减值损失事项有关的：

借：可供出售金融资产——减值准备（原已确认的减值损失范围内按已恢复的金额）

　贷：资产减值损失

可供出售金融资产为股票等权益工具投资时：

借：可供出售金融资产——减值准备

　　贷：其他综合收益

（四）可供出售金融资产的出售

借：其他货币资金——存出投资款

　　贷：可供出售金融资产——成本

　　　　　　　　　　　——公允价值变动　（借或贷）

　　　　　　　　　　　——利息调整　　　（借或贷）

　　　　　　　　　　　——应计利息

　　　　投资收益　　　　　　　　　　　　（差额，借或贷本科目）

同时，

借：其他综合收益　（借或贷本科目）

　　贷：投资收益　　（借或贷本科目）

任务二　长期股权投资的核算

（一）工作任务

12 月 23 日，将作为长期股权投资的 G 省 CX 酒业有限公司的股票 15000 股，以每股 11 元的价格出售给 G 市 YD 股份有限公司，支付相关税费 3500 元，取得收入 161 500 元，该长期股权投资账面价值为 120 000 元。未计提减值准备。款项收到存入银行。（该企业长期股权投资采用成本法核算）如表 2.4.6 所示。

表 2.4.6　成交过户交割凭单

23/12/2013　　　　　　　　　成交过户交割凭单	
股东编号：A152465 电脑编号：568369 公司代号：0029	成交证券：CX 酒业 成交数量：15 000（股） 成交价格：11.00
申请编号：65892 申报时间：10:05:08 成交时间：11:06:25	成交金额：165 000.00 过户佣金：0 过户费用：3500.00
上次余额：15 000 本次成交：15 000 本次库存：15 000	印花税： 应付金额：161 500.00 附加费用： 应付金额：161 500.00

（二）解决方法

财务流程：企业出售股票时，收入直接转入投资款专户。取得股票成交过户交割凭单，据以编制记账凭证。

1. 会计分录

借：其他货币资金——存出投资款　　161 500

　　贷：长期股权投资　　　　　　　　　　120 000

　　　　投资收益　　　　　　　　　　　　 41 500

2. 编制记账凭证（表 2.4.7）

表 2.4.7 记账凭证

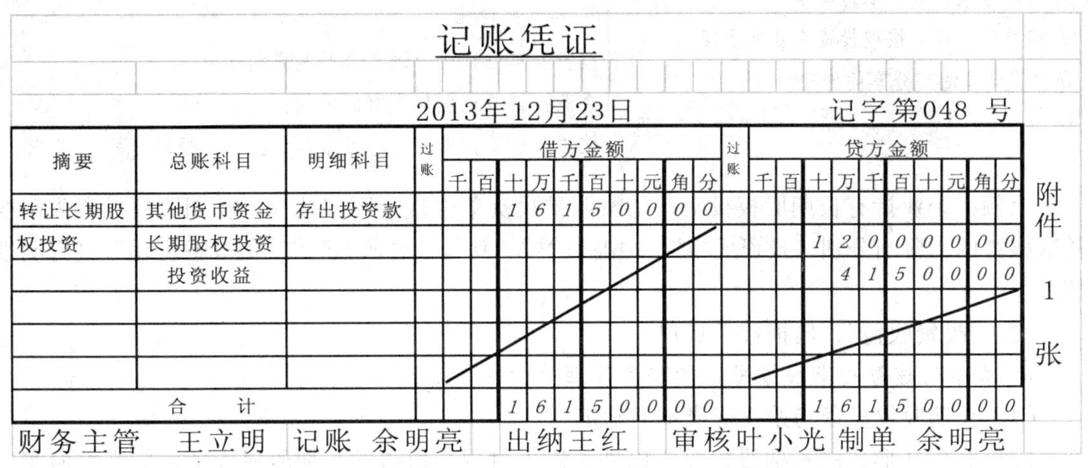

记账凭证

2013年12月23日　　　　记字第048 号

摘要	总账科目	明细科目	过账	借方金额 千	百	十	万	千	百	十	元	角	分	过账	贷方金额 千	百	十	万	千	百	十	元	角	分
转让长期股	其他货币资金	存出投资款				1	6	1	5	0	0	0	0											
权投资	长期股权投资																1	2	0	0	0	0	0	0
	投资收益																	4	1	5	0	0	0	0
合计						1	6	1	5	0	0	0	0				1	6	1	5	0	0	0	0

附件 1 张

财务主管 王立明　记账 余明亮　出纳王红　审核叶小光　制单 余明亮

（三）知识链接

1. 长期股权投资

长期股权投资是指投资企业对被投资单位实施控制、重大影响的权益性投资，以及对其合营企业的权益性投资。除此之外，其他权益性投资不作为长期股权投资进行核算，而应当按照《企业会计准则第 22 号——金融工具确认和计量》的规定进行会计核算。

企业通过投资取得被投资单位的股份，成为被投资单位的股东，准备长期持有，按所持股份的比例享有权益并承担责任。长期股权投资具有如下特点：投资期限长，投资风险大；不能随意抽回投资；按所持股份享有权利和承担义务；投资的目的除获取投资收益外，更重要的是对被投资单位施加影响，增强企业竞争力，以谋求最大的经济利益。

2. 长期股权投资的核算方法

长期股权投资的核算方法有两种：成本法、权益法。

（1）成本法核算的长期股权投资的范围。

企业能够对被投资单位实施控制的长期股权，即企业对子公司的长期股权投资，应当采用成本法核算，投资企业为投资性主体且子公司不纳入其合并财务报表的除外。

对子公司的长期股权投资采用成本法核算，主要是为了在子公司实际发放现金股利或利润之前，母公司垫付资金发放现金股利或利润等情况，解决了原来权益法下投资收益不能足额收回导致超分配的问题。

（2）权益法核算的长期股权投资的范围。

企业对被投资单位具有共同控制或重大影响时，长期股权投资应当采用权益法核算。企业对被投资单位具有共同控制的长期股权投资，即企业对合营企业的长期股权投资；企业对被投资单位具有重大影响的长期股权投资，即企业对联营企业的长期股权投资。

3. 账户设置

（1）“长期股权投资”，属资产类账户，核算企业持有的采用成本法和权益法核算的长期股权投资。

借方	长期股权投资 贷方
① 长期股权投资的取得成本 ② 权益法核算，按被投资企业实现净损益等计算的应分享的份额	① 处置长期股权投资的账面余额 ② 权益法核算 被投资单位宣告分派现金股利或利润时， 企业按持股比例应享有的份额； 按被投资单位发生的净亏损等计算应分担的份额

余额：企业持有长期股权投资价值按照被投资单位进行明细核算。长期股权投资采用权益法核算的，应当分别“投资成本”“损益调整”“其他综合收益”“其他权益变动”进行明细核算。

（2）“投资收益”，属损益类账户。

4. 成本法核算长期股权投资的账务处理

（1）长期股权投资初始投资成本的确定。

除企业合并形成的长期股权投资以外，以支付现金取得的长期股权投资，应当按照实际购买价款作为初始投资成本。投资企业所发生的与取得长期股权投资直接相关的费用、税金及其他必要支出应计入长期股权投资的初始投资成本。

此外，投资企业取得长期股权投资，实际支付的价款或对价中包含的已宣告但尚未发放的现金股利或利润，作为应收项目处理，不构成长期股权投资的成本。

（2）长期股权投资取得的核算。

借：长期股权投资　　　　（初始投资成本）
　　应收股利　　　　　　（已宣告但尚未分派的现金股利或利润）
　贷：银行存款

（3）长期股权投资持有期间被投资单位宣告发放现金股利或利润。

借：应收股利
　贷：投资收益

（4）长期股权投资的处置。

借：银行存款　　　　　　（实际收到的金额）
　　长期股权投资减值准备　（已计提减值准备）
　贷：长期股权投资　　　（长期股权投资的账面余额）
　　　应收股利　　　　　（尚未领取的现金股利或利润）
　　　投资收益　　　　　（借或贷记本科目）

5. 权益法核算长期股权投资的账务处理

（1）长期股权投资的取得。

投资企业取得长期股权投资采用权益法核算，长期股权投资初始投资成本大于投资时应享有被投资单位可辨认净资产公允价值份额的，该部分差额是取得投资过程中通过作价体现出的与所取得股权份额相对应的商誉价值，这种情况下，不要求调整长期股权投资的初始投资成本。会计分录：

借：长期股权投资——投资成本
　贷：银行存款

长期股权投资初始投资成本小于投资时应享有被投资单位可辨认净资产公允价值份额的，该部分差额体现为双方在交易作价过程中转让方的让步，该部分经济利益流入应计入取得长期股权投资当期的营业外收入，同时调整增加长期股权投资的成本。会计分录：

借：长期股权投资——投资成本

　贷：银行存款

　　营业外收入

【例 1】A 公司 2012 年 1 月 15 日购买 NF 股份有限公司发行的股票 3 000 000 股准备长期持有，占 NF 股份有限公司股份的 30%。每股买入价为 8 元，另外，购买该股票发生相关税费用 50 000 元，款项已通过银行支付。2011 年 12 月 31 日，NF 股份有限公司的所有者权益的账面价值（与其公允价值不存在差异）60 000 000 元。A 公司应编制如下会计分录：

借：长期股权投资——投资成本　　24 000 000

　贷：其他货币资金——存出投资款　　24 000 000

（2）持有长期股权投资期间被投资单位实现净利润或发生净亏损和其他综合收益。

被投资单位实现净利润，应按照被投资单位实现的净利润（以取得投资时被投资单位可辨认资产的公允价值为基础计算）中应享有的份额：

借：长期股权投资——损益调整

　贷：投资收益

被投资单位发生净亏损时：

借：投资收益

　贷：长期股权投资——损益调整

注：被投资单位发生净亏损，以“长期股权投资”科目的账面价值减记至零为限。即“长期股权投资”下属“投资成本”“损益调整”“其他综合收益”“其他权益变动”四个二级科目余额合计为零。还需承担的投资损失，应将其他实质上构成对被投资单位净投资的“长期应收款”等的账面价值减记至零为限；除按照以上步骤已确认的损失外，按照投资合同或协议约定将承担的损失，确认为预计负债。除上述情况仍未确认的应分担被投资单位的损失，应在备查簿中登记。发生亏损的被投资单位以后实现的净利润的，应按上述相反的顺序进行处理。

其他实质上构成对被投资单位净投资的“长期应收款”等通常是指投资企业对被投资单位的长期债权，该债权没有明确的清收计划，且在可预见的未来期间不准备收回的，实质上构成对被投资单位的净投资。但是该类长期权益不包括投资企业与被投资单位之间因销售商品、提供劳务等日常活动所产生的长期债权。

发生亏损的被投资单位以后实现净利润的，投资企业计算应享有的份额，如有未确认投资损失的，应先弥补未确认的投资损失，弥补损失后仍有余额的，依次借记“长期应收款”科目和“长期股权投资——损益调整”科目，贷记“投资收益”科目。

收到被投资单位发放的股票股利，不进行账务处理，但应在备查簿中进行登记，在除权日注明增加的股数，以反映股份的变化情况。

被投资单位实现其他综合收益时，投资企业应按应享有或应分担份额作如下会计分录：

借：长期股权投资——其他综合收益

　　贷：其他综合收益

【例 2】（承例 1）2012 年 NF 股份有限公司实现净利润 600 000 元。A 公司按照持股比例确认投资收益 180 000 元。2013 年 5 月 10 日，NF 股份有限公司宣告发放现金股利，每 10 股派 0.3 元，A 公司可分派到 90 000 元。2013 年 6 月 10 日，A 公司收到 NF 股份有限公司分派的现金股利。假定不考虑其他因素。A 公司编制的会计分录如下：

2012 年年末，确认从 NF 股份有限公司实现的投资收益时：

借：长期股权投资——损益调整　　180 000

　　贷：投资收益　　180 000

2013 年 5 月，NF 股份有限公司宣告发放现金股利时：

借：应收股利　　90 000

　　贷：长期股权投资——损益调整　　90 000

2013 年 6 月，收到 NF 股份有限公司分派的现金股利时：

借：其他货币资金——存出投资款　　90 000

　　贷：应收股利　　90 000

【例 3】（承例 1）2012 年 NF 股份有限公司可供出售金融资产的公允价值增加了 400 000 元。A 公司按照持股比例确认相应的其他综合收益 120 000 元。A 公司应编制如下会计分录：

借：长期股权投资——其他综合收益 120 000

　　贷：其他综合收益　　120 000

（3）持有长期股权投资期间被投资单位所有者权益的其他变动（除净损益、其他综合收益和利润分配外所有者权益的其他变动），应按照持股比例计算应享有的份额。

借：长期股权投资——其他权益变动

　　贷：资本公积——其他资本公积

或

借：资本公积——其他资本公积

　　贷：长期股权投资——其他权益变动

（4）长期股权投资的处置。

借：银行存款　　（实际收到的金额）

　　长期股权投资减值准备　　（已计提的减值准备）

　　贷：长期股权投资　　（长期股权投资的账面余额）

　　　　应收股利　　（尚未领取的现金股利或利润）

　　　　投资收益　　（差额，借或贷记本科目）

同时，

借：其他综合收益　　（借或贷）

　　贷：投资收益　　（借或贷）

同时，

借：资本公积——其他资本公积　（借或贷，原按投资成本比例记入的金额）

　　贷：投资收益　　（借或贷）

【例 4】（承例 3）2013 年 7 月 15 日，A 公司出售所持有 NF 股份有限公司股票 3 000 000 股，每股出售价为 10 元，款项已收到。A 公司应编制如下会计分录：

借：其他货币资金——存出投资款　　30 000 000

　贷：长期股权投资——投资成本　　24 000 000

　　　　　　　　——损益调整　　90 000

　　　　　　　　——其他综合收益　　120 000

　　投资收益　　5 790 000

同时，

借：其他综合收益　　120 000

　贷：投资收益　　120 000

项目五　往来款项核算

往来结算岗位的主要职责有：

（1）执行往来结算清算办法，防止坏账损失。对购销业务以外的暂收、暂付、应收、应付、备用金等债权债务及往来款项，要严格清算手续，加强管理，及时清算。

（2）办理往来款项等结算业务。对购销业务以外的各种应收、暂付款项，要及时催收结算；应付、暂收款项，要抓紧清偿。对确实无法收回的应收账款和无法支付的应付账款，应查明原因，按照规定报经批准后处理。实行备用金制度的公司，要核定备用金定额，及时办理领用和报销手续，加强管理。对预借差旅费，要督促及时办理报销手续，收回余额额，不得拖欠，不准挪用。

（3）负责往来结算的明细核算。对购销业务以外的各项往来款项，要按照单位和个人

分户设置明细账，根据审核后的记账凭证逐笔登记，并经常核对余额。年终要抄列清单，并向领导或有关部门报告。

任务一　借入短期借款

（一）工作任务

12 月 20 日，从银行借入期限为 6 个月的短期借款，借款金额为 100 000 元，款项存入公司账户（表 2.5.1）。

（二）解决方法

财务流程：审核从银行取得的借款凭证回单，无误后将该回单作为原始凭证编制记账凭证。

1. 会计分录

借：银行存款　　100 000

　贷：短期借款　　100 000

2. 填制记账凭证（表 2.5.2）

表 2.5.1　中国工商银行借款凭证（回单）3

中国工商银行借款凭证（回单）3

单位编号：0301　　日期：2013 年 12 月 20 日　　银行编号：4501

借款人	名　称	工商银行 G 市高新区支行	收款人	名　称	G 省 G 市兴旺公司
	账　号	5639863532320101		账　号	6222055802512345678
	开户银行	工商银行 G 市南明区支行		开户银行	工商银行 G 市高新区支行

借款期限（最后还款日）	2014 年 6 月 20 日	利率	6%	起息日期	2013 年 12 月 21 日

借款申请金额	人民币 壹拾万元整（大写）		千	百	十	万	千	百	十	元	角	分
				¥	1	0	0	0	0	0	0	0
借款原因及用途	生产周转	银行核定金额	千	百	十	万	千	百	十	元	角	分
				¥	1	0	0	0	0	0	0	0

期限	计划还款日期	√	计划还款金额	分次还款记录	期次	还款日期	还款金额	结欠
1								
2								
3								
4								

备注：	上述借款已同意贷给并转入你单位往来账户，借款到期时应按期归还。此致 借款单位 （银行盖章）2013 年 12 月 20 日

表 2.5.2　记账凭证

记账凭证

2013 年12月20日　　　　记字第 041 号

摘要	总账科目	明细科目	过账	借方金额 千	百	十	万	千	百	十	元	角	分	过账	贷方金额 千	百	十	万	千	百	十	元	角	分
借入短期借款	银行存款					1	0	0	0	0	0	0	0											
	短期借款																1	0	0	0	0	0	0	0
合　计					¥	1	0	0	0	0	0	0	0			¥	1	0	0	0	0	0	0	0

附件 1 张

财务主管 王立明　记账 余明亮　出纳 王红　审核 叶小光　制单 余明亮

（三）知识链接

1. 短期借款的概念

短期借款是指企业向银行或其他金融机构等借入的期限在一年以下（含一年）的各种借款。

2. 短期借款的种类

短期借款的种类主要有生产经营周转借款、临时借款、票据贴现借款等。

（1）生产经营周转借款是指企业为了满足本身生产经营对流动资金的需要而向银行或其他金融机构等借入等款项。

（2）临时借款是指企业为了满足季节性等生产经营流动资金等需要而临时向银行或其他金融机构等借入的款项。

（3）票据贴现借款是指企业因流动资金周转发生困难时，将持有的商业承兑汇票或银行承兑汇票向银行申请票据贴现的借款。

3. 短期借款的核算

（1）设置“短期借款”账户。该账户为负债类账户，贷记企业借入的各种短期借款，借记归还的各种借款，期末贷方余额反映企业尚未偿还的短期借款的本金。

（2）企业从银行或其他金融机构取得短期借款时。

借：银行存款

　贷：短期借款

（3）企业应当在资产负债表日计提短期借款利息。（一般采用月末预提贷方式）

借：财务费用

　贷：应付利息

（4）实际支付利息时。（根据已预提贷利息列示，一般于每季末支付利息，如任务二）

借：应付利息　　（已计提贷利息）

　　财务费用　　（尚未计提利息）

　贷：银行存款

（5）企业短期借款到期偿还本金时。

借：短期借款

　贷：银行存款

任务二　支付借款利息

（一）工作任务

12 月 26 日，用银行存款支付前期银行借款利息 1000 元（表 2.5.3）。

表 2.5.3　中国工商银行贷款利息通知单

中国工商银行贷款利息通知单

2013 年 12 月 26 日

<table>
<tr><td>户名</td><td colspan="2">G 省 G 市兴旺公司</td><td>账号</td><td colspan="8">6222055802512345678</td></tr>
<tr><td>利息计息时间</td><td>2012 年 12 月 1 日起
2012 年 12 月 31 日止</td><td colspan="2">利息积数 200 000</td><td colspan="8">利率 0.5%</td></tr>
<tr><td rowspan="2">利息金额</td><td colspan="3" rowspan="2">人民币　壹仟元整
（大写）</td><td>十</td><td>万</td><td>千</td><td>百</td><td>十</td><td>元</td><td>角</td><td>分</td></tr>
<tr><td></td><td>¥</td><td>1</td><td>0</td><td>0</td><td>0</td><td>0</td><td>0</td></tr>
<tr><td colspan="2">以上利息已从你单位存款账户扣除
银行盖章
2013 年 12 月 26 日</td><td colspan="10">科　　目＿＿＿＿＿
对方科目＿＿＿＿＿
记账　　复核　　制单</td></tr>
</table>

（二）解决方法

财务流程：审核从银行取得的“贷款利息通知单”，无误后据以编制记账凭证。

1. 会计分录

借：应付利息　1000

　贷：银行存款　　1000

2. 编制记账凭证（表 2.5.4）

表 2.5.4　记账凭证

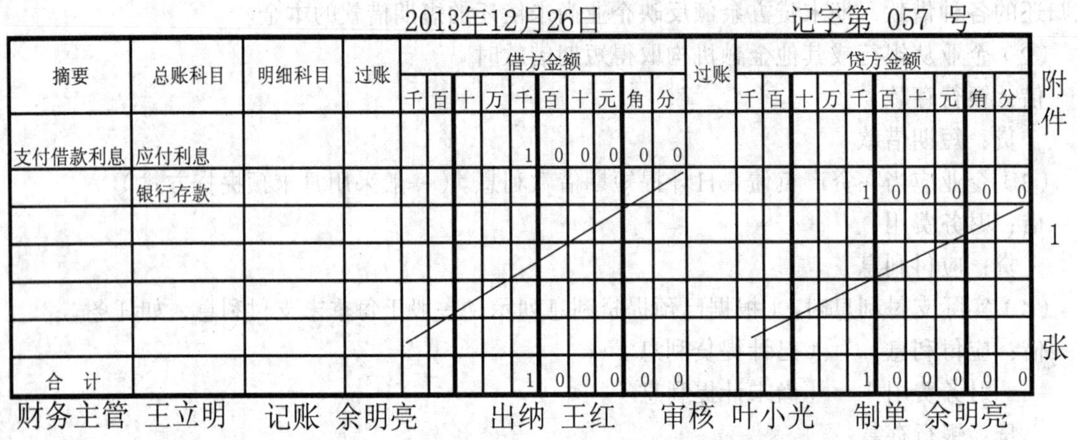

记账凭证

2013年12月26日　　　　记字第 057 号

摘要	总账科目	明细科目	过账	借方金额										过账	贷方金额									
				千	百	十	万	千	百	十	元	角	分		千	百	十	万	千	百	十	元	角	分
支付借款利息	应付利息							1	0	0	0	0	0											
	银行存款																		1	0	0	0	0	0
合　计								1	0	0	0	0	0						1	0	0	0	0	0

附件 1 张

财务主管 王立明　记账 余明亮　出纳 王红　审核 叶小光　制单 余明亮

（三）知识链接

设置“应付利息”账户：该账户核算企业按照合同约定应支付的利息，包括吸收存款，分期付息到期还本的长期借款、企业债券等应支付等利息。该账户为负债类账户，企业在资产负债表日计算确定利息费用时记入贷方，实际支付利息时记入借方，期末贷方余额反映企业应付未付的利息。本账户可按存款人或债权人进行明细核算。

任务三　借入长期借款

（一）工作任务

12 月 21 日，向银行借入长期借款 200 000 元，借款期限为 2 年，年利率为 6%。款项存入银行（表 2.5.5）。

（二）解决方法

财务流程：审核从银行取得的借款凭证回单，无误后将该回单作为原始凭证编制记账凭证

1. 会计分录

借：银行存款　　　　　200 000

　贷：长期借款——本金　　　　200 000

2. 编制记账凭证（表 2.5.6）

表 2.5.5　中国工商银行借款凭证（回单）3

中国工商银行借款凭证（回单）3

单位编号：0303　　　日期：2013 年 12 月 21 日　　　银行编号：4502

借款人	名　称	工商银行 G 市高新区支行	收款人	名　称	G 省 G 市兴旺公司
	账　号	5639863532320101		账　号	6222055802512345678
	开户银行	工商银行 G 市南明区支行		开户银行	工商银行 G 市高新区支行
借款期限（最后还款日）		2015 年 12 月 20 日	利率	6% 起息日期	2013 年 12 月 21 日

借款申请金额	人民币贰拾万元整（大写）		千	百	十	万	千	百	十	元	角	分
				¥	2	0	0	0	0	0	0	0
借款原因及用途	更新改造	银行核定金额	千	百	十	万	千	百	十	元	角	分
				¥	2	0	0	0	0	0	0	0

期限	计划还款日期	计划还款金额	分次还款记录	期次	还款日期	还款金额	结欠
1							
2							
3							
4							

备注：	上述借款已同意贷给并转入你单位往来账户，借款到期时应按期归还。此致 借款单位 （银行盖章）2013 年 12 月 21 日

表 2.5.6　记账凭证

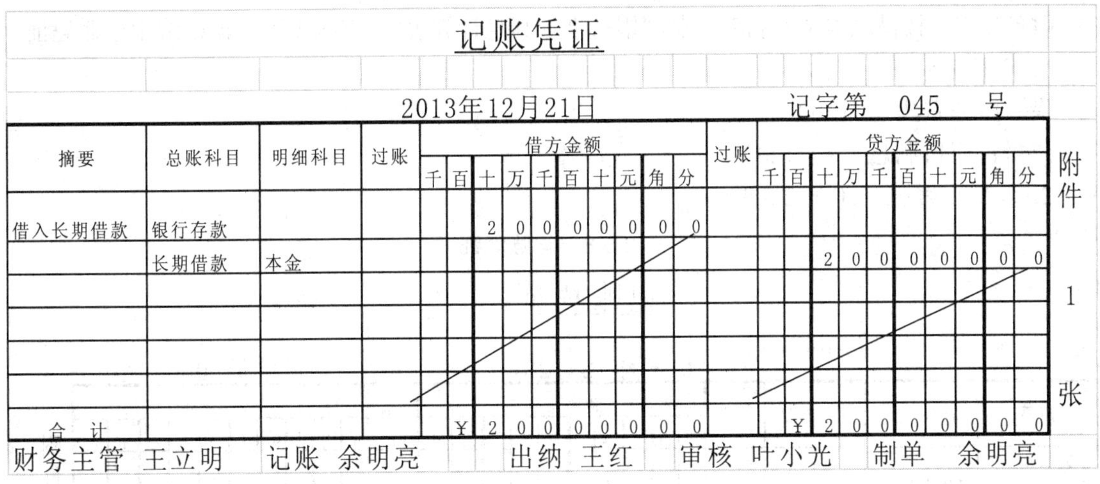

记账凭证

2013年12月21日　　　记字第　045　号

摘要	总账科目	明细科目	过账	借方金额 千	百	十	万	千	百	十	元	角	分	过账	贷方金额 千	百	十	万	千	百	十	元	角	分
借入长期借款	银行存款					2	0	0	0	0	0	0	0											
	长期借款	本金															2	0	0	0	0	0	0	0
合　计					¥	2	0	0	0	0	0	0	0			¥	2	0	0	0	0	0	0	0

附件 1 张

财务主管　王立明　　记账　余明亮　　出纳　王红　　审核　叶小光　　制单　余明亮

（三）知识链接

1. 长期借款的概念

长期借款指企业向银行或其他金融机构借入的期限在一年以上（不含一年）的各项借款。

2. 长期借款的种类

长期借款主要包括固定资产投资借款、更新改造借款、科研开发借款等。

（1）固定资产投资借款：主要用于固定资产的新建、改建、扩建等基本建设项目；

（2）更新改造借款：主要用于企业对原有设备进行更新或技术改造；

（3）科研开发借款：主要用于企业根据国家规定对任务采用新技术，研究开发新产品。

3. 长期借款的核算

（1）设置“长期借款”账户。该账户为负债类账户，其贷方反映借入的各项借款，借方反映企业归还的各种借款，期末贷方余额反映企业尚未偿还的长期借款。该账户应按贷款的单位和贷款种类设置明细账，并分别“本金”和“利息调整”进行明细核算。

（2）取得长期借款时。

借：银行存款

　贷：长期借款——本金

任务四　计提长期借款利息

（一）工作任务

12 月 28 日，计提本月借入长期借款利息 1200 元（表 2.5.7）。

表 2.5.7　银行借款利息计算表

银行借款利息计算表

2013 年 12 月 28 日

借款种类	金额	月利率	本月应提利息	备注
更新改造借款	200 000.00	0.6%	1200.00	200 000×0.6%＝1200
合计	200 000.00		1200.00	

（二）解决方法

财务流程：按借款本金及利率编制“银行借款利息计算表”，审核无误后据以编制记账凭证。

1. 会计分录

借：财务费用　　1200

　贷：应付利息　　1200

2. 编制记账凭证（表 2.5.8）

表 2.5.8　记账凭证

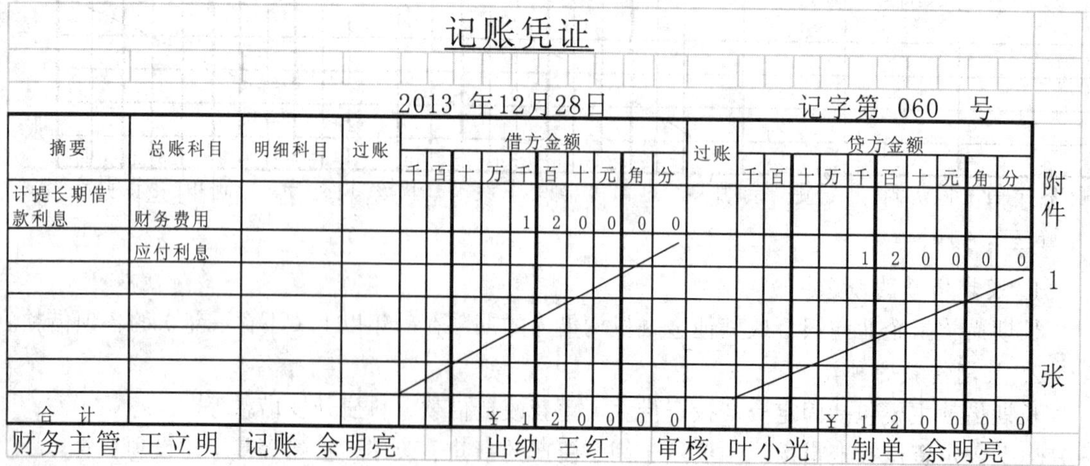

记账凭证

2013 年12月28日　　　　记字第 060 号

摘要	总账科目	明细科目	过账	借方金额	过账	贷方金额
计提长期借款利息	财务费用			120000		
	应付利息					120000
合　计				￥120000		￥120000

附件 1 张

财务主管 王立明　记账 余明亮　出纳 王红　审核 叶小光　制单 余明亮

（三）知识链接

企业在资产负债表日计提长期借款利息时，应按以下原则计入有关成本、费用：

（1）属于筹建期间的，计入“管理费用”账户。

（2）属于生产经营期间的，计入“财务费用”账户。

（3）如果长期借款用于需要经过相当长时间的购建或生产经营才能达到预定可使用或者可销售状态的固定资产、投资性房地产和存货等资产等，应当予以资本化，计入相关资产成本。在固定资产尚未达到预定可使用状态前发生的应当资本化的利息支出，计入“在建工程”账户；在固定资产达到可使用状态后所发生的利息支出，计入“财务费用”账户。

任务五　偿还以前年度长期借款

（一）工作任务

12 月 22 日，以前年度借入的利率为 6%、期限为 2 年的到期一次还本付息的长期借款 200 000 元到期（表 2.5.9、表 2.5.10、图 2.5.1）。

表 2.5.9　（长期贷款）还款凭证（借方凭证）

（长期贷款）还款凭证（借方凭证）　1

原借款凭证单位编码 101　　2013 年 12 月 22 日　　原借款凭证银行编号：0256

<table>
<tr><td rowspan="3">付款人</td><td>名称</td><td colspan="3">工商银行 G 市高新区支行</td><td rowspan="3">借款人</td><td colspan="2">名称</td><td colspan="8">G 省 G 市兴旺公司</td></tr>
<tr><td>往来户账号</td><td colspan="3">5639863532320101</td><td colspan="2">存款户账号</td><td colspan="8">6222055802512345678</td></tr>
<tr><td>开户银行</td><td colspan="3">工商银行 G 市南明区支行</td><td colspan="2">开户银行</td><td colspan="8">工商银行 G 市高新区支行</td></tr>
<tr><td colspan="2">计划还款时间</td><td colspan="2">2013 年 12 月 22 日</td><td colspan="2">还款顺序</td><td colspan="10">第 1 次还款</td></tr>
<tr><td colspan="2" rowspan="2">还款金额</td><td colspan="4" rowspan="2">货币及金额（大写）人民币贰拾贰万肆千元整</td><td>千</td><td>百</td><td>十</td><td>万</td><td>千</td><td>百</td><td>十</td><td>元</td><td>角</td><td>分</td></tr>
<tr><td></td><td>¥</td><td>2</td><td>2</td><td>4</td><td>0</td><td>0</td><td>0</td><td>0</td><td>0</td></tr>
<tr><td colspan="6">由借款人往来账户内转还上述借款

（银行主动转还时免盖借款单位预留往来账户印鉴）</td><td colspan="10">科目（借方）
对方科目（贷）
会计　复核　记账</td></tr>
</table>

表 2.5.10　长期借款利息费用计算单

长期借款利息费用计算单

编制部门：　　2013 年 12 月 22 日　　金额单位：元

借款性质	借款日期	到期日	借款本金	年利率	已提利息	当月利息	累计利息
长期借款	2011.12.20	2013.12.22	200 000.00	6%	23 000.00	1000.00	24 000.00
合计			200 000.00		23 000.00	1000.00	24 000.00

中国工商银行
转支票存根
Ⅶ3434448

科　目：
对方科目：
签发日期：2013 年 12 月 5 日

收款人：工商银行 G 市高新区支行
金　额：¥224 000.00
用　途：偿还借款

单位主管：王立明　会计：余明亮

图 2.5.1　中国工商银行转支票存根

（二）解决方法

财务流程：填制从银行取得的“长期贷款还款凭证”，并编制“长期借款利息费用计算单”，交由出纳依据该还款本息金额填制转账支票，赴银行办理相关还款手续，并以上述“长期贷款还款凭证”“长期借款利息费用计算单”“转账支票存根”作为原始凭证编制记账凭证。

1. 会计分录

借：长期借款——本金　　200 000
　　财务费用　　1000
　　长期借款——应计利息　　23 000
　贷：银行存款　　224 000

2. 编制记账凭证（表 2.5.11）

表 2.5.11　记账凭证

记账凭证

2013 年12 月22日　　记字第 047　号

摘要	总账科目	明细科目	过账	借方金额										过账	贷方金额										附件
				千	百	十	万	千	百	十	元	角	分		千	百	十	万	千	百	十	元	角	分	
偿还借款	长期借款	本金				2	0	0	0	0	0	0	0												
	长期借款	应付利息					2	3	0	0	0	0	0												3
	财务费用							1	0	0	0	0	0												
	银行存款																2	2	4	0	0	0	0	0	
合　计					¥	2	2	4	0	0	0	0	0			¥	2	2	4	0	0	0	0	0	张

财务主管　王立明　记账　余明亮　出纳　王红　审核　叶小光　制单　余明亮

（三）知识链接

“长期借款”账户主要是核算本金金额，一般不核算利息。由于长期借款通常都是分期付息，到期付息贷情况通常不存在，因此，对于一次还本付息，计提的利息通过“长期借款——应计利息”账户核算；对于分期付息的，计提的利息通过“应付利息”账户核算。

任务六　销售商品收到应收票据

（一）工作任务

12 月 6 日，向 HH 有限公司销售货物，业务部开出增值税专用发票上注明价款 400 000 元，税额为 68 000 元。货物发出，企业收到购货方承兑的不带息商业汇票一张，面值为 468 000 元（表 2.5.12 ~ 表 2.5.14）。

表 2.5.12　增值税专用发票记账联

××省增值税专用发票　　　　NO.0420041

此联不作报销、扣税凭证使用

开票日期：2013 年 12 月 6 日

购货单位	名　　称：HH 有限公司 纳税人识别号：200462148501 地址、电话：云营区 12 号 0851-8850600 开户行及账号：工商银行云营区支行 520046564313					密码区	（略）
货物及应税劳务名称	规格型号	单位	数量	单价	金额	税率	税额
AB 产品 合计		件	200	2 000	400 000 ¥200 000	17%	68 000
价税合计（大写）	肆拾陆万捌仟元整　　（小写）¥468 000						
销货单位	名　　称：G 省 G 市兴旺公司 纳税人识别号：520118012345678 地址、电话：G 省 G 市高新区东风路 369 号 开户行及账号：工行高新区支行 6222055802512345678					备注	

第三联　记账联　销货方记账凭证

表 2.5.13　产成品销售出库单

产成品销售出库单

购货单位：　　　　2013 年 12 月 6 日

产品名称	规格型号	计量单位	出库数量		备注
			应出库	实出库	
AB 产品		件	200	200	自提

仓库主管：　　　发货：　　　提货：　　　制单：

表 2.5.14　商业承兑汇票

商业承兑汇票（卡片）　　1

出票日期：贰零壹叁年壹拾贰月零陆日　　汇票号码 26854933

（大写）

付款人	全　称	HH 有限公司	收款人	全　称	G 省 G 市兴旺公司													
	账　号	520046564313		账　号	6222055802512345678													
	开户银行	工商银行云营区支行		开户银行	G 省 G 市工行高新区支行													
出票金额		人民币（大写）肆拾陆万捌仟元整					亿	千	百	十	万	千	百	十	元	角	元	
									¥	4	6	8	0	0	0	0	0	
汇票到期日（大写）		贰零壹肆年零壹月壹拾伍日	付款人开户行	行号	3005													
交易合同号				地址	云营区 12 号													
本汇票已经承兑，到期无条件支付票款。承兑人签章　承兑日期　2013 年 12 月 6 日			本汇票请予以承兑到期日付款。出票人签章															

此联持票人开户行随托收凭证寄付款人开户行作借方凭证附件

（二）解决方法

财务流程：业务部门开出增值税专用发票：（存根联）交由仓库保管人员据以开出产成品销售出库单；（记账联）交由会计人员作为编制记账凭证的原始凭证；同时，收取购货方承兑的不带息的商业承兑汇票，票面金额 234 000 元。

1. 会计分录

借：应收票据　　468 000

　贷：主营业务收入　　400 000

　　应交税费——应交增值税（销项税额）　　68 000

2. 编制记账凭证（表 2.5.15）

表 2.5.15　记账凭证

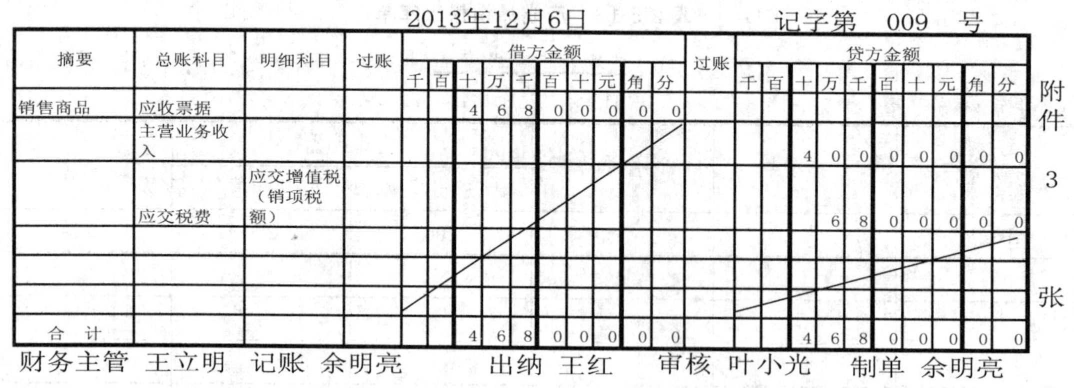

记账凭证

2013年12月6日　　记字第　009　号

摘要	总账科目	明细科目	过账	借方金额 千	百	十	万	千	百	十	元	角	分	过账	贷方金额 千	百	十	万	千	百	十	元	角	分
销售商品	应收票据					4	6	8	0	0	0	0	0											
	主营业务收入																4	0	0	0	0	0	0	0
	应交税费	应交增值税（销项税额）																6	8	0	0	0	0	0
合　计						4	6	8	0	0	0	0	0				4	6	8	0	0	0	0	0

附件 3 张

财务主管　王立明　记账　余明亮　出纳　王红　审核　叶小光　制单　余明亮

（三）知识链接

1. 应收票据的概念

应收票据是指企业在采用商业汇票结算方式下，因发生销售商品、材料，提供劳务等交易而收到的商业汇票；商业汇票按其承兑人不同分为商业承兑汇票和银行承兑汇票。按其是否带息可分为带息票据和不带息票据。

2. 应收票据的核算

采用商业汇票结算时，企业应设置“应收票据”账户来核算应收票据的增减变动及期末结存情况；该账户为资产类，借方登记企业因各种原因而取得的商业汇票，贷方登记汇票到期收回、转让、贴现等，期末余额在借方，表明企业持有的尚未到期、转让、贴现的商业汇票。

（1）企业因销售商品等收到对方开出的商业汇票时。

借：应收票据

　贷：主营业务收入（或其他业务收入）

　　　应交税费——应交增值税（销项税额）

（2）企业收到汇票款时。

借：银行存款

　贷：应收票据

（3）票据到期，对方无力付款时。

借：应收账款

　贷：应收票据

任务七　收到商业承兑汇票款

（一）工作任务

12 月 23 日，6 个月前收到的 CC 公司签发的商业承兑汇票到期，收回票款 65 000 元，利息 950 元，款项存入银行（表 2.5.16）。

表 2.5.16　中国工商银行进账单（回单）

中国工商银行进账单（回单）　1

2013 年 12 月 23 日　　NO 786955

<table>
<tr><td rowspan="3">收款人</td><td>全　称</td><td colspan="2">G省G市兴旺公司</td><td rowspan="3">付款人</td><td>全　称</td><td colspan="11">CC有限公司</td></tr>
<tr><td>账　号</td><td colspan="2">6222055802512345678</td><td>账　号</td><td colspan="11">20485001405002</td></tr>
<tr><td>开户银行</td><td colspan="2">G省G市工商银行高新区支行</td><td>开户银行</td><td colspan="11">工商银行北京路支行</td></tr>
<tr><td rowspan="2">金额</td><td colspan="5" rowspan="2">人民币
（大写）陆万伍仟玖佰伍拾元整</td><td>亿</td><td>千</td><td>百</td><td>十</td><td>万</td><td>千</td><td>百</td><td>十</td><td>元</td><td>角</td><td>分</td></tr>
<tr><td></td><td></td><td></td><td></td><td>6</td><td>5</td><td>9</td><td>5</td><td>0</td><td>0</td><td>0</td></tr>
<tr><td colspan="2">票据种类</td><td>转支</td><td>票据张数</td><td>壹张</td><td colspan="12">收款人开户银行盖章</td></tr>
</table>

此联是开户银行交给持票人的回单

（二）解决方法

财务流程：经办人员收到 CC 公司的转账支票一张，并到开户行办理相关进账手续，取回银行进账单回单，据以编制记账凭证。

1. 会计分录

借：银行存款　　65 950

　贷：应收票据　　65 000

　　　财务费用　　950

2. 编制记账凭证（表 2.5.17）

表 2.5.17　记账凭证

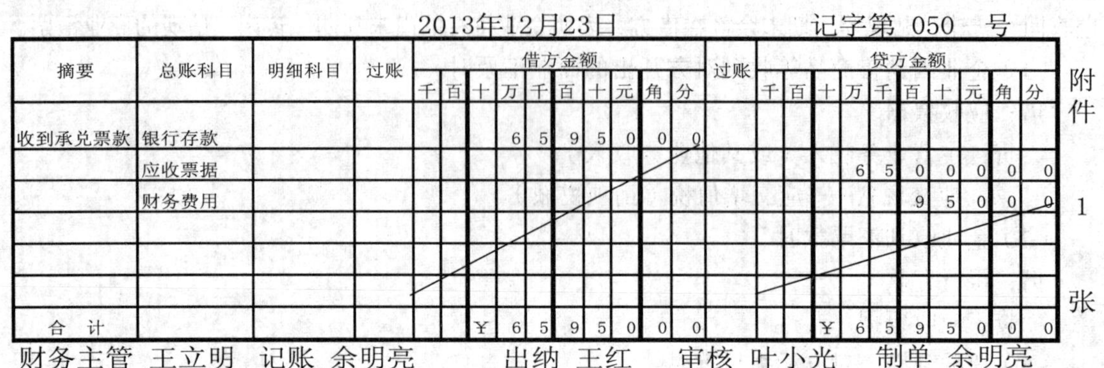

记账凭证

2013年12月23日　　　　记字第 050 号

摘要	总账科目	明细科目	过账	借方金额										过账	贷方金额									
				千	百	十	万	千	百	十	元	角	分		千	百	十	万	千	百	十	元	角	分
收到承兑票款	银行存款						6	5	9	5	0	0	0											
	应收票据																	6	5	0	0	0	0	0
	财务费用																			9	5	0	0	0
合　计						¥	6	5	9	5	0	0	0				¥	6	5	9	5	0	0	0

附件 1 张

财务主管 王立明　记账 余明亮　出纳 王红　审核 叶小光　制单 余明亮

（三）知识链接

带息票据到期所得利息，冲减当期“财务费用”，记入该账户的贷方。

任务八　销售商品办妥托收手续

（一）工作任务

12 月 25 日，向 HT 有限公司销售商品，开具的增值税专用发票注明价款为 280 000 元，增值税税额 47 600 元。商品发出，办妥托收承付手续（表 2.5.18 ~ 表 2.5.20）。

表 2.5.18　增值税专用发票记账联

××省增值税专用发票　　　　NO.0420046

此联不作报销、扣税凭证使用

开票日期：2013 年 12 月 25 日

购货单位	名称：HT 有限公司 纳税人识别号：300502188222201 地址、电话：通州区阳光北大街 16 号 86958868 开户行及账号：工商银行通州支行 2052542400422					密码区	（略）	
货物及应税劳务名称	规格型号	单位	数量	单价	金额		税率	税额
AB 产品 合计		件	140	2 000	280 000 ¥280 000		17%	47 600 ¥47 600
价税合计（大写）	叁拾贰万柒仟陆佰元整				（小写）¥327 600			
销货单位	名称：G 省 G 市兴旺公司 纳税人识别号：520118012345678 地址、电话：G 省 G 市高新区东风路 369 号 开户行及账号：工商银行高新区支行 6222055802512345678					备注		

第一联　记账联　购货方记账凭证

收款人：王红　　复核：赵立达　　开票人：余明亮　　销货单位（章）

增值税专用发票抵扣联略。

表 2.5.19 产成品销售出库单

产成品销售出库单

购货单位：HT 有限公司　　　　　　　　　　　　　　　　　　2013 年 12 月 25 日

产品名称	规格型号	计量单位	出库数量		备注
			应出库	实出库	
AB 产品		件	140	140	自提

仓库主管：　　　　发货：　　　　提货：　　　　制单：

表 2.5.20 托收凭证（受理回单）

托收凭证（受理回单）　1

委托日期：2013 年 12 月 25 日

<table>
<tr><td colspan="3">业务类型</td><td colspan="14">委托收款（□邮划、□电划）　托收承付（□邮划、□电划）</td></tr>
<tr><td rowspan="3">付款人</td><td>全 称</td><td colspan="4">HT 有限公司</td><td rowspan="3">收款人</td><td>全 称</td><td colspan="9">G 省 G 市兴旺公司</td></tr>
<tr><td>账 号</td><td colspan="4">2052542400422</td><td>账 号</td><td colspan="9">6222055802512345678</td></tr>
<tr><td>地 址</td><td>省</td><td>市</td><td>开户行</td><td>工商银行</td><td>地 址</td><td>G 省</td><td>G 市</td><td>开户行</td><td colspan="6">工商银行</td></tr>
<tr><td rowspan="2">金额</td><td colspan="5" rowspan="2">人民币（大写）　叁拾贰万柒仟陆佰元整</td><td>亿</td><td>千</td><td>百</td><td>十</td><td>万</td><td>千</td><td>百</td><td>十</td><td>元</td><td>角</td><td>分</td></tr>
<tr><td></td><td></td><td>¥</td><td>3</td><td>2</td><td>7</td><td>6</td><td>0</td><td>0</td><td>0</td><td>0</td></tr>
<tr><td colspan="2">款项内容</td><td colspan="2">销货款</td><td colspan="2">托收凭据名称</td><td colspan="3"></td><td colspan="3">附寄单证张数</td><td colspan="5"></td></tr>
<tr><td colspan="2">商品发运情况</td><td colspan="7"></td><td colspan="3">合同名称号码</td><td colspan="5"></td></tr>
<tr><td colspan="4">备注：

复核　记账</td><td colspan="6">款项收妥日期

年　月　日</td><td colspan="7">
收款人开户银行签章
年　月　日</td></tr>
</table>

此联作收款人开户银行给收款人的受理回单

（二）解决方法

财务流程：业务部门开出增值税专用发票，交由仓库保管人员据以开出产成品销售出库单；（记账联）交由会计人员作为编制记账凭证的原始凭证；同时，到开户行办理托收承付手续，并取得回单。

1. 会计分录

借：应收账款——HT 有限公司　　327 600

　贷：主营业务收入　　280 000

　　应交税费——应交增值税（销项税额）　　47 600

2. 编制记账凭证（表 2.5.21）

表 2.5.21 记账凭证

记账凭证

2013 年12月25日　　　　　　　　记字第 053 号

摘要	总账科目	明细科目	过账	借方金额										过账	贷方金额									
				千	百	十	万	千	百	十	元	角	分		千	百	十	万	千	百	十	元	角	分
销售商品	应收账款	HT有限公司				3	2	7	6	0	0	0	0											
	主营业务收入																2	8	0	0	0	0	0	0
	应交税费	应交增值税（销项税额）																4	7	6	0	0	0	0
合　计					¥	3	2	7	6	0	0	0	0			¥	3	2	7	6	0	0	0	0

附件 3 张

财务主管 王立明　记账 余明亮　出纳 王红　审核 叶小光　制单 余明亮

（三）知识链接

1. 应收账款的概念

应收账款指企业对外销售商品、材料以及提供劳务而应向购货方或接受劳务方收取的款项。

2. 应收账款入账价值的确定

应收账款的入账价值就是应记入“应收账款”账户的金额，包括销售商品或提供劳务的价款、应收的增值税款及代购货单位垫付的包装费、运杂费等。

3. 应收账款的核算

为反映企业应收账款增减变动及结余情况，企业应设置“应收账款”账户。该账户是资产类账户，借方登记因销售而向购货方收取的款项，贷方登记企业收到购货方支付的款项，期末余额一般在借方，反映企业尚未收回的账款。该账户按购货单位设置三栏式明细账，以反映各购货单位货款的支付情况。

任务九　赊销商品

（一）工作任务

12 月 18 日，销售商品共 300 件，每件 1000 元，增值税税率为 17%，款项尚未收到，付款条件为：2/10，1/20，*n*/30。产品已发出，开具增值税专用发票（表 2.5.22、表 2.5.23）。

（二）解决方法

财务流程：业务部门开出增值税专用发票，（存根联）交由仓库保管人员据以开出产成品销售出库单；（记账联）交由会计人员作为编制记账凭证的原始凭证。

1. 会计分录

借：应收账款——乙有限公司　　　351 000

　贷：主营业务收入　　　　　　　　300 000

　　　应交税费——应交增值税（销项税额）　51 000

表 2.5.22 增值税专用发票记账联

××省增值税专用发票 NO.0420043

此联不作报销、扣税凭证使用

开票日期：2013 年 12 月 18 日

购货单位	名称：LT 有限公司 纳税人识别号：221155562205540 地址、电话：武清街 20 号 6054875 开户行及账号：工商银行天津支行					密码区	（略）
货物及应税劳务名称	规格型号	单位	数量	单价	金额	税率	税额
MN 产品		件	300	1000	300 000.00	17%	51 000.00
合计					¥300 000.00		¥51 000.00
价税合计（大写）	叁拾伍万壹仟元整				（小写）¥351 000.00		
销货单位	名称：G 省 G 市兴旺公司 纳税人识别号：520118012345678 地址、电话：G 省 G 市高新区东风路 369 号 开户行及账号：工商银行高新区支行 6222055802512345678					备注	

第三联 记账联 销货方记账凭证

收款人：王红　　复核：赵立达　　开票人：余明亮　　销货单位（章）

表 2.5.23 产成品销售出库单

产成品销售出库单

购货单位：LT 有限公司　　2013 年 12 月 18 日

产品名称	规格型号	计量单位	出库数量		备注
			应出库	实出库	
MN 产品		件	300	300	自提

仓库主管：　　发货：　　提货：　　制单：

2. 编制记账凭证（表 2.5.24）

表 2.5.24 记账凭证

记账凭证

2013年12月18日　　记字第 030 号

摘要	总账科目	明细科目	过账	借方金额 千	百	十	万	千	百	十	元	角	分	过账	贷方金额 千	百	十	万	千	百	十	元	角	分
赊销商品	应收账款	LT有限公司				3	5	1	0	0	0	0	0											
	主营业务收入																3	0	0	0	0	0	0	0
	应交税费	应交增值税（销项税额）																5	1	0	0	0	0	0
合　计					¥	3	5	1	0	0	0	0	0			¥	3	5	1	0	0	0	0	0

附件 2 张

财务主管 王立明　记账 余明亮　出纳 王红　审核 叶小光　制单 余明亮

（三）知识链接

1. 现金折扣的核算

在实际工作中，企业在赊销时，为加速货款回笼，对客户在折扣期内付款而给予总价款上一定的优惠，即现金折扣。其表现形式为：2/10，n/30 等。其含义为企业允许客户购货后延期付款天数为 30 天，而对于客户在 10 天内付款，则对其应付总价款优惠 2%，即客户实际只需支付 98%的货款。而 10 天之后付款则需要支付全部价款。在实务中对于信用销售并同时附有现金折扣条件时，对应收账款入账金额的确定有两种方法，即总价法与净价法。按企业会计制度规定，企业销货并附有现金折扣条件的应收账款应按总价法核算。在采用总价法核算时，企业销售商品、提供劳务而应向购货方收取的账款按照实际成交额入账。

2. 商业折扣的核算

商业折扣是企业为促进商品销售而在商品标价上给予的价格扣除。企业销售商品涉及商业折扣的，应当按扣除商业折扣后的金额确定商品销售收入金额。例如，企业为鼓励客户多购买商品，可能规定，购买 10 件以上的商品给予客户 10%的折扣。

任务十 收到销货款

（一）工作任务

12 月 19 日，收到 18 日销售商品的销货款，给予对方 10%的折扣，实收货款 210 600 元（表 2.5.25）。

表 2.5.25 中国工商银行进账单

中国工商银行进账单（回单） 1

2013 年 12 月 19 日 NO 786955

收款人	全称	G 省 G 市兴旺公司	付款人	全称	蓝天有限公司										
	账号	6222055802512345678		账号	25400415761002101										
	开户银行	G 省 G 市工商银行高新区支行		开户银行	工商银行天津支行										
金额	人民币（大写）贰拾壹万零陆佰元整				亿	千	百	十	万	千	百	十	元	角	分
								2	1	0	6	0	0	0	0
票据种类	支票	票据张数	壹张												
复核： 记账：			收款人开户银行盖章												

此联是开户银行交给持票人的回单

（二）解决方法

财务流程：销售人员取得购货方转账支票一张，交由出纳人员到银行办理进账手续，并取得银行进账单回单，据以编制记账凭证。

1. 会计分录

借：银行存款　　315 900

　　财务费用　　35 100

　贷：应收账款——LT 有限公司　　351 000

2. 编制记账凭证（表 2.5.26）

表 2.5.26　记账凭证

记账凭证

2013年12 月19 日　　　　记字第 035 号

摘要	总账科目	明细科目	过账	借方金额										过账	贷方金额										
				千	百	十	万	千	百	十	元	角	分		千	百	十	万	千	百	十	元	角	分	附件
收到销货款	银行存款					3	1	5	9	0	0	0	0												
	财务费用						3	5	1	0	0	0	0												
	应收账款	LT有限公司															3	5	1	0	0	0	0	0	1
																									张
合　计					¥	3	5	1	0	0	0	0	0			¥	3	5	1	0	0	0	0	0	

财务主管 王立明　记账 余明亮　出纳 王红　审核 叶小光　制单 余明亮

（三）知识链接

按企业会计制度规定，企业销货并附有现金折扣条件的应收账款应按总价法核算。客户因在折扣期内付款取得的折扣，销售企业将期确认为当期的财务费用。

任务十一　预付购货款

（一）工作任务

12 月 24 日，向 DF 有限公司购入材料一批，价款为 100 000 元，增值税税率为 17%，按照合同规定预付货款 30 000 元，款项已用银行存款支付，收货后补付其余货款（图 2.5.2）。

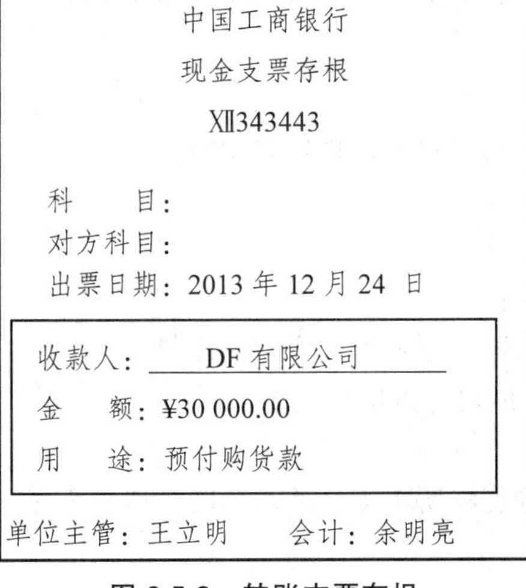

中国工商银行

现金支票存根

XII343443

科　　目：

对方科目：

出票日期：2013 年 12 月 24 日

收款人：DF 有限公司

金　　额：¥30 000.00

用　　途：预付购货款

单位主管：王立明　　会计：余明亮

图 2.5.2　转账支票存根

（二）解决方法

财务流程：出纳根据商品交易双方合同约定预先支付货款的金额开具转账支票，支票存根交由会计编制记账凭证。

1. 会计分录

借：预付账款　　30 000

　贷：银行存款　　　30 000

2. 编制记账凭证（表 2.5.27）

表 2.5.27　记账凭证

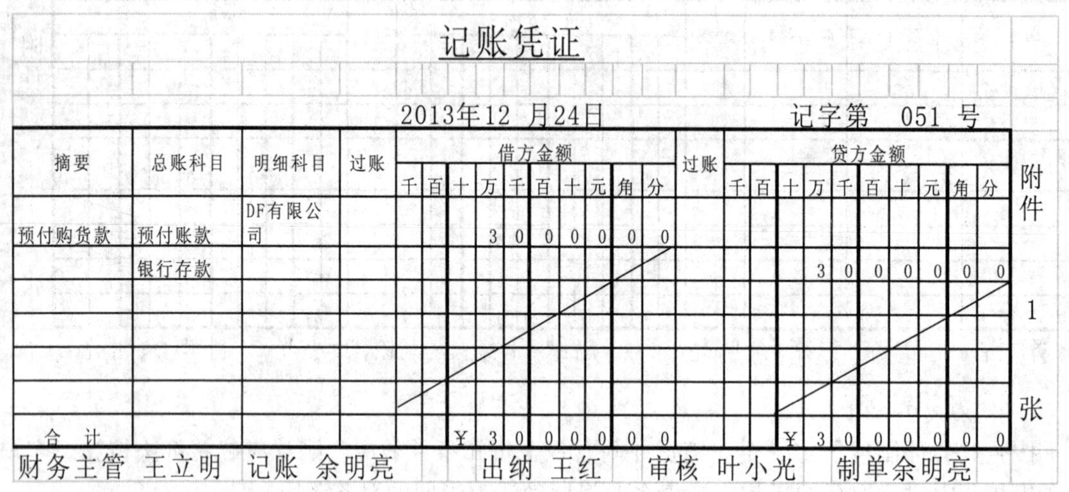

记账凭证

2013年12 月24日　　　　记字第　051 号

摘要	总账科目	明细科目	过账	借方金额										过账	贷方金额										附件 1 张
				千	百	十	万	千	百	十	元	角	分		千	百	十	万	千	百	十	元	角	分	
预付购货款	预付账款	DF有限公司					3	0	0	0	0	0	0												
	银行存款																	3	0	0	0	0	0	0	
合　计						¥	3	0	0	0	0	0	0				¥	3	0	0	0	0	0	0	

财务主管 王立明　记账 余明亮　出纳 王红　审核 叶小光　制单余明亮

（三）知识链接

1. 预付账款的概念

预付账款指企业在商品交易中按双方合同约定预先支付的部分货款。对经常有预付账款的企业应设置“预付账款”账户进行核算。该账户属资产类账户，其借方登记按合同约定预付的购货款，贷方登记收到货物后按价款结转的金额，该账户可按供货单位设置明细账进行明细核算。对于预付账款不多的企业，可以不设置“预付账款”账户，而直接通过“应付账款”账户核算。

2. 预付账款的核算

（1）企业根据合同的规定向供货单位预付款项时：

借：预付账款

　贷：银行存款

（2）企业收到所购货物时：

借：在途物资（或材料采购、原材料、库存商品等）

　　应交税费——应交增值税（进项税额）

　贷：预付账款

（3）当预付账款小于采购货物所需支付的款项时，应将不足部分补齐：

借：预付账款

　贷：银行存款

（4）当预付账款大于采购货物所需支付的款项时，对于收回的多余款项：

借：银行存款

　贷：预付账款

任务十二 预借差旅费

（一）工作任务

12 月 2 日，行政管理部经理张华预借差旅费 3000 元，用现金支付（表 2.5.28、表 2.5.29）。

表 2.5.28 借款单

借 款 单

2013 年 12 月 2 日

<table>
<tr><td>借款部门</td><td>行政管理部</td><td>借款人</td><td>张某</td><td colspan="5">审核人</td><td colspan="4">赵某</td></tr>
<tr><td rowspan="2">借款用途</td><td colspan="3" rowspan="2">出差备用</td><td colspan="9">金额</td></tr>
<tr><td>百</td><td>十</td><td>万</td><td>千</td><td>百</td><td>十</td><td>元</td><td>角</td><td>分</td></tr>
<tr><td>借款金额（大写）</td><td colspan="3">叁仟元整</td><td></td><td></td><td>¥</td><td>3</td><td>0</td><td>0</td><td>0</td><td>0</td><td>0</td></tr>
<tr><td>报销金额</td><td colspan="2"></td><td>已退金额</td><td colspan="9"></td></tr>
</table>

部门主管：邓林　　财务主管：王立明　　会计审核：余明亮　　出纳：王红

表 2.5.29 现金支出凭单

现金支出凭单

附件　　张　　2013 年 12 月 2 日　　第　　号

<table>
<tr><td>用款事项：</td><td colspan="2">支付预借差旅费　现金付讫</td><td></td></tr>
<tr><td>人民币（大写）：</td><td colspan="2">人民币叁仟元整　3000.00</td><td></td></tr>
<tr><td>收款人
（签章）</td><td>主管人员
（签章）</td><td>会计人员
（签章）</td><td>出纳员付讫
（签章）</td></tr>
</table>

（二）解决方法

财务流程：经办人员按规定的金额填写“借款单”，经相关人员签字同意后，交由出纳按所借金额支付现金，并由出纳填制“现金支出凭单”并盖“现金付讫”印章，交由会计编制记账凭证。

1. 会计分录

借：其他应收款——张华　3000

　贷：库存现金　　3000

2. 编制记账凭证（表 2.5.30）

表 2.5.30 记账凭证

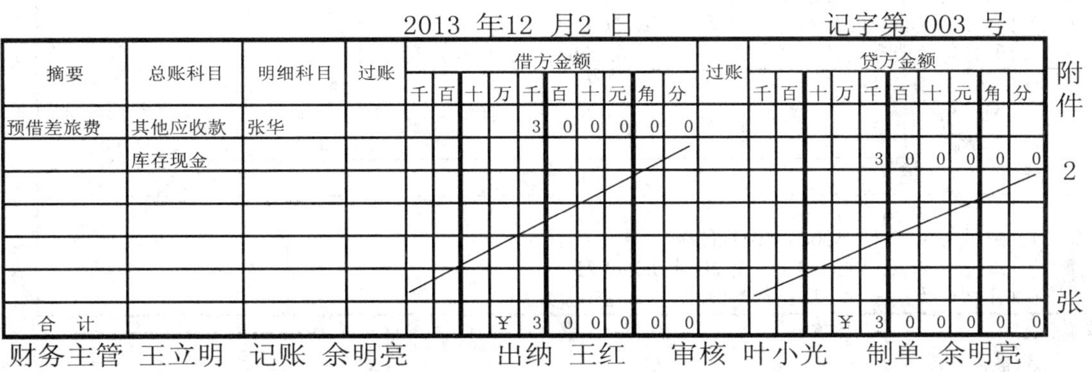

记账凭证

2013 年12 月2 日　　记字第 003 号

<table>
<tr><td rowspan="2">摘要</td><td rowspan="2">总账科目</td><td rowspan="2">明细科目</td><td rowspan="2">过账</td><td colspan="10">借方金额</td><td rowspan="2">过账</td><td colspan="10">贷方金额</td></tr>
<tr><td>千</td><td>百</td><td>十</td><td>万</td><td>千</td><td>百</td><td>十</td><td>元</td><td>角</td><td>分</td><td>千</td><td>百</td><td>十</td><td>万</td><td>千</td><td>百</td><td>十</td><td>元</td><td>角</td><td>分</td></tr>
<tr><td>预借差旅费</td><td>其他应收款</td><td>张华</td><td></td><td></td><td></td><td></td><td></td><td>3</td><td>0</td><td>0</td><td>0</td><td>0</td><td>0</td><td></td><td></td><td></td><td></td><td></td><td></td><td></td><td></td><td></td><td></td><td></td></tr>
<tr><td></td><td>库存现金</td><td></td><td></td><td></td><td></td><td></td><td></td><td></td><td></td><td></td><td></td><td></td><td></td><td></td><td></td><td></td><td></td><td></td><td>3</td><td>0</td><td>0</td><td>0</td><td>0</td><td>0</td></tr>
<tr><td>合　计</td><td></td><td></td><td></td><td></td><td></td><td></td><td>¥</td><td>3</td><td>0</td><td>0</td><td>0</td><td>0</td><td>0</td><td></td><td></td><td></td><td></td><td>¥</td><td>3</td><td>0</td><td>0</td><td>0</td><td>0</td><td>0</td></tr>
</table>

附件 2 张

财务主管 王立明　记账 余明亮　出纳 王红　审核 叶小光　制单 余明亮

（三）知识链接

1. 其他应收款的概念

其他应收款指企业因销售商品、材料、提供劳务等以外的其他非营业活动而引起的应收、暂付款项。

2. 其他应收款的内容

（1）应收的各种赔款、罚款，如因企业财产等遭受意外损失而应向有关保险公司收取的赔款等。

（2）应收的出租包装物租金。

（3）应向职工收取的各种垫付款项，如为职工垫付的水电费、应由职工负担的医药费、房租费等。

（4）存出保证金，如租入包装物支付的押金。

（5）其他各种应收、暂付款项。

3. 备用金制度

备用金是指付给企业内部各单位或个人用于日常零星支出以及出差使用的现金。备用金的核算分为一次报销制和定额备用金制。

4. 其他应收款的核算

企业应设置“其他应收款”账户。该账户为资产类，其借方反映企业应收取的各种款项，贷方反映企业已收取的各种垫付款项，期末余额在借方，表示应收而未收到的款项。在此总账账户下，应设置明细账户，进行明细核算。

任务十三　签发商业汇票购进商品

（一）工作任务

12 月 20 日，兴旺公司从 CC 有限公司购进 AB 产品 100 件，单价 1200 元，增值税税率 17%，签发一张 3 个月期限的不带息商业汇票给 CC 公司，该汇票面值为 140 400 元（表 2.5.31 ~ 表 2.5.33）。

表 2.5.31　增值税专用发票发票联及抵扣联

××省增值税专用发票　　　　NO.04153502

开票日期：2013 年 12 月 20 日

<table>
<tr><td>购货单位</td><td colspan="5">名称：G 省 G 市兴旺公司
纳税人识别号：520118012345678
地址、电话：G 省 G 市高新区东风路 369 号
开户行及账号：工商银行高新区支行 6222055802512345678</td><td>密码区</td><td colspan="3">（略）</td></tr>
<tr><td>货物及应税劳务名称</td><td>规格型号</td><td>单位</td><td>数量</td><td>单价</td><td colspan="2">金额</td><td>税率</td><td>税额</td></tr>
<tr><td>AB 产品
合计</td><td></td><td>件</td><td>100</td><td>1200</td><td colspan="2">120 000.00
¥120 000.00</td><td>17%</td><td>20 400.00
¥20 400.00</td></tr>
<tr><td>价税合计（大写）</td><td colspan="5">壹拾肆万零肆佰元整</td><td colspan="3">（小写）¥140 400.00</td></tr>
<tr><td>销货单位</td><td colspan="5">名称：CC 有限公司
纳税人识别号：52004410110010
地址、电话：海淀区学府街 20 号 6054875
开户行及账号：工商银行海淀支行 20485001405002</td><td>备注</td><td colspan="3"></td></tr>
</table>

第一联：发票联　购货方记账凭证

收款人：　　　复核：　　　开票人：　　　销货单位（章）

增值税专用发票抵扣联略。

表 2.5.32 商业承兑汇票

商业承兑汇票（卡片） 1

出票日期：贰零壹叁年壹拾贰月贰拾日 汇票号码 00400205 （大写）

<table>
<tr><td rowspan="3">付款人</td><td>全 称</td><td>G省G市兴旺公司</td><td rowspan="3">收款人</td><td>全 称</td><td colspan="11">CC有限公司</td></tr>
<tr><td>账 号</td><td>6222055802512345678</td><td>账 号</td><td colspan="11">20485001405002</td></tr>
<tr><td>开户银行</td><td>工商银行G市高新区支行</td><td>开户银行</td><td colspan="11">工商银行海淀支行</td></tr>
<tr><td rowspan="2">出票金额</td><td colspan="4" rowspan="2">人民币 壹拾肆万零肆佰元整
（大写）</td><td>亿</td><td>千</td><td>百</td><td>十</td><td>万</td><td>千</td><td>百</td><td>十</td><td>元</td><td>角</td><td>元</td></tr>
<tr><td></td><td></td><td>¥</td><td>1</td><td>4</td><td>0</td><td>4</td><td>0</td><td>0</td><td>0</td><td>0</td></tr>
<tr><td>汇票到期日（大写）</td><td>贰零壹叁年壹拾贰月贰拾日</td><td rowspan="2">付款人开户行</td><td>行号</td><td colspan="12">02104</td></tr>
<tr><td>交易合同号</td><td>4151014</td><td>地址</td><td colspan="12"></td></tr>
<tr><td colspan="3">本汇票已经承兑，到期无条件支付票款。
承兑人签章
承兑日期 2013 年 12 月 20 日</td><td colspan="13">本汇票请予以承兑到期日付款。
出票人签章</td></tr>
</table>

此联承兑人留存

表 2.5.33 入库单

入 库 单

供货单位：CC有限公司 凭证编号：

发票号码：04153502 2013 年 12 月 20 日 仓库：

产品编号	产品名称	规格	单位	数量		单价	金额
				应收	实收		
102	AB产品		件	100	100	1 200	120 000

部门主管： 会计： 记账： 保管： 制单：

（二）解决方法

财务流程：与CC公司签订购货合同，开出合同金额的商业承兑汇票，同时取得销货方开具的增值税专用发票的发票联及抵扣联，其中发票联用于编制记账凭证，抵扣联用于期末计算实际应缴纳的增值税。

1. 会计分录

借：库存商品——AB产品 120 000

应交税费——应交增值税（进项税额） 20 400

贷：应付票据 140 400

2. 编制记账凭证（表 2.5.34）

表 2.5.34　记账凭证

记账凭证

2013年12月20日　　　　记字第　040　　号

摘要	总账科目	明细科目	过账	借方金额										过账	贷方金额										附件3张
				千	百	十	万	千	百	十	元	角	分		千	百	十	万	千	百	十	元	角	分	
购进商品	库存商品	AB产品				1	2	0	0	0	0	0	0												
	应交税费	应交增值税（进项税额）					2	0	4	0	0	0	0												
	应付票据																1	4	0	4	0	0	0	0	
合　计					¥	1	4	0	4	0	0	0	0			¥	1	4	0	4	0	0	0	0	

财务主管 王立明　记账 余明亮　出纳 王红　审核 叶小光　制单 余明亮

（三）知识链接

1. 应付票据的概念

应付票据是指企业购买材料、商品和接受劳务等而开出、承兑的商业汇票。

2. 应付票据的内容

应付票据包括银行承兑汇票和商业承兑汇票。

（1）银行承兑汇票：由出票人签发经银行承兑的汇票。银行承兑汇票的承兑人虽为银行，但由银行承兑的汇票，只是为收款人按期收回债权提供可靠的信用保证，对付款人或承兑申请人而言，不会因为银行承兑而使这项负债转移。

（2）商业承兑汇票：由出票人签发经付款人（购买单位）承兑的汇票。

银行承兑汇票和商业承兑汇票均是付款人在承兑到期日无条件支付确定金额的一项负债。

3. 应付票据的核算

企业应设置“应付票据”账户反映和监督应付票据的发生和偿付业务。该账户为负债类，贷方登记因采购材料物资或接受劳务而开出的商业汇票，借方登记商业汇票到期企业支付的票据款。企业除设置“应付票据”账户外，还应当设置“应付票据备查簿”，详细登记每一应付票据的种类、号数、签发日期、到期日、票面金额、票面利率、合同交易号、收款人姓名或单位名称以及付款日期和金额等资料。应付票据到期结清时，应当在备查簿内逐笔注销。

（1）企业开出、承兑商业汇票或以承兑商业汇票抵付货款、应付账款时：

借：在途物资（或材料采购）

　　库存商品

　　应交税费——应交增值税（进项税额）

　　应付账款

　贷：应付票据

（2）支付银行承兑汇票手续费时：

借：财务费用

　贷：银行存款

（3）票据到期，支付票款（如任务十四）：

借：应付票据

　贷：银行存款

（4）票据到期，如企业无力支付票款：

借：应付票据

　贷：应付账款

任务十四　承付到期票据款

（一）工作任务

12月23日，3个月前签发的商业承兑汇票到期，用银行存款支付票款46 800元（表2.5.35）。

表2.5.35　银行托收凭证（付款通知）

托收凭证（付款通知）5

委托日期：2013 年 12 月 23 日　　　付款日期　　年　月　日

业务类型		委托收款（□邮划、□电划）　托收承付（□邮划、□电划）														
付款人	全称	G省G市兴旺公司				收款人	全称	上海MZ公司								
	账号	6222055802512345678					账号	205440005444568								
	地址	G省	G市	开户行	工商银行		地址	省	上海市	开户行	工商银行					
金额	人民币（大写）肆万陆仟捌佰元整							亿	千	百	十	万	千	百	十	元	角	分
											¥	4	6	8	0	0	0	0
款项内容	销售商品款	托收凭据名称	银行承兑汇票	附寄单证张数												
商品发运情况				合同名称号码												
备注： 复核　记账		款项收妥日期 年　月　日		收款人开户银行签章 年　月　日												

此联作付款人开户银行给付款人按期付款通知

（二）解决方法

财务流程：随时查看银行票据登记簿，在应付票据即将到期前，确保银行结算账户金额充足，到期后到银行取扣款回单，编制记账凭证。

1. 会计分录

借：应付票据　　　46 800

　贷：银行存款　　　46 800

2. 编制记账凭证（表 2.5.36）

表 2.5.36 记账凭证

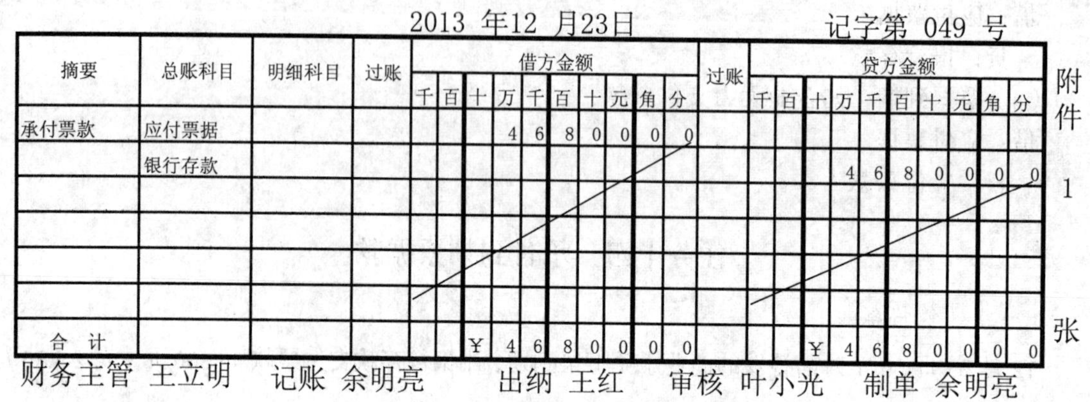

记账凭证

2013 年12 月23日 记字第 049 号

摘要	总账科目	明细科目	过账	借方金额										过账	贷方金额									
				千	百	十	万	千	百	十	元	角	分		千	百	十	万	千	百	十	元	角	分
承付票款	应付票据						4	6	8	0	0	0	0											
	银行存款																	4	6	8	0	0	0	0
合 计						¥	4	6	8	0	0	0	0				¥	4	6	8	0	0	0	0

附件 1 张

财务主管 王立明 记账 余明亮 出纳 王红 审核 叶小光 制单 余明亮

任务十五 支付购买材料款

（一）工作任务

12 月 13 日，用银行存款支付 12 月 10 日向 CX 材料厂购买 B 材料的材料款共计 175 279.75 元（图 2.5.3）。

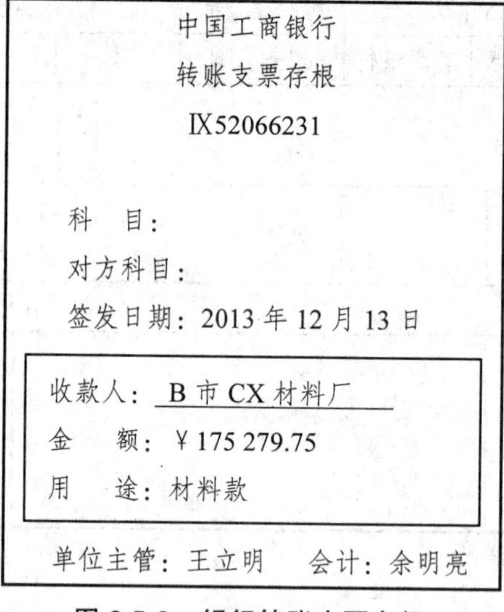

中国工商银行
转账支票存根
Ⅸ52066231

科　目：
对方科目：
签发日期：2013 年 12 月 13 日

收款人：B 市 CX 材料厂
金　额：¥ 175 279.75
用　途：材料款

单位主管：王立明　会计：余明亮

图 2.5.3 银行转账支票存根

（二）解决方法

财务流程：出纳开具一张金额为 175 279.75 元的转账支票，用于支付 12 月 10 日所欠 B 市 CX 材料厂材料款，转账支票存根用于编制记账凭证。

1. 会计分录

借：应付账款——B 市 CX 材料厂　　175 279.75

　贷：银行存款　　　　175 279.75

2. 编制记账凭证（表 2.5.37）

表 2.5.37　记账凭证

记账凭证

2013年12 月13日　　　　　　记字第　022　号

摘要	总账科目	明细科目	过账	借方金额										过账	贷方金额								
				千	百	十	万	千	百	十	元	角	分		千	百	十	万	千	百	十	元	角	分
偿付货款	应付账款	B市CX机械厂				1	7	5	2	7	9	7	5											
	银行存款																1	7	5	2	7	9	7	5
合　计					¥	1	7	5	2	7	9	7	5			¥	1	7	5	2	7	9	7	5

附件 1 张

财务主管　王立明　记账　余明亮　　出纳　王红　　审核　叶小光　　制单　余明亮

（三）知识链接

1. 应付账款的概念与入账时间

应付账款是指企业因购买材料、商品和接受劳务供应等而发生的债务。应付账款的入账时间，是在企业取得所购材料、商品等的所有权和已接受劳务供应时确认应付账款。

在会计实务中，现行企业会计准则对应付账款的入账时间作了以下两种情况的规定：

（1）在所购材料、商品等和发票账单同时到达的情况下，应付账款通常是待材料、商品等验收入库后，按发票账单所记载的实际价款编证入账。

（2）在所购材料、商品等已经收到，但尚未收到发票账单情况下，企业因无法知道确定的应付账款金额而无法入账，只能在收到发票账单后按第一种情况处理；如果在月度终了仍未收到已入库的材料、商品等发票账单时，则应在月末按应付给供应单位价款的暂估价暂先入账（如任务十六），以使在月末编报的资产负债表中客观地反映企业所拥有的资产和应承担的债务。

2. 应付账款的入账价值

应付账款的入账价值应按未来应付的金额（即发票账单所记载的实际价款或按应付给供应单位价款的暂估价）确定，而不按到期应付金额的现值入账。

3. 应付账款的核算

为了核算企业因购买材料、商品和接受劳务供应等而应付给供应单位的款项，企业应设置"应付账款"账户。该账户为负债类，贷方登记企业因购买材料、商品和接受劳务供应等应付而未付给供应单位的款项，借方登记实际支付的款项。

（1）发生应付账款。

① 企业购入材料、商品等验收入库，但货款尚未支付，根据有关凭证（发票账单、随货同行发票上记载的实际价款或暂估价值）：

借：原材料（或材料采购、在途物资等）

　　应交税费——应交增值税（进项税额）

　贷：应付账款

② 接受供应单位提供劳务而发生的应付未付的款项，根据供应单位提供的发票账单：

借：生产成本（或管理费用等）

　　贷：应付账款

（2）转销应付账款。

企业转销确实无法支付的应付账款（比如应债权人撤销等原因而产生无法支付的应付账款），应按其账面余额：

借：应付账款

　　贷：营业外收入

任务十六　月末暂估入账

（一）工作任务

12 月 31 日，购入材料入库，发票账单未到，月末暂估入账（表 2.5.38）。

表 2.5.38　入库单

入　库　单

供货单位：N 市 HD 公司　　　　凭证编号：

发票号码：0689254　　　　2013 年 12 月 31 日　　　　材料仓库：

编号	名称	规格	单位	数量		单价	材料金额	运费	金额
				应收	实收				
	B 材料		吨	100	100	1480	14 800.00		14 800.00
合计				100	100	1480	14 800.00		14 800.00

部门主管：孙阳　　　记账：　　　保管：刘伟　　　经办人：李进

（二）解决方法

财务流程：在发票账单未到的情况下，应付账款依据入库单的暂估价入账。

1. 会计分录

借：原材料——B 材料　　　　14 800

　　贷：应付账款——N 市 HD 公司　　　　14 800

2. 编制记账凭证（表 2.5.39）

表 2.5.39　记账凭证

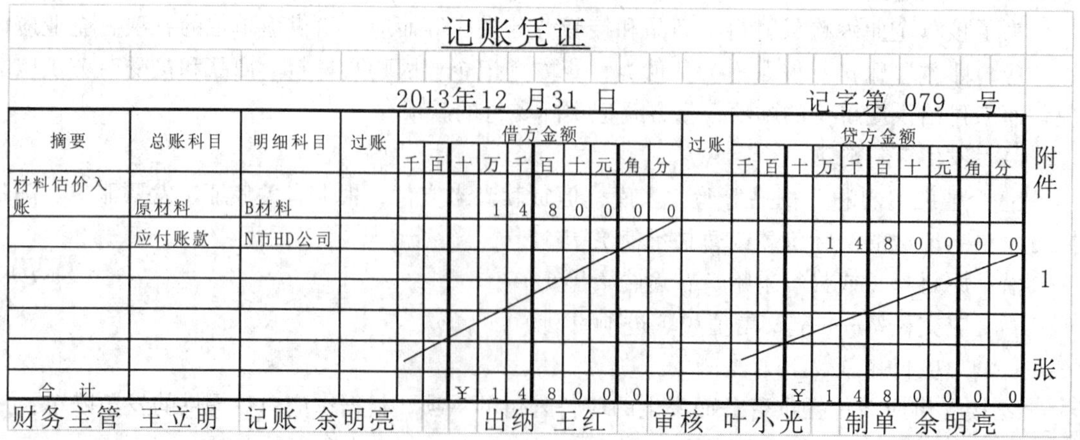

记账凭证

2013年12 月31 日　　　　记字第 079 号

摘要	总账科目	明细科目	过账	借方金额 千	百	十	万	千	百	十	元	角	分	过账	贷方金额 千	百	十	万	千	百	十	元	角	分
材料估价入账	原材料	B材料					1	4	8	0	0	0	0											
	应付账款	N市HD公司																1	4	8	0	0	0	0
合　计						¥	1	4	8	0	0	0	0				¥	1	4	8	0	0	0	0

附件 1 张

财务主管 王立明　记账 余明亮　出纳 王红　审核 叶小光　制单 余明亮

任务十七 预收货款

（一）工作任务

12月18日，向DH有限公司预收购货款8 000元，货未发（表2.5.40）。

表 2.5.40 银行进账单

中国Y银行进账单（收账通知） 3

2013 年 12 月 18 日

收款人	全 称	G省G市兴旺公司	付款人	全 称	DH有限公司
	账 号	6222055802512345678		账 号	200596776222016
	开户银行	工商银行G市高新区支行		开户银行	工商银行顺义支行

金额	人民币（大写）捌仟元整	亿	千	百	十	万	千	百	十	元	角	分
						¥	8	0	0	0	0	0

票据种类	支票	票据张数	壹张	
复核： 记账：				收款人开户银行盖章

（二）解决方法

财务流程：出纳人员收到DH公司按合同规定的预收款项金额的转账支票一张，并到银行办妥进账手续，取得进账单回单，据以编制记账凭证。

1. 会计分录

借：银行存款 8000

　贷：预收账款 8000

2. 编制记账凭证（表2.5.41）

表 2.5.41 记账凭证

记账凭证

2013年12月18 日　　记字第 029 号

摘要	总账科目	明细科目	过账	借方金额 千	百	十	万	千	百	十	元	角	分	过账	贷方金额 千	百	十	万	千	百	十	元	角	分
预收货款	银行存款							8	0	0	0	0	0											
	预收账款	DH公司																	8	0	0	0	0	0
合 计							¥	8	0	0	0	0	0					¥	8	0	0	0	0	0

附件 1 张

财务主管 王立明　记账 余明亮　出纳 王红　审核 叶小光　制单 余明亮

（三）知识链接

1. 预收账款的内容

预收账款是企业按照合同规定向购货单位预收的款项。企业预收的款项之所以构成企业的一项负债，是业务企业要根据合同，承诺暂收款后一定日期发出商品或提供劳务。如果企业到期无法履行合同上的承诺，就必须如数退回预收的款项。

2. 预收账款的核算

为反映预收账款的发生和清结等变动情况，应设置“预收账款”账户。该账户为负债类，贷方登记向购货单位预收的款项及补付的款项，借方登记销售实现时，实际的收入和应交的增值税销项税额及退回的多付款项。

任务十八　收到包装物押金

（一）工作任务

12 月 25 日，收到 HT 有限公司交来租用包装物的押金 2000 元（表 2.5.42）。

表 2.5.42　收款收据

收 款 收 据

2013 年 12 月 25 日　　　　NO.05215029

交款单位或交款人	HT 有限公司	收款方式	现金
事由 包装物押金 人民币（大写）：贰仟元整　　¥2000.00			备注：
收款人：	收款单位（盖章）：	交款人：	

（二）解决方法

财务流程：由出纳收取 HT 有限公司交来现金 2000 元，并开具收据一张交由会计编制会计凭证。

1. 会计分录

借：库存现金　　　　　　2000

　贷：其他应付款——包装物押金　2000

2. 编制记账凭证（表 2.5.43）

表 2.5.43　记账凭证

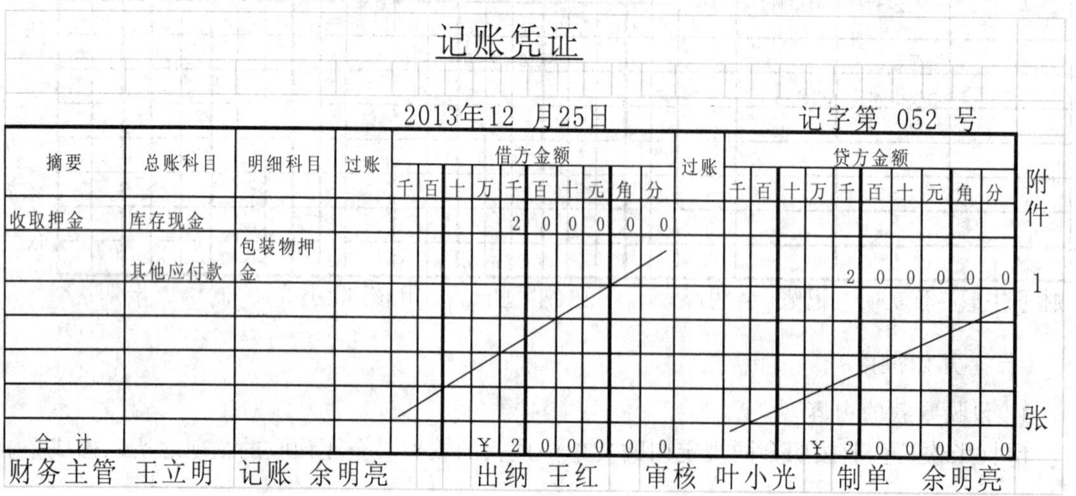

记账凭证

2013年12 月25日　　　　记字第 052 号

摘要	总账科目	明细科目	过账	借方金额 千	百	十	万	千	百	十	元	角	分	过账	贷方金额 千	百	十	万	千	百	十	元	角	分	附件
收取押金	库存现金							2	0	0	0	0	0												
	其他应付款	包装物押金																	2	0	0	0	0	0	1
																									张
合　计							¥	2	0	0	0	0	0					¥	2	0	0	0	0	0	

财务主管 王立明　记账 余明亮　出纳 王红　审核 叶小光　制单 余明亮

（三）知识链接

1. 其他应付款的内容

其他应付款指企业除了应付票据、应付账款、预收账款、应付职工薪酬、应交税费等流动负债外，还会发生一些应付、暂收其他单位和个人的款项。其内容包括：应付经营租入固定资产和包装物的租金；职工未按期领取的工资；存入保证金（如收取包装物押金等）；应付、暂收所属单位、个人的款项；其他应付、暂收款项等。

2. 其他应付款的核算

为了反映和监督其他应付款的增减变动业务，企业应设置“其他应付款”账户。该账户为负债类，贷方登记企业发生的各种应付、暂收款项，支付时登记该账户借方。“其他应付款”应按应付和暂收款项的类别和单位或个人设置明细账进行明细核算，本账户期末贷方余额，反映企业尚未支付的其他应付款。

项目六 职工薪酬核算

一、职工薪酬核算岗位的职责

职工薪酬岗位是重要的会计岗位之一。为了做好职工薪酬的核算工作，企业单位的会计机构可以按岗位责任制的要求设置职工薪酬会计岗位。若企业职工人数较多，可以配置专门核算人员，也可以聘任兼职人员参与相关工作，但必须遵守不相容职务分离的原则。职工薪酬岗位的职责主要如下：

（1）严格按照本单位工资、奖金核算办法支付工资和工资奖金，定期组织工资发放。

（2）每月根据考勤表或计件工资统计表，依据出勤天数、岗位标准、各种补贴和奖金分配方案等有关内容，正确编制工资结算表并办理代扣各种款项。

（3）依据国家规定正确提取职工福利费、职工教育经费、工会经费、社会保险费（医疗保险费、养老保险费、失业保险费、工伤保险费、生育保险费）、公积金等有关费用，并进行账务处理。

（4）按照工资支付对象和成本核算的要求，编制工资费用分配表，向有关部门提供工资分配的明细资料，并进行工资分配账务处理。

（5）完成领导交办的其他工作。

职工薪酬会计岗位需定期向本企业单位会计机构负责人汇报职工薪酬情况，对本企业单位会计机构负责人负责。

二、职工薪酬核算的一般步骤

首先，单位统一考勤的，由考勤主管部门将本月考勤情况汇总，交财务部门；各部门单独考勤的（包括车间、行政部门），考勤员上报经本部门主管负责人签字确认的本月考勤表。

其次，财务部门职工薪酬会计岗位人员计算出各职工的实发工资，包括职工的应付工资、各项代扣款（养老保险、医疗保险、失业保险、住房公积金、个人所得税等），然后按部门编制出工资结算汇总表。

再次，由职工薪酬会计岗位人员编制工资费用分配表、职工福利费计算表、工会经费计算表、职工教育经费计算表、各种社会保险计算表等，根据各计算表编制相应的记账凭证，再由各相应岗位人员登记明细账及总账。

最后，发放工资和结转代扣款项的处理，由出纳人员按照实发工资将款项通过银行转入各职工银行账户。同时，财务部门根据“工资结算汇总表”的实发金额，出纳员将“支票存根”传给会计填制记账凭证并登账。

任务一　发放职工工资

（一）工作任务

12 月 10 日，根据编制的工资结算表和工资汇总表，用银行存款发放职工工资并结转代扣社会保险和住房公积金（表 2.6.1、表 2.6.2、图 2.6.1）。

表 2.6.1　工资结算表

工资结算表

2013 年 12 月 10 日

姓名	基本工资	奖金	岗位津贴	应扣工资		应付工资	代扣款项					实发工资
				病假	事假		个税	失业	养老	医疗	公积金	
柴兴旺	2000	200	50	200		2050		10.25	164	44	246	1585.75
叶小光	2200	210	50	120		2340		11.7	187.2	49.8	280.8	1810.5
王立明	2500	250	30			2780		13.9	222.4	58.6	333.6	2151.5
余明亮	3000	300	30			3330		16.65	266.4	69.6	399.6	2577.75
王红	3200	250	60	90		3420		17.1	273.6	71.4	410.4	2647.5
赵立达	3500	240	60	120		3680		18.4	294.4	76.6	441.6	2849
……												
合计	560 000	52 000	23 500	1300	650	633 550	16 451	3168	50 684	12671	76 026	474 550

表 2.6.2　职工薪酬核算汇总表

职工薪酬核算汇总表

编制单位：G 省 G 市兴旺公司　　2013 年 12 月 10 日

车间及部门		人数	基本职工薪酬	奖金	岗位津贴	应扣职工薪酬		应付职工薪酬	代扣款项					实发职工工资
						病假	事假		个税	失业	养老	医疗	公积金	
车间	生产人员	100	200 000	30 000	8000	850	450	236 700	3310	1184	18936	4734	28 404	180 132
	厂部人员	60	110 000	5000	6000	60		120 940	4419	605	9675	2419	14 513	89 309
行政管理部		50	80 000	5000	5000		200	89 800	2233	449	7184	1796	10 776	67 362
销售部		50	120 000	7000	3500	150		130 350	4906	652	10 428	2607	15 642	96 115
供应部		20	50 000	5000	1000	240		55 760	1583	278	4461	1115	6691	41 632
合计		280	560 000	52 000	23 500	1 300	650	633 550	16 451	3 168	50 684	12 671	76 026	474 550

中国工商银行
转账支票存根
ⅨX5206623

科　目：
对方科目：
签发日期：2013 年 12 月 10 日

收款人：公司个人账户
金　额：￥474 550.00
用　途：发放工资

单位主管：王立明　　会计：余明亮

图 2.6.1　转账支票存根

（二）解决方法

财务流程：财务部门职工薪酬会计岗位人员依据考勤表计算出各职工的实发工资，包括职工的应付工资、各项代扣款（养老保险、医疗保险、失业保险、住房公积金、个人所得税等），然后按部门编制出工资结算汇总表；发放工资和结转代扣款项的处理，由出纳人员按照实发工资将款项通过银行转入各职工银行账户。同时，财务部门根据“工资结算汇总表”的实发金额，出纳员将“支票存根”传给会计填制记账凭证并登账。

1. 会计分录

（1）发放工资。

借：应付职工薪酬——工资　　474 550

　贷：银行存款　　474 550

（2）结转代扣社会保险和住房公积金。

借：应付职工薪酬——工资　　159 000

　贷：其他应付款——失业保险　　3168

　　　　　　　　——养老保险　　50 684

　　　　　　　　——医疗保险　　12 671

　　　　　　　　——住房公积金　　76 026

　　应交税费——应交个人所得税　　16 451

2. 编制记账凭证（表 2.6.3、表 2.6.4）

表 2.6.3　记账凭证

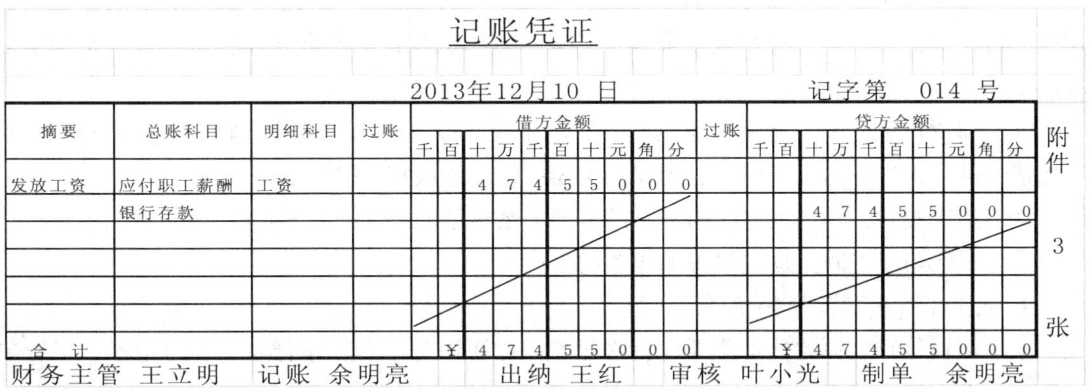

记账凭证

2013年12月10 日　　　　记字第　014 号

摘要	总账科目	明细科目	过账	借方金额 千	百	十	万	千	百	十	元	角	分	过账	贷方金额 千	百	十	万	千	百	十	元	角	分	附件
发放工资	应付职工薪酬	工资				4	7	4	5	5	0	0	0												附件
	银行存款																4	7	4	5	5	0	0	0	
																									3
																									张
合　计					￥	4	7	4	5	5	0	0	0			￥	4	7	4	5	5	0	0	0	

财务主管　王立明　记账　余明亮　出纳　王红　审核　叶小光　制单　余明亮

表 2.6.4　记账凭证

记账凭证

2013年12月 10 日　　　　　　记字第 015号

摘要	总账科目	明细科目	过账	借方金额										过账	贷方金额									
				千	百	十	万	千	百	十	元	角	分		千	百	十	万	千	百	十	元	角	分
代扣社保及公积金等	应付职工薪酬	工资				1	5	9	0	0	0	0	0											
	其他应付款	失业保险																	3	1	6	8	0	0
		养老保险																5	0	6	8	4	0	0
		医疗保险																1	2	6	7	1	0	0
		住房公积金																7	6	0	2	6	0	0
	应交税费	应交个人所得税																1	6	4	5	1	0	0
合计					¥	1	5	9	0	0	0	0	0			¥	1	5	9	0	0	0	0	0

附件　张

财务主管 王立明　记账 余明亮　出纳 王红　审核 叶小光　制单 余明亮

（三）知识链接

1. 应付职工薪酬的内容

职工薪酬是指企业为获得职工提供的服务而给予各种形式的报酬以及其他相关支出。具体包括以下方面的内容：

（1）职工工资、奖金、津贴和补贴，是指按照国家统计局《关于职工工资总额组成的规定》，构成工资总额的计时工资、计件工资、支付给职工的超额劳动报酬和增收节支的劳动报酬、为了补偿职工特殊或额外的劳动消耗和因其他特殊原则支付给职工的津贴，以及为了保证职工工资水平不受物价影响支付给职工的物价补贴等。

（2）职工福利费，是指企业为职工集体提供的福利，如补助生活困难职工等。

（3）社会保险费，是企业按国家规定的基准和计算比例，向社会保险机构缴纳的医疗保险费、养老保险费、失业保险费、生育保险费、工伤保险费等社会保险费。

（4）住房公积金，是指企业按照国家《住房公积金管理条例》规定的基准和比例计算，向住房公积金管理机构缴存的住房公积金。

（5）工会经费和职工教育经费，是指企业为了改善职工文化生活、提高职工业务素质，用于开展工会活动和职工教育及职业技能培训，按国家规定的基准和比例，从成本费用中提取的金额。

（6）非货币性福利，是指企业以自己的产品或其他有形资产发放给职工作为福利，向职工无偿提供自己拥有的资产使用、为职工无偿提供类似医疗保健等服务。

（7）辞退福利，是指因解除与职工的劳动关系给予的补偿。

（8）其他与获得职工提供的服务相关的支出。

2. 职工工资核算的原始凭证

职工工资核算的原始凭证主要包括考勤记录、工时记录、产量记录、销售记录、工资单

（工资结算表）、工资汇总表等。前四项是工资核算的主要原始记录，是编制工资单的主要依据；工资单是前四项原始记录的货币表现，是工资发放的原始依据；工资汇总表是根据工资单汇总编制的，是编制工资发放和分配工资记账凭证的重要依据。

3. 应付职工薪酬的核算

企业应当设置“应付职工薪酬”账户，用来核算企业根据有关规定应付给职工各种薪酬的提取、结算、使用等情况。该账户为负债类账户，贷方反映以分配计入有关成本费用项目的职工薪酬数额，借方反映实际发放职工薪酬的数额。该账户期末贷方余额，反映企业应付未付的职工薪酬。“应付职工薪酬”科目应当按照“工资”“职工福利”“社会保险费”“住房公积金”“工会经费”“职工教育经费”“非货币性福利”等应付职工薪酬项目设置明细科目，进行明细核算。

对于货币性薪酬，企业应当根据职工提供服务情况和工资标准计算应计入职工薪酬的工资总额按照受益对象计入相关资产的成本或当期损益，同时确认为应付职工薪酬。

（1）应付工资的内容。企业应付给职工的工资、奖金、津贴和补贴构成了企业职工的工资总额，它是企业在一定时期支付给全体职工的主要劳动报酬总额。企业应当按照劳动工资制度的规定，根据考勤记录、工时记录、产量记录、销售记录、工资标准、工资等级等资料，编制“工资单”，计算各种工资。

（2）结算应付工资。“工资”明细科目核算的职工工资、奖金、津贴和补贴等，不论是否在当月支付，都应当通过“工资”明细科目核算，不包括在工资总额内的企业发放给职工的款项，如福利费、退休费等，不通过“工资”明细科目核算。

企业财务部门应将“工资单”进行汇总，编制“工资汇总表”向银行提取现金，准备发放工资（现在绝大多数单位采用银行代发工资，此步可略）。

借：库存现金

　贷：银行存款

用现金发放工资时：

借：应付职工薪酬——工资

　贷：库存现金

结转本月代扣款项：

借：应付职工薪酬——工资

　贷：其他应付款

　　　其他应收款

　　　应交税费——应交个人所得税等

任务二　分配职工工资

（一）工作任务

12 月 11 日，根据“职工薪酬汇总表”编制“工资费用分配表”并计提本月工资（表 2.6.5）。

表 2.6.5 职工工资费用分配表

职工工资分配表

编制单位：G 省 G 市兴旺公司　　2013 年 12 月 11 日　　单位：元

应借账户			成本或费用项目	直接计入	分配计入			工资费用合计
					生产工时	分配率	分配金额	
生产成本	生产人员	AB 产品	工资	50 000	2000		62 680	112 680
		MN 产品	工资	30 000	3000		94 020	124 020
	小计			80 000	5000	31.34	156 700	236 700
管理费用			工资	145 560				145 560
销售费用			工资	130 350				130 350
车间			工资	120 940				120 940
合　计				476 850	5000	31.34	156 700	633 550

（二）解决方法

财务流程：根据人事部门审核的工资发放明细表，编制工资分配汇总表，据以编制记账凭证。

1. 会计分录

借：生产成本——AB 产品　　112 680

　　　　　　——MN 产品　　124 020

　　制造费用　　120 940

　　管理费用　　145 560

　　销售费用　　130 350

　贷：应付职工薪酬——工资　　633 550

2. 编制记账凭证（表 2.6.6）

表 2.6.6 记账凭证

记账凭证

2013 年12月11日　　记字第016号

摘要	总账科目	明细科目	过账	借方金额										过账	贷方金额									
				千	百	十	万	千	百	十	元	角	分		千	百	十	万	千	百	十	元	角	分
分配工资	生产成本	AB产品				1	1	2	6	8	0	0	0											
		MN产品				1	2	4	0	2	0	0	0											
	制造费用					1	2	0	9	4	0	0	0											
	管理费用					1	4	5	5	6	0	0	0											
	销售费用					1	3	0	3	5	0	0	0											
	应付职工薪酬																6	3	3	5	5	0	0	0
合　计					¥	6	3	3	5	5	0	0	0			¥	6	3	3	5	5	0	0	0

附件 1 张

财务主管 王立明　记账 余明亮　出纳 王红　审核 叶小光　制单 余明亮

（三）知识链接

工资费用分配：月度终了，企业应将本月应发的工资，根据职工劳动服务对象和部门及其发生工资费用的情况进行分配；生产部门人员的职工薪酬，借记“生产成本”“制造费用”“劳务成本”等科目，贷记“应付职工薪酬”科目；管理人员的职工薪酬，借记“管理费用”

科目，贷记“应付职工薪酬”科目；销售人员的职工薪酬，借记“销售费用”科目，贷记“应付职工薪酬”科目；应由在建工程、无形资产负担的职工薪酬，借记“在建工程”“无形资产”等科目，贷记“应付职工薪酬”科目；应由职工福利费开支的人员工资，借记“应付职工薪酬——职工福利”科目，贷记“应付职工薪酬——工资”科目。

任务三　计提福利费

（一）工作任务

12 月 11 日，根据“工资分配表”和比例，计提职工福利费（表 2.6.7）。

表 2.6.7　福利费计提表

福利费计提表

2013 年 12 月 11 日　　　　单位：元

部门及人员	计提基数	计提金额
生产成本	236 700	33 138
管理部门	145 560	20 378.4
销售部门	130 350	18 249
车间	120 940	16 931.6
合计	633 550	88 697

（二）解决方法

财务流程：根据工资分配表的工资总额的 14% 计提职工福利费，编制福利费计提表，并据以编制记账凭证。

1. 会计分录

借：生产成本——AB 产品　　15 775.2

　　　　　　——MN 产品　　17 362.8

　　制造费用　　16 931.6

　　管理费用　　20 378.4

　　销售费用　　18 249.0

　贷：应付职工薪酬——职工福利　　88 697

2. 编制记账凭证（表 2.6.8）

表 2.6.8　记账凭证

记账凭证

2013年12月11日　　　　记字第 017 号

摘要	总账科目	明细科目	过账	借方金额										过账	贷方金额										附件
				千	百	十	万	千	百	十	元	角	分		千	百	十	万	千	百	十	元	角	分	
分配职工福利费	生产成本	AB产品					1	5	7	7	5	2	0												
		MN产品					1	7	3	6	2	8	0												1
	制造费用						1	6	9	3	1	6	0												
	管理费用						2	0	3	7	8	4	0												
	销售费用						1	8	2	4	9	0	0												
	应付职工薪酬	职工福利费																8	8	6	9	7	0	0	张
合　计						¥	8	8	6	9	7	0	0				¥	8	8	6	9	7	0	0	

财务主管　王立明　　记账　余明亮　　出纳　王红　　审核　叶小光　　制单　余明亮

任务四　支付职工困难补助

（一）工作任务

12 月 12 日，用现金支付员工困难补助 2000 元（表 2.6.9、表 2.6.10）。

表 2.6.9　补助申请书

G 省 G 市兴旺公司补助（贴）申请书

2013 年 12 月 12 日

补助项目	金额	审核意见	财务主管	同意。王立明
困难补助	2000.00			
			单位主管	同意补贴。柴兴旺
金额合计（大写）	人民币贰仟元整　　（小写）¥2000.00			

表 2.6.10　现金支出凭单

现金支出凭单

附件　　张　　　　2013 年 12 月 12 日　　　　第　　号

用款事项：	支付员工困难补助　现金付讫		
人民币（大写）：	人民币贰仟元整　　¥2000.00		
收款人 （签章）	主管人员 （签章）	会计人员 （签章）	出纳员付讫 （签章）

（二）解决方法

财务流程：依据领导签字的“补助申请书”，当事人填写“现金支出凭单”，交由出纳支付现金，据以编制记账凭证。

1. 会计分录

借：应付职工薪酬——职工福利　　2000

　贷：库存现金　　　　　　　　　2000

2. 编制记账凭证（表 2.6.11）

表 2.6.11　记账凭证

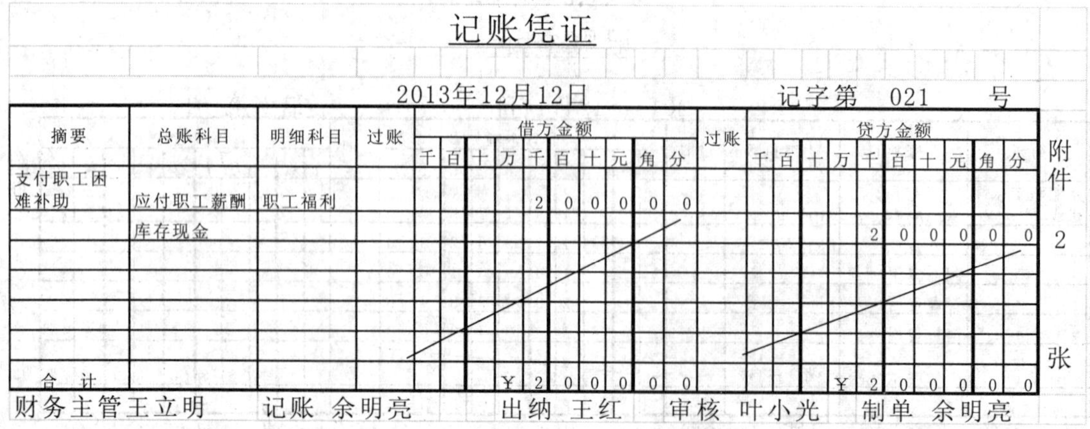

记账凭证

2013年12月12日　　　　记字第　021　　号

摘要	总账科目	明细科目	过账	借方金额 千	百	十	万	千	百	十	元	角	分	过账	贷方金额 千	百	十	万	千	百	十	元	角	分
支付职工困难补助	应付职工薪酬	职工福利						2	0	0	0	0	0											
	库存现金																		2	0	0	0	0	0
合　计							¥	2	0	0	0	0	0					¥	2	0	0	0	0	0

附件 2 张

财务主管王立明　　记账 余明亮　　出纳 王红　　审核 叶小光　　制单 余明亮

（三）知识链接

“职工福利”明细科目核算企业发生的职工福利费，应按职工福利费项目进行明细核算。期末，企业除了计算本月应发的工资外，还可以按照工资总额的一定比例计提应付福利费，并根据职工职工劳动服务对象和部门进行分配；生产部门人员的福利费，借记“生产成本”“制造费用”“劳务成本”等科目，贷记“应付职工福利费——职工福利”科目；管理部门人员的福利费，借记“管理费用”科目，贷记“应付职工福利费——职工福利”科目；销售人员福利费，借记“销售费用”科目，贷记“应付职工福利费——职工福利”科目；应由在建工程、无形资产负担的福利费，借记“在建工程”“无形资产”等科目，贷记“应付职工福利费——职工福利”科目；应由职工福利费开支等人员福利费，借记“管理费用”科目，贷记“应付职工薪酬——职工福利”科目。

生产成本通过“生产成本”账户进行归集。“生产成本”账户为成本类账户，主要核算企业进行工业性生产，包括生产各种产品（包括产成品、自制半成品、提供劳务等）、自制处理、自制工具、自制设备等发生的各项生产费用（包括材料费用、工资费用、燃料动力费用辅助生产费用等）。该账户应设置“基本生产成本”“辅助生产成本”两个明细账户，并按各成本核算对象进行明细核算。企业为完成主要生产目的而发生的基本车间产品的生产成本，在“生产成本——基本生产成本”账户归集；企业为基本生产服务而进行的辅助车间产品生产或劳务供应所发生的生产成本，在“生产成本——辅助生产成本”账户进行归集。

任务五 缴纳代扣职工社会保险和住房公积金

（一）工作任务

12 月 11 日，缴纳代扣职工的社会保险费 53 852 元，医疗保险 12 671 元，住房公积金 76026 元（表 2.6.12 ~ 表 2.6.14、图 2.6.2 ~图 2.6.4）。

表 2.6.12 社会保险费专用缴款书

社会保险费专用缴款书

2013 年 12 月 11 日 NO.0005416

<table>
<tr><td rowspan="3">缴款单位</td><td>全称</td><td colspan="2">G 省 G 市兴旺公司</td><td rowspan="3">收款单位</td><td>全称</td><td colspan="3">G 省 G 市社会保障服务中心</td></tr>
<tr><td>开户银行</td><td colspan="2">工商银行 G 市高新区支行</td><td>开户银行</td><td colspan="3">工商银行 G 市朝阳支行</td></tr>
<tr><td>账号</td><td colspan="2">6222055802512345678</td><td>账号</td><td colspan="3">205456524002</td></tr>
<tr><td colspan="3">缴费所属日期</td><td colspan="6">2013 年 11 月 1 日至 2013 年 11 月 30 日</td></tr>
<tr><td rowspan="2">缴费项目</td><td rowspan="2">缴费单位职工人数</td><td rowspan="2">缴费单位工资基数</td><td colspan="2">缴费比例</td><td colspan="2">应缴金额</td><td colspan="2">实缴金额</td></tr>
<tr><td>单位部分</td><td>个人部分</td><td>单位部分</td><td>个人部分</td><td>单位部分</td><td>个人部分</td></tr>
<tr><td>养老保险</td><td>280</td><td>633 550</td><td></td><td>8%</td><td></td><td>50 684</td><td></td><td>50 684</td></tr>
<tr><td>失业保险</td><td>280</td><td>633 550</td><td></td><td>0.5%</td><td></td><td>3168</td><td></td><td>3168</td></tr>
<tr><td colspan="9">实缴金额合计（大写）伍万叁仟捌佰伍拾贰元整 ¥53 852.00</td></tr>
</table>

第二联 交款单位

中国工商银行
转账支票存根
XⅡ5206624

科　目：
对方科目：
出票日期：2013 年 12 月 11 日

收款人：G 省 G 市社会保障服务中心
金　额：¥53 852.00
用　途：缴纳社会保险费

单位主管：王立明　　会计：余明亮

图 2.6.2　转账支票存根

表 2.6.13　医疗保险费专用缴款书

医疗保险专用缴款书

2013 年 12 月 11 日　　　　NO.00040501

缴款单位	全称	G 省 G 市兴旺公司		收款单位	全称	G 市医疗服务中心	
	开户银行	工商银行 G 市高新区支行			开户银行	工商银行 G 市朝阳支行	
	账号	6222055802512345678			账号	10020402014501	
缴费所属日期		2013 年 11 月 1 日至 2013 年 11 月 30 日					
缴费项目	缴费单位职工人数	缴费单位工资基数	缴费比例		应缴金额		实缴金额	
			单位部分	个人部分	单位部分	个人部分	单位部分	个人部分
医疗保险	280	633 550		2%		12 671		12 671
实缴金额合计（大写）壹万贰仟陆佰柒拾壹元整					¥12 671.00			

第二联　交款单位

中国工商银行
转账支票存根
XⅡ5206625

科　目：
对方科目：
出票日期：2013 年 12 月 11 日

收款人：G 市医疗服务中心
金　额：¥12 671.00
用　途：缴纳医疗保险费

单位主管：王立明　　会计：余明亮

图 2.6.3　转账支票存根

2.6.14 住房公积金专用缴款书

住房公积金专用缴款书

2013 年 12 月 11 日　　　　NO.000521401

缴款单位	全称	G 省 G 市兴旺公司		收款单位	全称	G 市住房公积金管理办公室	
	开户银行	工商银行 G 市高新区支行			开户银行	工商银行 G 市朝阳支行	
	账号	6222055802512345678			账号	200050478063	
缴费所属日期		2013 年 11 月 1 日至 2013 年 11 月 30 日					
缴费项目	缴费单位职工人数	缴费单位工资基数	缴费比例		应缴金额		实缴金额	
			单位部分	个人部分	单位部分	个人部分	单位部分	个人部分
住房公积金	280	633 550		12%		76 026		76 026
实缴金额合计（大写）柒万陆仟零贰拾陆元整					¥76 026.00			

第二联　交款单位

中国工商银行
转账支票存根
XII5206626

科　　目：
对方科目：
出票日期：2013 年 12 月 11 日

收款人：G 市住房公积金管理办公室
金　　额：¥76 026.00
用　　途：缴纳住房公积金

单位主管：王立明　　会计：余明亮

图 2.6.4　转账支票存根

（二）解决方法

财务流程：取得社会保险专用收款票据、转账支票存根，据以编制记账凭证。

1. 会计分录

借：其他应付款——失业保险　　3168
　　　　　　　——养老保险　　50 684
　　　　　　　——医疗保险　　12 671
　　　　　　　——住房公积金　76 026
　贷：银行存款　　　　　　　　　142 549

2. 编制记账凭证（表 2.6.15）

表 2.6.15　记账凭证

记账凭证

2013年12月11日　　　　记字第 018 号

摘要	总账科目	明细科目	过账	借方金额										过账	贷方金额									
				千	百	十	万	千	百	十	元	角	分		千	百	十	万	千	百	十	元	角	分
缴纳各社会保险	其他应付款	失业保险						3	1	6	8	0	0											
		养老保险					5	0	6	8	4	0	0											
		医疗保险					1	2	6	7	1	0	0											
		住房公积金					7	6	0	2	6	0	0											
	银行存款																1	4	2	5	4	9	0	0
合　计					¥	1	4	2	5	4	9	0	0			¥	1	4	2	5	4	9	0	0

附件 6 张

财务主管　王立明　记账　余明亮　出纳　王红　审核　叶小光　制单　余明亮

（三）知识链接

期末，企业除了计算本月应发的工资外，还可以按照工资总额的一定比例，计提为职工缴纳的社会保险费，并根据职工职工劳动服务对象和部门进行分配；生产部门人员的社会保险费，借记“生产成本”“制造费用”“劳务成本”等科目，贷记“应付职工福利费——社会保险费”科目；管理部门人员的社会保险费，借记“管理费用”科目，贷记“应付职工福利费——社会保险费”科目；销售人员社会保险费，借记“销售费用”科目，贷记“应付职工福利费——社会保险费”科目；应由在建工程、无形资产负担的社会保险费，借记“在建工程”“无形资产”等科目，贷记“应付职工福利费——社会保险费”科目。企业支付社会保险费时，按照支付的社会保险费金额，借记“应付职工薪酬——社会保险费”科目，贷记“银行存款”“库存现金”等科目。

期末，企业除了计算本月应发的工资外，还可以按照工资总额的一定比例，计提为职工缴纳的住房公积金，并根据职工职工劳动服务对象和部门进行分配；生产部门人员的住房公积金，借记“生产成本”“制造费用”“劳务成本”等科目，贷记“应付职工福利费——住房公积金”科目；管理部门人员的住房公积金，借记“管理费用”科目，贷记“应付职工福利费——住房公积金”科目；销售人员住房公积金，借记“销售费用”科目，贷记“应付职工福利费——住房公积金”科目；应由在建工程、无形资产负担的住房公积金，借记“在建工程”“无形资产”等科目，贷记“应付职工福利费——住房公积金”科目。

除企业按照工资总额的一定比例，计提企业为职工缴纳的住房公积金以外，职工本人也要为个人的住房公积金账户缴费，个人缴到本人账户中的金额也是按照个人发放工资的比例计算的，只不过个人缴纳的金额由企业代扣代缴。企业代扣职工住房公积金时，按照代扣住房公积金金额，借记“应付职工薪酬——工资”科目，贷记“应付职工薪酬——住房公积金”科目。企业到住房公积金管理机构缴纳住房公积金时，按照支付的住房公积金金额，借记“应付职工薪酬——住房公积金”科目，贷记“银行存款”“库存现金”等科目。

任务六　支付工会经费

（一）工作任务

12 月 11 日，工会组织活动花费 20 000 元，开出转账支票支付（表 2.6.16、图 2.6.5）。

表 2.6.16 费用报销单

G 省 G 市兴旺公司费用报销单

2013 年 12 月 11 日

报销人	李娜	部门		工会	预借款	0.00
费用项目	金额	审核意见	部门主管		同意。王伟	
工会经费	20 000.00					
			财务主管		同意报销。叶小光	
金额合计	（人民币大写）贰万元整 （小写）¥20 000.00					

中国工商银行

转账支票存根

XⅡ5206627

科　　目：

对方科目：

出票日期：2013 年 12 月 11 日

收款人：公司工会

金　　额：¥20 000.00

用　　途：工会经费

单位主管：王立明　　会计：余明亮

图 2.6.5 转账支票存根

（二）解决方法

财务流程：根据取得的费用报销单及支票存根，编制记账凭证。

1. 会计分录

借：应付职工薪酬——工会经费　　20 000

　贷：银行存款　　　　　　　　　　20 000

2. 编制记账凭证（表 2.6.17）

表 2.6.17 记账凭证

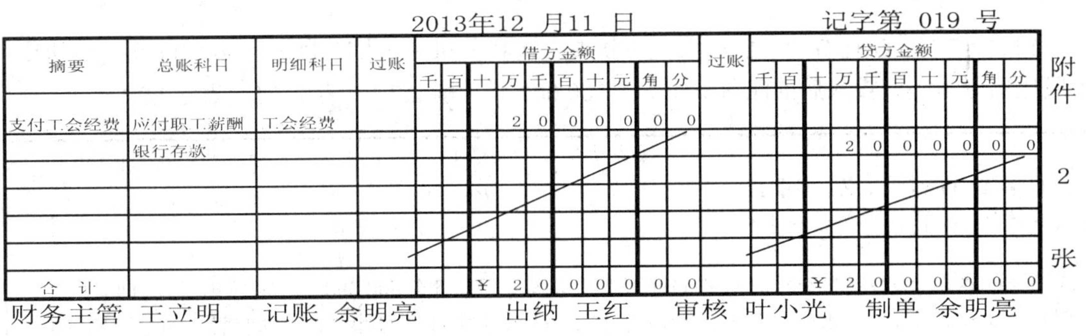

记账凭证

2013年12 月11 日　　　　记字第 019 号

摘要	总账科目	明细科目	过账	借方金额 千	百	十	万	千	百	十	元	角	分	过账	贷方金额 千	百	十	万	千	百	十	元	角	分
支付工会经费	应付职工薪酬	工会经费					2	0	0	0	0	0	0											
	银行存款																	2	0	0	0	0	0	0
合　计						¥	2	0	0	0	0	0	0				¥	2	0	0	0	0	0	0

附件 2 张

财务主管 王立明　　记账 余明亮　　出纳 王红　　审核 叶小光　　制单 余明亮

（三）知识链接

期末，企业除了计算本月应发的工资外，还可以按照工资总额的一定比例，计提为职工缴纳的工会经费，并根据职工职工劳动服务对象和部门进行分配；生产部门人员的工会经费，借记“生产成本”“制造费用”“劳务成本”等科目，贷记“应付职工福利费——工会经费”科目；管理部门人员的工会经费，借记“管理费用”科目，贷记“应付职工福利费——工会经费”科目；销售人员工会经费，借记“销售费用”科目，贷记“应付职工福利费——工会经费”科目；应由在建工程、无形资产负担的工会经费，借记“在建工程”“无形资产”等科目，贷记“应付职工福利费——工会经费”科目。企业支付工会经费用于工会运作时，按照支付的工会经费金额，借记“应付职工薪酬——工会经费”科目，贷记“银行存款”“库存现金”等科目。

项目七　所有者权益核算

1. 所有者权益核算岗位职责

编制资金收支计划，负责企业各项筹资的明细分类核算，提高资金使用效率。

2. 所有者权益的构成及来源

所有者权益根据其核算的内容和要求，通常由实收资本（或股本）、资本公积（含资本溢价或股本溢价、其他资本公积）、盈余公积和未分配利润构成。其中，盈余公积和未分配利润统称为留存收益。所有者权益的来源包括所有者投入的资本、直接计入所有者权益的利得和损失、留存收益等。

3. 所有者权益的确认条件

所有者权益体现的是所有者在企业中的剩余权益，所有者权益不是一个独立的要素，它的确认主要依赖于其他会计要素，尤其是资产和负债的确认；所有者权益金额的确定也主要取决于资产、负债、收入、费用等其他会计要素的计量。

所有者权益即为企业的净资产，是企业资产总额中扣除债权人权益后的净额，反映所有者财富的净增加额。通常企业收入增加时，会导致资产的增加，相应地会增加所有者权益；企业发生费用时，会导致负债增加，相应地会减少所有者权益。因此，企业日常经营的好坏和资产负债的质量直接决定着所有者权益的增减变化和资本的保值增值。

任务一　接受投资

（一）工作任务

12 月 17 日，G 省 G 市 ZD 有限公司新加入兴旺公司，投入货币资金 600 000 元，经协商，持股比例为 10%，投入后的注册资本为 5 500 000 元（图 2.7.1、表 2.7.1、表 2.7.2）。

投资协议书（摘要）

投出单位：G 省 G 市 ZD 有限公司

投入单位：G 省 G 市兴旺公司

……

第三，G 省 G 市 ZD 有限公司向 G 省 G 市兴旺公司投入货币资金 600 000 元，持股比例为 10%。

第四，G 省 G 市 ZD 有限公司必须在 2013 年 12 月 31 日前向 G 省 G 市兴旺公司出资。

……

G 省 G 市兴旺公司 2013 年 12 月 17 日开始接受投资。

图 2.7.1　投资协议书

表 2.7.1 专用收款收据

专用收款收据

2013 年 12 月 17 日

付款单位（付款人）	G 省 G 市 ZD 有限公司	收款单位（收款人）	G 省 G 市兴旺公司	收款项目					收投资款				
人民币（大写）	人民币陆拾万元整			千	百	十	万	千	百	十	元	角	分
					¥	6	0	0	0	0	0	0	0
收款是由	投资款			经办部门									
		会计主管		稽核		出纳			交款人				
		王立明											

表 2.7.2 工商银行进账单

中国工商银行进账单（收账通知） 3

2013 年 12 月 17 日

收款人	全　称	G 省 G 市兴旺公司	付款人	全　称	G 省 G 市中达有限公司										
	账　号	6222055802512345678		账　号	3078945645										
	开户银行	工商银行 G 市高新区支行		开户银行	工商银行 G 市通州支行										
金额	人民币（大写）陆拾万元整				亿	千	百	十	万	千	百	十	元	角	分
							¥	6	0	0	0	0	0	0	0
票据种类	支票	票据张数	壹张												
复核：张林　记账：王磊				收款人开户银行盖章											

此联是开户银行交给持票人的回单

（二）解决方法

财务流程：根据投资协议书，开具专用收据，取得银行进账回单，据以编制记账凭证。

1. 会计分录

借：银行存款　　600 000

　贷：实收资本——G 省 G 市 ZD 有限公司　　550 000

　　　资本公积——资本溢价　　50 000

2. 编制记账凭证（表 2.7.3）

表 2.7.3 记账凭证

记账凭证

2013年12月17日　　记字第 027 号

摘要	总账科目	明细科目	过账	借方金额										过账	贷方金额									
				千	百	十	万	千	百	十	元	角	分		千	百	十	万	千	百	十	元	角	分
接受中达公司投资	银行存款					6	0	0	0	0	0	0	0											
	实收资本	ZD有限公司															5	5	0	0	0	0	0	0
	资本公积	资本溢价																5	0	0	0	0	0	0
合　计					¥	6	0	0	0	0	0	0	0			¥	6	0	0	0	0	0	0	0

附件 3 张

财务主管 王立明　记账 余明亮　出纳 王红　审核 叶小光　制单 余明亮

（三）知识链接

按照我国有关法律规定，投资者设立企业首先必须投入资本。实收资本是投资者按照企业章程、合同、协议的约定，作为资本投入到企业中的各种资产的价值。所有者向企业投入的资本，在一般情况下无须偿还，可以长期周转使用。实收资本的构成比例，即投资者的出资比例或股东的股份比例，通常是确定所有者在企业所有者权益中所占的份额和参与企业财务经营决策的基础，也是企业进行利润分配或股利分配的依据，同时还是企业清算时确定所有者对净资产的要求权的依据。

理解实收资本时，应注意三个概念：注册资本、实收资本、投入资本。

投入资本是投资人实际投入到企业中财产物资的数额，投资人投入资本即构成企业的实收资本。

注册资本是指企业在工商行政管理机关登记的投资人缴纳的出资额。

我国相关法律规定，企业实收资本达到法定的注册资本的要求，企业才能设立。

企业应当设置“实收资本”科目，核算企业接受投资者投入的实收资本，股份有限公司应将该科目改为“股本”。“实收资本”账户属于所有者权益类账户，该账户贷方反映企业实际收到的投资者交付的资本，借方反映企业按法定程序减资时减少的注册资本数额，贷方余额反映实收资本总额。该科目一般按照不同投资者分别设置明细账户进行核算。

投资者可以用现金投资，也可用现金以外的其他有形资产投资，符合国家规定比例的，还可以用无形资产投资。企业实收资本入账价值的确认取决于不同的资本取得方式。

（1）以货币资金方式投入资本的核算。企业在收到投资者投入的货币资金时，应以实际收到的金额借记“银行存款”等科目，按投资者出资享有的企业注册资本的份额，贷记“实收资本”科目，投资者出资超过其占企业注册资本份额的部分，贷记“资本公积——资本溢价”科目。

（2）以实物资产方式投入资本的核算。企业接受实物资产投资时，应将实物资产按照投资各方确认的价值入账，在办理实物产权转移手续时，借记“固定资产”“原材料”等有关资产科目，按投资者应享有的企业注册资本的份额，贷记“实收资本”科目，按其差额，贷记“资本公积——资本溢价”科目。

（3）以无形资产方式投入资本的核算。企业接受以无形资产投资的，应按照投资合同、协议或评估确认价值入账，待按规定移交有关凭证时，借记“无形资产”科目，按投入资本在注册资本中所占份额，贷记“实收资本”科目，如果无形资产价值大于投资者在企业注册资本中占有的份额，其差额贷记“资本公积——资本溢价”科目。

资本公积是企业收到投资者的超出其在企业注册资本中所占份额的投资，以及直接记入所有者权益的利得和损失等。资本公积包括资本溢价和直接记入所有者权益的利得和损失等。

资本溢价是企业收到投资者的超出其在企业注册资本中所占份额的投资。

直接计入所有者权益的利得和损失是指不应计入当期损益，会导致所有者权益发生增减变动的、与所有者投入资本或向所有者分配利润无关的利得或者损失。

资本公积一般应设置“资本溢价”“其他资本公积”等明细科目。

任务二　资本公积转增资本

（一）工作任务

12 月 18 日，为扩大公司规模，经股东大会批准将资本公积 500 000 元转增资本（图 2.7.2）。

股份有限公司股东大会决议（范本）

（本范本仅供参考，可根据实际情况自行修改）

时间：2013 年 12 月 18 日

地点：G 省 G 市兴旺公司会议室

参加人：柴兴旺、叶小光等 10 人

主持人：王立明

G 省 G 市兴旺公司股东大会经讨论，形成如下决议：通过董事会决议《用资本公积 500 000 元转增资本的议案》

全体股东签字：

（法人股东加盖公章并由法定代表人签字，自然人股东亲笔签字）

柴兴旺　　叶小光

G 省 G 市兴旺公司盖章

2013 年 12 月 18 日

图 2.7.2　股东大会协议

（二）解决方法

财务流程：根据股东大会决议，编制记账凭证。

1. 会计分录

借：资本公积　　500 000

　贷：实收资本　　　　500 000

2. 编制记账凭证（表 2.7.4）

表 2.7.4　记账凭证

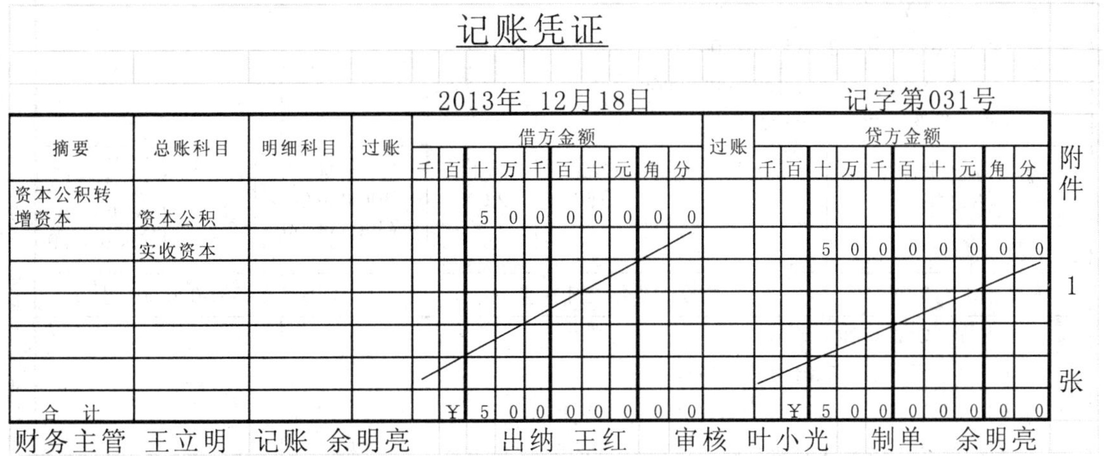

记账凭证

2013年 12月18日　　　　记字第031号

摘要	总账科目	明细科目	过账	借方金额 千	百	十	万	千	百	十	元	角	分	过账	贷方金额 千	百	十	万	千	百	十	元	角	分
资本公积转增资本	资本公积					5	0	0	0	0	0	0	0											
	实收资本																5	0	0	0	0	0	0	0
合　计					¥	5	0	0	0	0	0	0	0			¥	5	0	0	0	0	0	0	0

附件 1 张

财务主管　王立明　记账　余明亮　出纳　王红　审核　叶小光　制单　余明亮

（三）知识链接

实收资本增减变动的会计处理如下：

（1）实收资本增加的会计处理。企业增加资本的途径一般有三条：一是将资本公积转为实收资本，借记“资本公积——资本溢价”科目，贷记“实收资本”科目；二是将盈余公积转为实收资本，借记“盈余公积”科目，贷记“实收资本”；三是所有者追加投资，企业接受投资者投入的资本，借记“银行存款”“固定资产”“无形资产”等科目，贷记“实收资本”科目。

（2）实收资本减少的会计处理。企业实收资本减少的原因大体有两种，一是资本过剩；二是企业发生重大亏损而需要减少实收资本。有限责任公司和一般企业按法定程序报经批准减少注册资本的，借记“实收资本”科目，贷记“库存现金”“银行存款”等科目。

项目八　财务成果核算

财务成果核算岗位职责有：会同有关部门编制收入和利润计划；办理销售款项结算，确认和计量收入；取得或编制收入与利润相关会计凭证，并进行审核，制定合理的凭证传递程序；负责收入和利润明细核算；根据程序和要求，负责进行利润分配的明细核算；编制收入和利润报表，参与利润分析和考核工作。

任务一　销售商品收到款项

（一）工作任务

12 月 18 日，向 YY 有限公司销售商品一批，商品价款 300 000 元，增值税税率为 17%，款项收到存入银行（表 2.8.1 ~ 表 2.8.3）。

表 2.8.1　增值税专用发票记账联

××省增值税专用发票　　　　NO.0420043

此联不作报销、扣税凭证使用

开票日期：2013 年 12 月 18 日

购货单位	名称：YY 有限公司 纳税人识别号：221155762204542 地址、电话：北城区 18 号 8795060 开户行及账号：工行北城支行					密码区	（略）	
货物及应税劳务名称		规格型号	单位	数量	单价	金额	税率	税额
AB 产品			件	150	2 000	300 000.00	17%	51 000.00
合计						¥300 000.00		¥51 000.00
价税合计（大写）		叁拾伍万仟壹仟元整				（小写）¥351 000.00		
销货单位	名称：G 省 G 市兴旺公司 纳税人识别号：520118012345678 地址、电话：G 省 G 市高新区东风路 369 号 开户行及账号：工行高新区支行 6222055802512345678					备注		

收款人：王红　　复核：赵立达　　开票人：余明亮　　销货单位（章）

第三联　记账联　销货方记账凭证

表 2.8.2　产成品出库单

产成品销售出库单

购货单位：YY 有限公司　　　　　　2013 年 12 月 18 日

产品名称	规格型号	计量单位	出库数量		备注
			应出库	实出库	
AB 产品		件	150	150	自提

仓库主管：　　　　发货：　　　　提货：　　　　制单：

表 2.8.3　银行进账单

中国工商银行进账单（收账通知）　　　　3

2013 年 12 月 18 日

收款人	全　称	G 省 G 市兴旺公司	付款人	全　称	YY 有限公司
	账　号	6222055802512345678		账　号	3098745654
	开户银行	工商银行 G 市高新区支行		开户银行	工商银行北城支行

金额	亿	千	百	十	万	千	百	十	元	角	分
人民币（大写）叁拾伍万壹仟元整			¥	3	5	1	0	0	0	0	0

票据种类	支票	票据张数	壹张	
复核：张林　　记账：王磊				收款人开户银行盖章

（二）解决方法

财务流程：对销售部门销售合同、销售发货单（发货部门根据销售通知单编制）及产品销售出库单进行审查，审查无误后，向客户开具销售发票，据以编制记账凭证。

1. 会计分录

借：银行存款　　　　　　　　　　351 000

　贷：主营业务收入　　　　　　　　　　300 000

　　　应交税费——应交增值税（销项税额）　51 000

2. 编制记账凭证（表 2.8.4）

表 2.8.4　记账凭证

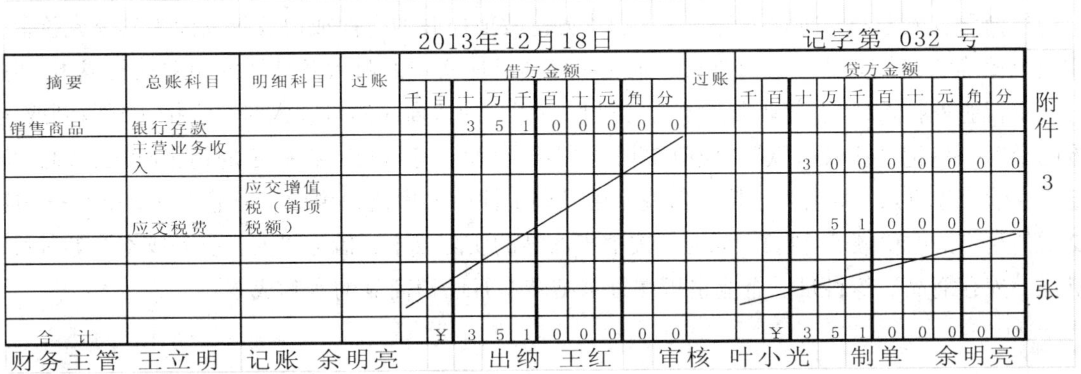

记账凭证

2013年12月18日　　　　　　记字第 032 号

摘要	总账科目	明细科目	过账	借方金额										过账	贷方金额									
				千	百	十	万	千	百	十	元	角	分		千	百	十	万	千	百	十	元	角	分
销售商品	银行存款					3	5	1	0	0	0	0	0											
	主营业务收入																3	0	0	0	0	0	0	0
	应交税费	应交增值税（销项税额）																5	1	0	0	0	0	0
合　计					¥	3	5	1	0	0	0	0	0			¥	3	5	1	0	0	0	0	0

附件 3 张

财务主管　王立明　记账　余明亮　出纳　王红　审核　叶小光　制单　余明亮

（三）知识链接

1. 销售商品收入的确认

销售商品收入同时满足下列条件的，才能予以确认：

（1）企业已将商品所有权上的主要风险和报酬转移给购货方。

① 通常情况下，转移商品所有权凭证并交付实物后，商品所有权上的风险和报酬随之转移，如大多数零售商品、预收款销售商品、订货销售商品、托收承付方式销售商品、分期收款发出商品等。

② 某些情况下，转移商品所有权凭证但未交付实物，商品所有权上的主要风险和报酬随之转移，企业只保留了次要风险和报酬，如交款提货方式销售商品、视同买断方式委托代销商品等。

③ 某些情况下，转移商品所有权凭证并交付实物后，商品所有权上的主要风险和报酬并未随之转移。

第一，企业销售的商品在质量、品种、规格等方面不符合合同或协议要求，又未根据正常的保证条款予以弥补，因而仍负有责任。

第二，企业销售商品的收入是否能够取得，取决于购买方是否已将商品销售出去。如采用支付手续费方式委托代销商品等。

第三，企业尚未完成售出商品的安装或检验工作，且安装或检验工作是销售合同或协议的重要组成部分。

第四，销售合同或协议中规定了买方由于特定原因有权退货的条款，且企业又不能确定退货的可能性。

（2）企业既没有保留通常与所有权相联系的继续管理权，也没有对已售出的商品实施有效控制。

（3）收入的金额能够可靠地计量。

（4）相关的经济利益很可能流入企业。

（5）相关的已发生或将发生的成本能够可靠地计量。

2. 一般商品销售业务的处理

在进行销售商品的会计处理时，首先要考虑销售商品收入是否符合收入确认条件。符合所规定的 5 个确认条件的，企业应及时确认收入，结转相关销售成本。

企业销售商品满足收入确认条件时，应当按照已收或应收合同或协议价款的公允价值确定销售商品收入金额。通常情况下，从购货方已收或应收的合同或协议价款即为其公允价值，应当以此确定销售商品收入的金额。企业销售商品所实现的收入及结转的相关销售成本，通过“主营业务收入”“主营业务成本”等科目核算。确认商品销售收入时，应按实际收到或应收的金额，借记“应收账款”“应收票据”“银行存款”等科目，按确定的销售收入金额，贷记“主营业务收入”等科目，按增值税专用发票上注明的增值税税额，贷记“应交税费——应交增值税（销项税额）”科目；同时，按销售商品的实际成本，借记“主营业务成本”等科目，贷记“库存商品”等科目。企业也可在月末结转本月已销商品的实际成本。

任务二　销售商品代垫运费

（一）工作任务

12 月 15 日，向 HH 有限公司销售 MN 产品一批，开具专用发票上注明价款 300 000 元，税额 51 000 元，同时以库存现金代垫运费 1170 元，款项尚未收到；该款项于 12 月 31 日收到（表 2.8.5 ~ 表 2.8.8）。

表 2.8.5　增值税专用发票记账联

××省增值税专用发票　　　　NO.0420042

此联不作报销、扣税凭证使用

开票日期：2013 年 12 月 15 日

购货单位	名称：HH 有限公司 纳税人识别号：22115556220564 地址、电话：南城区 12 号 885060 开户行及账号：工行南城支行						密码区	（略）
货物及应税劳务名称	规格型号	单位	数量	单价	金额	税率	税额	
MN 产品		吨	400	1 000	400 000.00	17%	68 000.00	
合计					¥400 000.00		¥68 000.00	
价税合计（大写）	肆拾陆万捌仟元整				（小写）¥468 000.00			
销货单位	名称：G 省 G 市兴旺公司 纳税人识别号：520118012345678 地址、电话：G 省 G 市高新区东风路 369 号 开户行及账号：工行高新区支行 6222055802512345678						备注	

第三联　记账联　销货方记账凭证

收款人：王红　　复核：赵立达　　开票人：余明亮　　销货单位（章）

表 2.8.6　产成品出库单

产成品销售出库单

购货单位：HH 有限公司　　2013 年 12 月 15 日

产品名称	规格型号	计量单位	出库数量		备注
			应出库	实出库	
MN 产品		件	400	400	自提

仓库主管：　　发货：　　提货：　　制单：

表 2.8.7　现金支出凭单

现金支出凭单

附件　张　　2013 年 12 月 15 日　　第　号

用款事项：	代垫运费　现金付讫			
人民币（大写）：	人民币壹仟壹佰柒拾玖元整　¥1179.00			
收款人 （签章）	主管人员 （签章）	会计人员 （签章）	出纳员付讫 （签章）	

表 2.8.8　工商银行进账单

中国工商银行进账单（收账通知）　　3

2013 年 12 月 31 日

收款人	全　称	G 省 G 市兴旺公司	付款人	全　称	HH 有限公司
	账　号	6222055802512345678		账　号	20445001485001
	开户银行	工商银行 G 市高新区支行		开户银行	工商银行东城支行

金额	人民币（大写）肆拾陆万玖仟柒佰元整	亿	千	百	十	万	千	百	十	元	角	分
				¥	4	6	9	1	7	0	0	0

票据种类	支票	票据张数	壹张	收款人开户银行盖章

（二）解决方法

财务流程：对客户信用情况、销售部门销售合同、销售发货单（发货部门根据销售通知单编制）及产品销售出库单进行审查，审查无误后，向客户开具销售发票，据以编制记账凭证。

1. 会计分录

借：应收账款——HH 有限公司　　469 170

　贷：主营业务收入　　400 000

　　应交税费——应交增值税（销项税额）　　68 000

　　库存现金　　1170

借：银行存款　　469 170

　贷：应收账款——HH 有限公司　　469 170

2. 编制记账凭证（表 2.8.9、表 2.8.10）

表 2.8.9　记账凭证

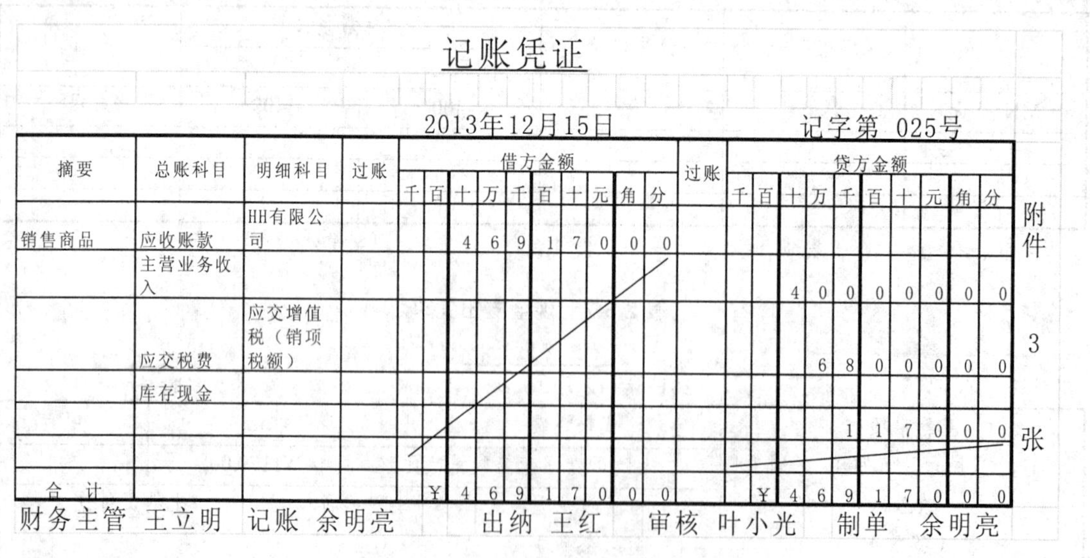

记账凭证

2013年12月15日　　记字第 025号

摘要	总账科目	明细科目	过账	借方金额 千	百	十	万	千	百	十	元	角	分	过账	贷方金额 千	百	十	万	千	百	十	元	角	分
销售商品	应收账款	HH有限公司				4	6	9	1	7	0	0	0											
	主营业务收入																4	0	0	0	0	0	0	0
	应交税费	应交增值税（销项税额）																6	8	0	0	0	0	0
	库存现金																		1	1	7	0	0	0
合　计					¥	4	6	9	1	7	0	0	0			¥	4	6	9	1	7	0	0	0

附件 3 张

财务主管 王立明　记账 余明亮　出纳 王红　审核 叶小光　制单 余明亮

表 2.8.10　记账凭证

记账凭证

2013年12月31日　　　　记字第　085　号

摘要	总账科目	明细科目	过账	借方金额										过账	贷方金额									附件1张
				千	百	十	万	千	百	十	元	角	分		千	百	十	万	千	百	十	元	角	分	
收取销货款	银行存款					4	6	9	1	7	0	0	0												
	应收账款	HH有限公司															4	6	9	1	7	0	0	0	
合　计					¥	4	6	9	1	7	0	0	0			¥	4	6	9	1	7	0	0	0	

财务主管　王立明　记账　余明亮　　出纳　王红　　审核　叶小光　　制单　余明亮

（三）知识链接

收入是企业在日常活动中形成的、会导致所有者权益增加的、与所有者投入资本无关的经济利益的总流入。收入按不同的标准有不同的分类。

（1）按企业日常活动的性质分类。

① 销售商品收入，指企业通过销售商品实现的收入。这里的商品包括企业为销售而生产的产品和为转售而购进的商品。企业销售的其他存货如原材料、包装物等也视同商品。

② 提供劳务收入，是指企业通过提供劳务实现的收入，如企业通过提供旅游、运输、咨询、代理、培训、产品安装等劳务所实现的收入。

③ 让渡资产使用权收入，是指企业通过让渡资产使用权而实现的收入。它包括利息收入和使用费收入。利息收入主要是指金融企业对外贷款形成的利息收入，以及同业之间发生往来形成的利息收入等。使用费收入主要是指企业转让无形资产等资产的使用权形成的使用费收入。

（2）按企业经营业务的主次分类。

① 主营业务收入，是指企业为完成其经营目标所从事的经常性活动实现的收入。主营业务收入一般占企业总收入的较大比重，对企业的经济效益产生较大影响。不同行业的主营业务收入所包括的内容不同，如，制造业的主营业务收入主要包括销售商品、自制半成品、代制品、代修品，提供工业性劳务等实现的收入；商业企业的主营业务收入主要包括销售商品实现的收入。企业实现的主营业务收入通过“主营业务收入”科目核算，并通过“主营业务成本”科目核算为取得主营业务收入发生的相关成本。

② 其他业务收入，是指企业为完成其经营目标所从事的与经常性活动相关的活动而实现的收入。其他业务收入属于企业日常活动中次要交易实现的收入，一般占企业总收入的比重较小。不同行业企业的其他业务收入所包括的内容不同，如，制造业的其他业务收入主要包括对外销售材料、对外出租包装物、商品或固定资产，对外转让无形资产使用权，对外进行权益性投资（取得现金股利）或债权性投资（取得利息），对外提供非工业性劳务等实现的收入。企业实现的原材料销售收入、包装物租金收入、固定资产租金收入、无形资产使用费收入等，通过“其他业务收入”核算，企业进行权益性投资或债权性投资取得的现金股利收入和利息收入，通过“投资收益”科目核算。通过“其他业务收入”科目核算的其他业务收入，需通过“其他业务成本”科目核算为取得其他业务收入发生的相关成本。

任务三　发生销售折让

（一）工作任务

12 月 19 日，上月销售给 CC 有限公司的商品发现质量问题，应对方要求给予 10%的折让，用银行存款退回货款 3510 元，并依据国税局销售折让证明单开出红字增值税专用发票（表 2.8.11、表 2.8.12、图 2.8.1）。

表 2.8.11　企业进货退出及索取折让证明单

企业进货退出及索取折让证明单

<table>
<tr><td rowspan="2">购货单位</td><td>全称</td><td colspan="4">CC 有限公司</td></tr>
<tr><td>税务登记号</td><td colspan="4">145450010144</td></tr>
<tr><td rowspan="3">进货退出</td><td>货物名称</td><td>单价</td><td>数量</td><td>货款</td><td>税额</td></tr>
<tr><td></td><td></td><td></td><td></td><td></td></tr>
<tr><td></td><td></td><td></td><td></td><td></td></tr>
<tr><td rowspan="3">索取折让</td><td>货物名称</td><td>单价</td><td>数量</td><td colspan="2">要求</td></tr>
<tr><td>AB 产品</td><td>2000.00</td><td>15</td><td>折让金额</td><td>折让税额</td></tr>
<tr><td></td><td></td><td></td><td>3000.00</td><td>510.00</td></tr>
<tr><td>退货或索取折让理由</td><td colspan="2">质量不合格，对方要求给予 10%的价格减让。
经办人：余明亮
单位盖章：2013 年 12 月 19 日</td><td>税务征收机关盖章</td><td colspan="2">经办人：王立明</td></tr>
<tr><td rowspan="2">销货单位</td><td>全称</td><td colspan="4">G 省 G 市兴旺公司</td></tr>
<tr><td>税务登记号</td><td colspan="4">520118012345678</td></tr>
</table>

表 2.8.12　增值税专用发票（红字）

××省增值税专用发票　　　　NO.0420045

此联不作报销、扣税凭证使用

开票日期：2013 年 12 月 19 日

<table>
<tr><td>购货单位</td><td colspan="4">名称：CC 有限公司
纳税人识别号：52004410110010
地址、电话：西城区 13 号 8756800
开户行及账号：工行西城支行</td><td>密码区</td><td colspan="3">（略）</td></tr>
<tr><td colspan="2">货物及应税劳务名称</td><td>规格型号</td><td>单位</td><td>数量</td><td>单价</td><td>金额</td><td>税率</td><td>税额</td></tr>
<tr><td colspan="2">AB 产品
合计</td><td></td><td>件</td><td>15</td><td>2 00</td><td>3000.00
¥3000.00</td><td>17%</td><td>510.00
¥510.00</td></tr>
<tr><td colspan="2">价税合计（大写）</td><td colspan="4">叁仟伍佰壹拾元整</td><td colspan="3">（小写）¥3510.00</td></tr>
<tr><td>销货单位</td><td colspan="4">名称：G 省 G 市兴旺公司
纳税人识别号：520118012345678
地址、电话：G 省 G 市高新区东风路 369 号
开户行及账号：工行高新区支行 6222055802512345678</td><td>备注</td><td colspan="3"></td></tr>
</table>

第三联：记账联　销货方记账凭证

收款人：王红　　复核：赵立达　　开票人：余明亮　　销货单位（章）

需要注意的是：此增值税专用发票为红字发票，在实际工作中用红字填写发票内的项目，销货方（购货方）据此作退货或折让冲销凭证。

中国工商银行
转账支票存根
XII5206628

科　　目：
对方科目：
出票日期：2013 年 12 月 19 日

收款人：CC 有限公司
金　　额：¥3510.00
用　　途：退回货款

单位主管：王立明　会计：余明亮

图 2.8.1　转账支票存根

（二）解决方法

财务流程：审查销售折让证明单，无误后开具红字“增值税专用发票”及转账支票，据以编制记账凭证。

1. 会计分录

借：主营业务收入　　　　　　　　　　　　3000
　　应交税费——应交增值税（销项税额）　510
　贷：银行存款　　　　　　　　　　　　　　　3510

2. 编制记账凭证（表 2.8.13）

表 2.8.13　记账凭证

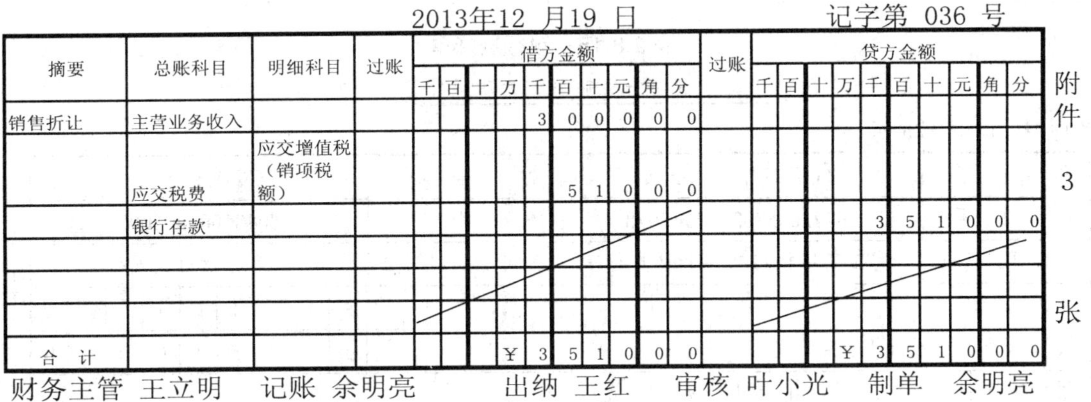

记账凭证

2013年12 月19 日　　　　记字第 036 号

摘要	总账科目	明细科目	过账	借方金额 千	百	十	万	千	百	十	元	角	分	过账	贷方金额 千	百	十	万	千	百	十	元	角	分
销售折让	主营业务收入							3	0	0	0	0	0											
	应交税费	应交增值税（销项税额）							5	1	0	0	0											
	银行存款																		3	5	1	0	0	0
合　计							¥	3	5	1	0	0	0					¥	3	5	1	0	0	0

附件 3 张

财务主管 王立明　记账 余明亮　出纳 王红　审核 叶小光　制单 余明亮

（三）知识链接

销售折让的核算：销售折让是企业因售出商品的质量不合格等原因而在售价上给予的减让。销售折让若发生在确认销售收入之前，则应在确认销售收入时直接按扣除销售折让后的金额确认。已确认销售收入的售出商品发生销售折让，且不属于资产负债表日后事项的，应在发生时冲减当期销售商品收入。按规定允许扣减增值税税额的，还应冲减已确认的应交增值税销项税额。

任务四　出售原材料

（一）工作任务

12 月 25 日，向 CC 有限公司出售不需用的 A 材料一批，开出增值税专用发票，材料价款 30 000 元，增值税税额 5100 元。款项收到存入银行（表 2.8.14、表 2.8.15）。

表 2.8.14　增值税专用发票记账联

××省增值税专用发票　　NO.0420046

此联不作报销、扣税凭证使用

开票日期：2013 年 12 月 25 日

购货单位	名称：CC 有限公司 纳税人识别号：52004410110010 地址、电话：西城区 13 号 8756800 开户行及账号：工行西城支行					密码区	（略）
货物及应税劳务名称	规格型号	单位	数量	单价	金额	税率	税额
A 材料		千克	200	150	30 000.00	17%	5100.00
合计					¥30 000.00		¥5100.00
价税合计（大写）	叁万仟伍仟壹佰元整				（小写）¥35 100.00		
销货单位	名称：G 省 G 市兴旺公司 纳税人识别号：520118012345678 地址、电话：G 省 G 市高新区东风路 369 号 开户行及账号：工行高新区支行 6222055802512345678					备注	

第三联：记账联　销货方记账凭证

收款人：王红　　复核：赵立达　　开票人：余明亮　　销货单位（章）

表 2.8.15　银行进账单

中国工商银行进账单（收账通知）　3

2013 年 12 月 25 日

收款人	全称	G 省 G 市兴旺公司	付款人	全称	CC 有限公司
	账号	6222055802512345678		账号	20485001405002
	开户银行	工商银行 G 市高新区支行		开户银行	工商银行西城支行

金额	人民币（大写）叁万伍仟壹佰元整	亿	千	百	十	万	千	百	十	元	角	分
					¥	3	5	1	0	0	0	0

票据种类	支票	票据张数	壹张	
复核：张林　记账：王磊				收款人开户银行盖章

此联是开户银行交给持票人的回单

（二）解决方法

财务流程：审核销售材料批件（生产部长签字、分管领导签字），开具增值税专用发票，编制记账凭证。

1. 会计分录

借：银行存款　　　　　　　　　　　　35 100

　贷：其他业务收入　　　　　　　　　　　　30 000

　　　应交税费——应交增值税（销项税额）　　5100

2. 编制记账凭证（表 2.8.16）

表 2.8.16　记账凭证

记账凭证

2013年12 月25 日　　　　　　记字第　054 号

摘要	总账科目	明细科目	过账	借方金额										过账	贷方金额									
				千	百	十	万	千	百	十	元	角	分		千	百	十	万	千	百	十	元	角	分
销售材料	银行存款						3	5	1	0	0	0	0											
	其他业务收入																	3	0	0	0	0	0	0
	应交税费	应交增值税（销项税额）																	5	1	0	0	0	0
合　计						¥	3	5	1	0	0	0	0				¥	3	5	1	0	0	0	0

附件 2 张

财务主管　王立明　记账　余明亮　　出纳　王红　　审核　叶小光　　制单　　余明亮

（三）知识链接

企业在日常活动中还可能发生对外销售不需用的原材料、随同销售对外销售单独计价的包装物等业务。企业销售原材料、包装物等存货也视同商品销售，其收入确认和计量原则比照商品销售处理。企业销售原材料、包装物等存货实现的收入以及结转的相关成本，通过“其他业务收入”“其他业务成本”科目核算。

企业销售原材料等确认其他业务收入时，按售价和应收取的增值税，借记“银行存款”“应收账款”等科目，按其实现的其他业务收入，贷记“其他业务收入”科目，按增值税专用发票上注明的增值税税额，贷记“应交税费——应交增值税（销项税额）”科目。结转出售原材料等的实际成本时，借记“其他业务成本”科目，贷记“原材料”科目。

任务五　出租无形资产

（一）工作任务

12 月 25 日，出租一项专利权给 CJ 有限公司，取得租金 10 000 元，款项存入银行（表 2.8.17，税费略）。

表 2.8.17 银行进账单

中国工商银行进账单（收账通知） 3

2013 年 12 月 25 日

收款人	全 称	G省G市兴旺公司	付款人	全 称	CJ有限公司
	账 号	6222055802512345678		账 号	521887654
	开户银行	工商银行G市高新区支行		开户银行	工商银行北城支行

金额	人民币（大写）壹万元整	亿	千	百	十	万	千	百	十	元	角	分
					¥	1	0	0	0	0	0	0

票据种类	支票	票据张数	壹张
复核：张林	记账：王磊	收款人开户银行盖章	

此联是开户银行交给持票人的回单

（二）解决方法

财务流程：审核专利权出租合同，取得银行进账回单，据以编制记账凭证。

1. 会计分录

借：银行存款　　　　10 000

　贷：其他业务收入　　　　10 000

2. 编制记账凭证（表 2.8.18）

表 2.8.18 记账凭证

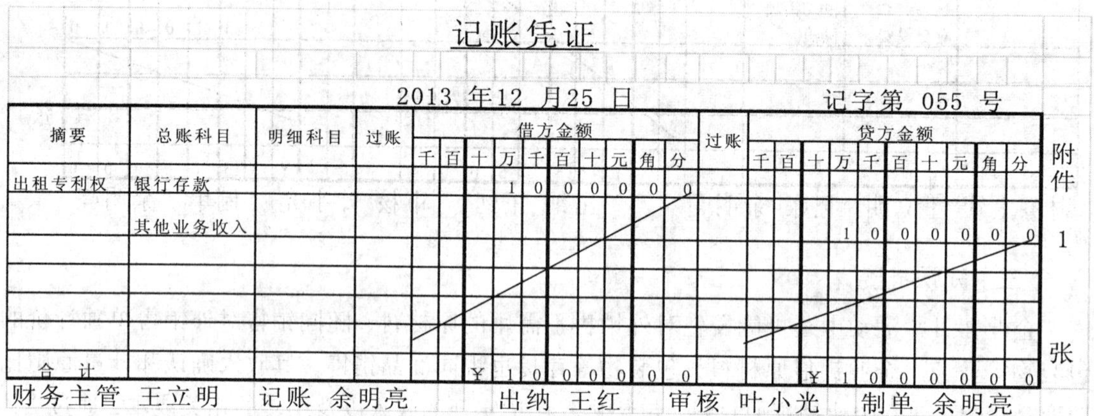

记账凭证

2013 年12 月25 日　　　　记字第 055 号

摘要	总账科目	明细科目	过账	借方千	百	十	万	千	百	十	元	角	分	过账	贷方千	百	十	万	千	百	十	元	角	分
出租专利权	银行存款						1	0	0	0	0	0	0											
	其他业务收入																	1	0	0	0	0	0	0
合 计						¥	1	0	0	0	0	0	0				¥	1	0	0	0	0	0	0

附件 1 张

财务主管 王立明　记账 余明亮　出纳 王红　审核 叶小光　制单 余明亮

（三）知识链接

让渡资产使用权收入包括利息收入、使用权收入等。企业对外出租资产收取的租金，进行债权投资收取的利息、进行股权投资取得的现金股利等也构成让渡资产使用权收入。

1. 让渡资产使用权收入的确认与计量

让渡资产使用权的收入同时满足下列条件的，才能予以确认：① 相关的经济利益很可能流入企业；② 收入的金额能够可靠地计量。

2. 让渡资产使用权收入的账务处理

企业让渡资产使用权的收入，一般通过“其他业务收入”科目核算，所让渡资产计提的摊销额等，一般通过“其他业务成本”科目核算。

企业确认让渡资产使用权的使用费收入时，按确定的收入金额，借记“银行存款”“应收账款”等科目，贷记“其他业务收入”科目。企业对让渡资产计提摊销以及发生的与让渡资产有关的支出等，借记“其他业务成本”科目，贷记“累计摊销”等科目。

任务六　支付电费

（一）工作任务

12 月 29 日，收到银行划款通知，支付供电公司电费 20 000 元。其中：生产部门 10 000 元，管理部门 5000 元，销售部门 5000 元，增值税 3400 元（表 2.8.19、表 2.8.20）。

表 2.8.19　增值税专用发票发票联及抵扣联

××省增值税专用发票　　NO.0420051

开票日期：2013 年 12 月 29 日

购货单位	名称：G 省 G 市兴旺公司 纳税人识别号：520118012345678 地址、电话：G 省 G 市高新区东风路 369 号 开户行及账号：工行高新区支行 6222055802512345678					密码区	（略）	
货物及应税劳务名称	规格型号	单位	数量	单价	金额	税率	税额	
电费 合计		度	20000	1．00	20 000.00 ¥20 000.00	17%	3400.00 ¥3400.00	
价税合计（大写）	贰万叁仟肆佰元整				（小写）¥23 400.00			
销货单位	名称：G 省 G 市供电公司 纳税人识别号：520102555000201 地址、电话：G 省 G 市高新区白云大街 16 号 开户行及账号：工行高新区支行 5000124300216410					备注		

第一联：发票联　购货方记账凭证

收款人：　　复核：　　开票人：权亮　　销货单位（章）

增值税专用发票抵扣联略。

表 2.8.20　委托收款凭证（付款通知）

托收凭证（付款通知）　1

委托日期：2013 年 12 月 29 日　　付款日期 2014 年 1 月 15 日

业务类型	委托收款（□邮划、□电划）　托收承付（□邮划、□电划）																
付款人 全称	G 省 G 市兴旺公司				收款人 全称	G 省 G 市供电公司											
付款人 账号	6222055802512345678				收款人 账号	5000124300216410											
付款人 地址	G 省	G 市	开户行	工商银行	收款人 地址	G 省	G 市	开户行	工商银行								
金额	人民币（大写）贰万叁仟肆佰元整					亿	千	百	十	万	千	百	十	元	角	分	
									¥	2	3	4	0	0	0	0	
款项内容	12 月份电费	托收凭据名称	增值税发票	附寄单证张数	1 张												
备注：	付款人开户银行签章 2013 年 12 月 29 日		付款人注意： 1. 根据结算办法规定，上列委托收款款项在付款期限内未提出拒付，即视为同意付款。 2. 如需提出全部或部分拒付，应在规定期限内，将拒付款理由书并附债务证明退交开户银行。														

此联作付款人开户银行给付款人按期付款通知

（二）解决方法

财务流程：收到领导签字审批后的电费发票，填写转账支票，编制记账凭证。

1. 会计分录

借：制造费用　　10 000

　　管理费用　　5000

　　销售费用　　5000

　　应交税费——应交增值税（进项税额）　　3400

　贷：银行存款　　23 400

2. 编制记账凭证（表 2.8.21）

表 2.8.21　记账凭证

记账凭证

2013年12月29日　　　　记字第 065 号

摘要	总账科目	明细科目	过账	借方金额										过账	贷方金额								
				千	百	十	万	千	百	十	元	角	分		千	百	十	万	千	百	十	元	角	分
支付电费	制造费用						1	0	0	0	0	0	0											
	管理费用							5	0	0	0	0	0											
	销售费用							5	0	0	0	0	0											
	应交税费	应交增值税（进项税额）						3	4	0	0	0	0											
	银行存款																	2	3	4	0	0	0	0
合　计						¥	2	3	4	0	0	0	0				¥	2	3	4	0	0	0	0

附件 2 张

财务主管　王立明　记账　余明亮　出纳　王红　审核　叶小光　制单　余明亮

任务七　支付水费

（一）工作任务

12月29日，用银行存款支付自来水集团有限责任公司水费30 000元，其中生产部门15 000元，管理部门5000元，销售部门10 000元，增值税税额5100元（表 2.8.22、图 2.8.2）。

表 2.8.22　增值税专用发票抵扣联及发票联

××省增值税专用发票　　　　NO.0420052

开票日期：2013 年 12 月 29 日

购货单位	名称：G省G市兴旺公司 纳税人识别号：520118012345678 地址、电话：G省G市高新区东风路369号 开户行及账号：工行高新区支行 6222055802512345678					密码区	（略）
货物及应税劳务名称 水费 合计	规格型号	单位度	数量 30 000	单价 1.00	金额 30 000.00 ¥30 000.00	税率 17%	税额 5100.00 ¥5100.00
价税合计（大写）	叁万伍仟壹佰元整				（小写）¥35 100.00		
销货单位	名称：G省G市自来水集团有限责任公司 纳税人识别号：20004512001 地址、电话：G省G市高新区南明大街20号 开户行及账号：工行高新区支行 50001243111					备注	

第一联：发票联　购货方记账凭证

收款人：　　复核：　　开票人：张宝　　销货单位（章）

增值税专用发票抵扣联略。

中国工商银行
转账支票存根
XⅡ5206629

科　　目：
对方科目：
出票日期：2013 年 12 月 29 日

收款人：自来水集团有限责任公司
金　　额：¥35 100.00
用　　途：支付水费

单位主管：王立明　　会计：余明亮

图 2.8.2　转账支票存根

（二）解决方法

财务流程：收到领导签字审批后的水费发票，填写转账支票，编制记账凭证。

1. 会计分录

借：制造费用　　15 000
　　管理费用　　5000
　　销售费用　　10 000
　　应交税费——应交增值税（进项税额）　　5100
　贷：银行存款　　35 100

2. 编制记账凭证（表 2.8.23）

表 2.8.23　记账凭证

记账凭证

2013年12 月29 日　　　　记字第 064 号

摘要	总账科目	明细科目	过账	借方金额										过账	贷方金额										
				千	百	十	万	千	百	十	元	角	分		千	百	十	万	千	百	十	元	角	分	附件
支付水费	制造费用						1	5	0	0	0	0	0												
	管理费用							5	0	0	0	0	0												
	销售费用						1	0	0	0	0	0	0												2
	应交税费	应交增值税（进项税额）						5	1	0	0	0	0												
	银行存款																	3	5	1	0	0	0	0	
																									张
合　计						¥	3	5	1	0	0	0	0				¥	3	5	1	0	0	0	0	

财务主管　王立明　记账　余明亮　　出纳　王红　审核　叶小光　制单　余明亮

任务八　支付广告费

（一）工作任务

12 月 29 日，用银行存款支付 ZK 广告公司广告费 50 170 元（图 2.8.3、图 2.8.4）。

×市国家税务局通用机打发票

发票联　　　　发票代码 1110011172147

发票号码 0053383

发票密码

开票日期：2013 年 12 月 29 日　　行业分类：商业　　机打号码：0053238

客户名称（全称）G 省 G 市兴旺公司	支票号码：
商品名称	金额
广告费	50 170.00
人民币合计（大写）伍万零壹佰柒拾元整	（小写）¥50 170.00
开票单位：ZK 广告公司　　开票人：江山	税务登记号 110223601145203030

第一联　发票联　手写无效

图 2.8.3　国税局通用机打发票

中国工商银行

转账支票存根

XⅡ5206630

科　目：

对方科目：

出票日期：2013 年 12 月 29 日

收款人：ZK 广告公司

金　额：¥50 170.00

用　途：支付广告费

单位主管：王立明　　会计：余明亮

图 2.8.4　转账支票存根

（二）解决方法

财务流程：收到领导签字审批后的广告费分配，填写转账支票，编制记账凭证。

1. 会计分录

借：销售费用　　50 170

　贷：银行存款　　50 170

2. 编制记账凭证（表 2.8.24）

表 2.8.24　记账凭证

记账凭证

2013 年12 月29 日　　　　　　记字第　063 号

摘要	总账科目	明细科目	过账	借方金额										过账	贷方金额									
				千	百	十	万	千	百	十	元	角	分		千	百	十	万	千	百	十	元	角	分
支付广告费	销售费用						5	0	1	7	0	0	0											
	银行存款																	5	0	1	7	0	0	0
合　计						¥	5	0	1	7	0	0	0				¥	5	0	1	7	0	0	0

附件 2 张

财务主管 王立明　记账 余明亮　　出纳 王红　　审核 叶小光　　制单 余明亮

（三）知识链接

销售费用是企业销售商品和材料，提供劳务的过程中发生的各种费用，包括保险费、包装费、展览费和广告费、商品维修费、运输费、装卸费等及为销售本企业商品而专设的销售机构（含销售网点、售后服务网点等）的职工薪酬、业务费、折旧费等经营费用。

销售费用是与企业销售商品活动有关的费用，但不包括销售商品本身的成本和劳务成本。销售产品的成本属于“主营业务成本”，提供劳务所发生的成本属于“劳务成本”。

企业应通过“销售费用”科目核算销售费用的发生和结转情况。

企业在销售商品过程中发生的包装费、保险费、展览费、广告费、运输费、装卸费等费用，借记“销售费用”科目，贷记“库存现金”或“银行存款”等科目，企业发生的为销售商品而专设的销售机构的职工薪酬、业务费等经营费用，借记“销售费用”科目，贷记“应付职工薪酬”“银行存款”“累计折旧”等科目。期末，应将“销售费用”科目余额转入“本年利润”科目，借记“本年利润”科目，贷记“销售费用”科目。

制造费用是企业生产产品、提供劳务而发生的各项间接费用，包括工资和福利费、折旧费、修理费、办公费、水电费、机物料消耗、劳动保护费、季节性和修理期间的停工损失等。企业归集与分配制造费用，需设置“制造费用”科目，发生制造费用时，借记“制造费用”科目，贷记“应付职工薪酬”“原材料”“累计折旧”“银行存款”等科目。

任务九　支付电话费

（一）工作任务

12 月 28 日，用银行存款支付办公室电话费 2000 元（图 2.8.5、图 2.8.6）。

×市地方税务局通用机打发票

发票联　　　　发票代码 1110011174345
发票号码 00539939
发票密码

开票日期：2013 年 12 月 28 日　　　　行业分类：金融业

付款方：G 省 G 市兴旺公司	识别码：520118012345678	机打代码：2938493939
收款方：G 省 G 市电信局	识别码：18495959559	机打代码：8485896939
项目	金额	
电费	2000.00	
开票人：	备注：	
人民币合计（大写）贰仟元整	（小写）¥2000.00	

第一联 发票联 手写无效

图 2.8.5　地税局通用机打发票

中国工商银行
转账支票存根
Ⅻ5206631

科　　目：
对方科目：
出票日期：2013 年 12 月 28 日

收款人：G 省 G 市电信局
金　　额：¥2000.00
用　　途：支付电话费

单位主管：王立明　会计：余明亮

图 2.8.6　转账支票存根

（二）解决方法

财务流程：收到领导签字审批后的电话费发票，填写转账支票，编制记账凭证。

1. 会计分录

借：管理费用　　　2000

　贷：银行存款　　　2000

2. 编制记账凭证（表 2.8.25）

表 2.8.25　记账凭证

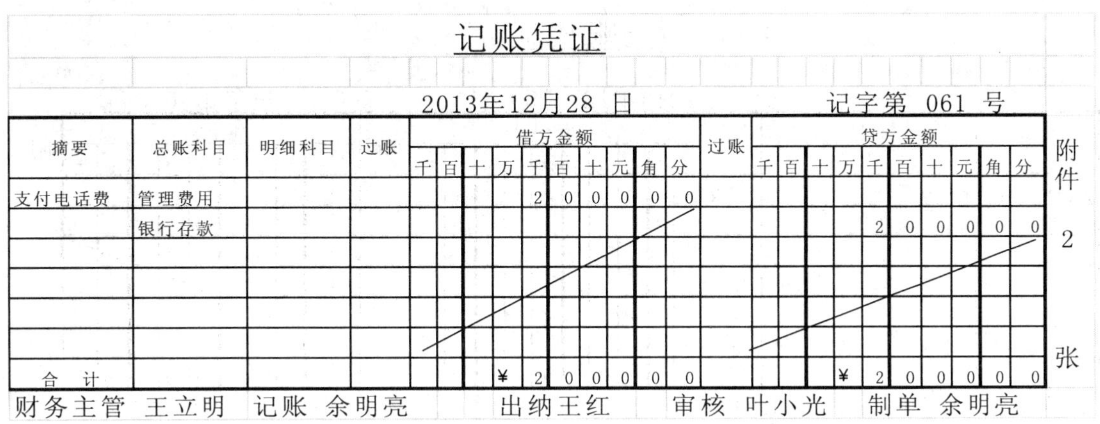

记账凭证

2013年12月28 日　　　　　　记字第 061 号

摘要	总账科目	明细科目	过账	借方金额										过账	贷方金额										附件
				千	百	十	万	千	百	十	元	角	分		千	百	十	万	千	百	十	元	角	分	
支付电话费	管理费用							2	0	0	0	0	0												
	银行存款																		2	0	0	0	0	0	2
																									张
合　计							¥	2	0	0	0	0	0					¥	2	0	0	0	0	0	

财务主管　王立明　记账　余明亮　出纳王红　审核　叶小光　制单　余明亮

任务十　报销业务招待费

（一）工作任务

12 月 30 日，报销管理部门业务招待费 2000 元（表 2.8.26、表 2.8.27）。

表 2.8.26　费用报销单

G 省 G 市兴旺公司费用报销单

2013 年 12 月 30 日

报销人	王云	部门	管理部门		业务招待费	
费用项目		金额	审核意见	部门主管	同意。邓林	
业务招待费		2000.00				
				财务主管	同意报销。叶小光	
金额合计		（人民币大写）贰仟元整　（小写）¥2000.00				

表 2.8.27　现金支出凭证

现金支出凭单

附件　　张　　　　2013 年 12 月 30 日　　　　第　　号

用款事项：	报销业务招待费	现金付讫	
人民币（大写）：	人民币贰仟元整　2000.00		
收款人 （签章）	主管人员 （签章）	会计人员 （签章）	出纳员付讫 （签章）

（二）解决方法

财务流程：收到领导签字审批的费用报销单，出纳当事人填写现金支出凭证，交由出纳支付现金，编制记账凭证。

1. 会计分录

借：管理费用　　2000

　贷：库存现金　　2000

2. 编制记账凭证（表 2.8.28）

表 2.8.28　记账凭证

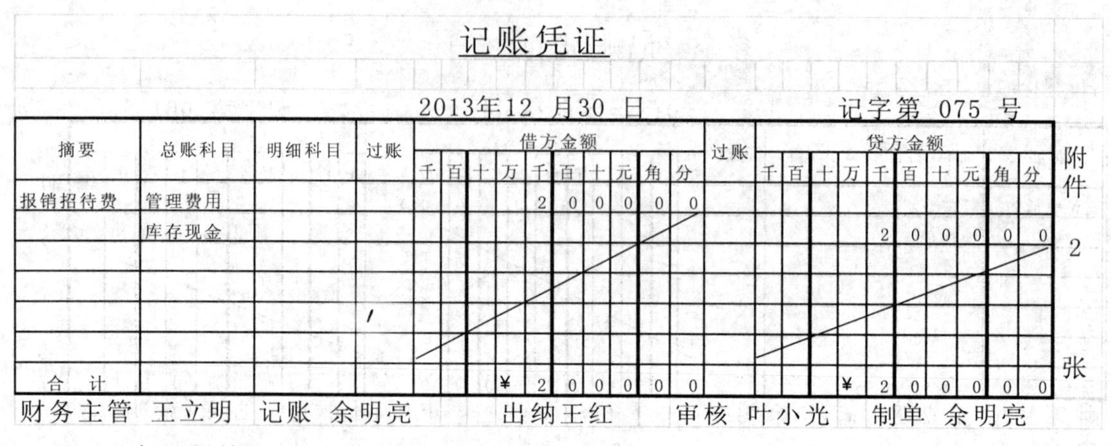

记账凭证

2013年12 月30 日　　　　记字第 075 号

摘要	总账科目	明细科目	过账	借方金额										过账	贷方金额									
				千	百	十	万	千	百	十	元	角	分		千	百	十	万	千	百	十	元	角	分
报销招待费	管理费用							2	0	0	0	0	0											
	库存现金																		2	0	0	0	0	0
合　计							¥	2	0	0	0	0	0					¥	2	0	0	0	0	0

附件 2 张

财务主管 王立明　记账 余明亮　出纳王红　审核 叶小光　制单 余明亮

（三）知识链接

管理费用是企业为组织和管理企业生产经营发生的各种费用，包括企业董事会及行政管理部门在企业的经营管理中发生的，或者应由企业统一负担的公司经费（包括行政管理部门职工工资、修理费、物料消耗、低值易耗品摊销、办公费和差旅费等）、工会经费、待业保险费、劳动保险费、董事会会费（包括董事会成员津贴、会议费和差旅费等）、聘请中介机构费、咨询费、诉讼费、业务招待费、房产税、车船税、土地使用税、印花税、技术转让费、矿产资源补偿费、研究费用、排污费及企业生产车间和行政管理部门发生的固定资产修理费用等。

企业应通过“管理费用”科目，核算管理费用的发生和结转情况。该科目借方登记企业发生的各项管理费用，贷方登记期末转入“本年利润”科目的管理费用，结转后该科目应无余额。该科目按管理费用的费用项目进行明细核算。

任务十一　收到利息收入

（一）工作任务

12 月 26 日，收到银行存款利息 3600 元，直接划入公司存款账户（表 2.8.29）。

表 2.8.29　中国工商银行存款利息通知单（代收款通知）

中国工商银行

存款利息通知单（代收款通知）

2013 年 12 月 26 日

账户户名：G 省 G 市兴旺公司		账号：62222055802512345678	
利息计算时间：2013 年 11 月 28 日　起 2013 年 12 月 26 日　止			
计息基数总计：3 000 000.00	利率：月 0.12%		
利息金额（大写）叁仟陆佰元整			
附记：活期存款利息		3600 元	

（二）解决方法

财务流程：收到银行存款利息通知单，编制记账凭证。

1. 会计分录

借：银行存款　　　3600

　贷：财务费用　　　　3600

2. 编制记账凭证（表 2.8.30）

表 2.8.30　记账凭证

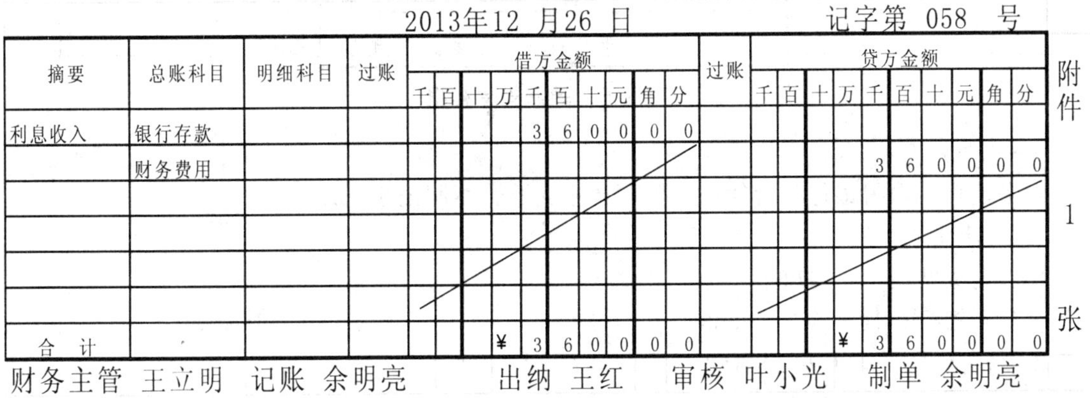

记账凭证

2013年12 月26 日　　　　记字第 058 号

摘要	总账科目	明细科目	过账	借方金额 千	百	十	万	千	百	十	元	角	分	过账	贷方金额 千	百	十	万	千	百	十	元	角	分
利息收入	银行存款							3	6	0	0	0	0											
	财务费用																		3	6	0	0	0	0
合　计							¥	3	6	0	0	0	0					¥	3	6	0	0	0	0

附件 1 张

财务主管 王立明　记账 余明亮　出纳 王红　审核 叶小光　制单 余明亮

任务十二　支付金融业务手续费

（一）工作任务

12 月 27 日，用银行存款支付金融业务手续费、工本费共 2000 元（图 2.8.7、图 2.8.8）。

中国工商银行业务收费凭证（记账联）

2013 年 12 月 27 日

工本费付费户名：G 省 G 市兴旺公司

工本费付付账户：62222055802512345678

手续费付费户名：G 省 G 市兴旺公司

手续费付费账号：62222055802512345678

服务项目（凭证种类）	数量	凭证号码	工本费	手续费	金额小计
转账支票（密）02455500	2	1265000	1000.00	1000.00	2000.00

金额合计（大写）：人民币（本位币）贰仟元整

金额合计（小写）：RMB 2000.00　　记账：02225

地区号：0200　　网点号：0533　　操作柜员：19832　　授权柜员：

图 2.8.7　工商银行业务收费凭证

中国工商银行

转账支票存根

XII5206632

科　　目：

对方科目：

出票日期：2013 年 12 月 27 日

收款人：工商银行 G 市高新区支行

金　　额：¥2000.00

用　　途：支付手续费、工本费

单位主管：王立明　　　会计：余明亮

图 2.8.8　转账支票存根

(二) 解决方法

财务流程：取得银行收费凭证，填写转账支票，编制记账凭证。

1. 会计分录

借：财务费用　　　2000

　贷：银行存款　　　2000

2. 编制记账凭证（表 2.8.31）

表 2.8.31　记账凭证

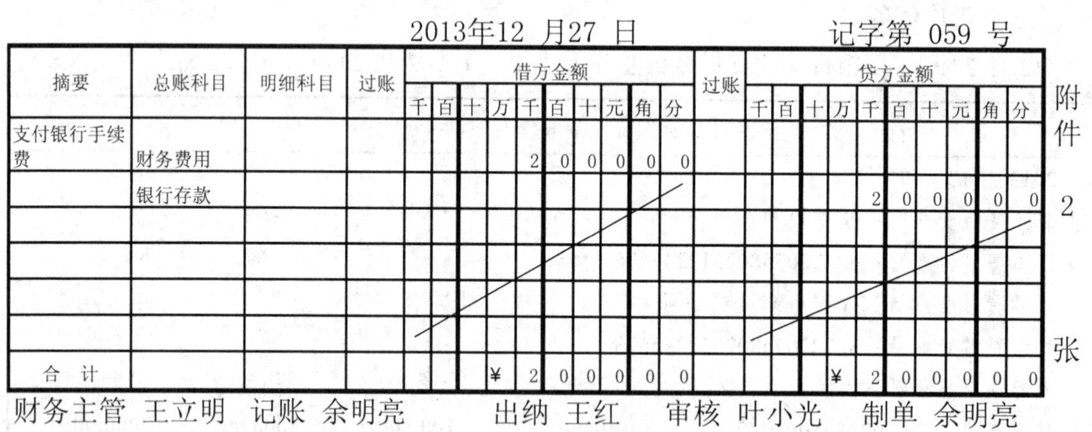

记账凭证

2013年12 月27 日　　　　记字第 059 号

摘要	总账科目	明细科目	过账	借方金额										过账	贷方金额									
				千	百	十	万	千	百	十	元	角	分		千	百	十	万	千	百	十	元	角	分
支付银行手续费	财务费用							2	0	0	0	0	0											
	银行存款																		2	0	0	0	0	0
合　计							¥	2	0	0	0	0	0					¥	2	0	0	0	0	0

附件 2 张

财务主管 王立明　记账 余明亮　出纳 王红　审核 叶小光　制单 余明亮

(三) 知识链接

财务费用是企业为筹集生产经营所需资金等而发生的筹资费用，包括利息支出（减利息收入）、汇兑损益以及相关的手续费、企业发生或收到的现金折扣等。

企业应通过“财务费用”科目核算财务费用的发生和结转情况。企业发生的各项财务费用，借记“财务费用”科目，贷记“银行存款”“应收账款”等科目；企业发生的应冲减财务费用的利息收入、汇兑差额、现金折扣，借记“银行存款”“应付账款”等科目；贷记“财务费用”科目。期末，应将“财务费用”科目余额转入“本年利润”科目，借记“本年利润”科目，贷记“财务费用”科目。

任务十三　收取违约金

（一）工作任务

12 月 25 日，收到 ZX 有限公司交来的合同违约金 6000 元（表 2.8.32）。

表 2.8.32　普通收据

收　　据

2013 年 12 月 25 日　　　　第　　号

今收到：ZX 有限公司					
人民币（大写）：陆仟元整					
事由：违约金			现金：¥6000.00		
			支票第　　　　号		
收款单位公章		财务主管	王立明	收款人	王红

（二）解决方法

财务流程：审查销售部门的合同违约金收取通知，开具普通收据，编制记账凭证。

1. 会计分录

借：库存现金　　　　　　6000

　贷：营业外收入——违约金　　　6000

2. 编制记账凭证（表 2.8.33）

表 2.8.33　记账凭证

记账凭证

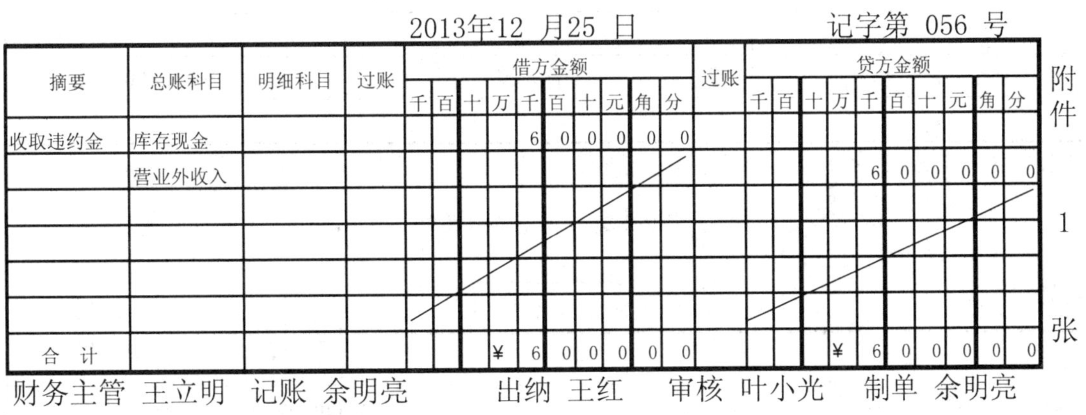

2013年12 月25 日　　　　记字第 056 号

摘要	总账科目	明细科目	过账	借方金额										过账	贷方金额								
				千	百	十	万	千	百	十	元	角	分		千	百	十	万	千	百	十	元	角	分
收取违约金	库存现金							6	0	0	0	0	0											
	营业外收入																		6	0	0	0	0	0
合　计							¥	6	0	0	0	0	0					¥	6	0	0	0	0	0

附件 1 张

财务主管　王立明　记账　余明亮　　出纳　王红　　审核　叶小光　　制单　余明亮

（三）知识链接

营业外收入是企业确认的与其日常活动无直接关系的各种利得，主要包括非流动资产处置利得、政府补助、盘盈利得、捐赠利得等。

非流动资产处置利得包括固定资产处置利得和无形资产出售所得。固定资产处置利得是企业出售固定资产所取得的价款、或报废固定资产的材料价值和变价收入等，扣除被处置固定资产的账面价值、清理费用、与处置相关的税费后的净收益，无形资产出售利得是企业出售无形资产所取得的价款，扣除被出售无形资产的账面价值、与出售相关的税费后的净收益。

政府补助是企业从政府无偿取得货币性资产或非货币性资产形成的利得，不包括政府作为企业所有者对企业的资本投入。

盘盈利得是企业对现金等资产清查盘点时发生盘盈，报经批准后计入营业外收入的金额。

捐赠利得是企业接受捐赠产生的利得。

企业应通过“营业外收入”科目核算营业外收入的取得及结转情况。该科目按营业外收入项目进行明细核算。企业确认处置非流动资产利得时，借记“固定资产清理”“银行存款”“无形资产”“原材料”等科目，贷记“营业外收入”科目；确认盘盈、捐赠利得记入营业外收入时，借记“库存现金”“待处理财产损溢”等科目，贷记“营业外收入”科目。期末，应将“营业外收入”科目余额转入“本年利润”科目，借记“营业外收入”，贷记“本年利润”科目。结转后本科目应无余额。

任务十四　支付罚款

（一）工作任务

12 月 30 日，用现金支付税务机关罚款 2000 元（表 2.8.34、表 2.8.35）。

表 2.8.34　非税专用收据

G 市非税收入专用收据

（税收罚款）

2013 年 12 月 30 日

付款单位（个人）	G 市兴旺公司	
收入项目	金额	
税收罚款	¥2000.00	
合计金额（大写）	贰仟元整	¥2000.00
备注		

执收单位（财务专用章）　　开票人：赵爽　　收款人：宋新业

表 2.8.35　现金支出凭单

现金支出凭单

附件　　张　　2013 年 12 月 30 日　　第　　号

用款事项：	支付罚款　　现金付讫		
人民币（大写）：	人民币贰仟元整　　¥2000.00		
收款人（签章）	主管人员（签章）	会计人员（签章）	出纳员付讫（签章）

（二）解决方法

财务流程：取得税收罚款收据，填写现金支出凭单，编制记账凭证。

1. 会计分录

借：营业外支出　　　2000

　贷：库存现金　　　　　2000

2. 编制记账凭证（表 2.8.36）

表 2.8.36　记账凭证

记账凭证

2013年12 月 30日　　　　　　　记字第 076号

摘要	总账科目	明细科目	过账	借方金额										过账	贷方金额									
				千	百	十	万	千	百	十	元	角	分		千	百	十	万	千	百	十	元	角	分
支付税收罚款	营业外支出							2	0	0	0	0	0											
	库存现金																		2	0	0	0	0	0
合　计							¥	2	0	0	0	0	0					¥	2	0	0	0	0	0

附件 2 张

财务主管 王立明　记账 余明亮　　出纳 王红　审核 叶小光　制单 余明亮

（三）知识链接

营业外支出是企业发生的与其日常活动无直接关系的各项损失，主要包括非流动资产处置损失、盘亏损失、公益性捐赠支出、非常损失、罚款支出等。

（1）非流动资产处置损失包括固定资产处置损失和无形资产出售损失。固定资产处置损失是企业出售固定资产所取得的价款，或报废固定资产的材料价值和变价收入等，抵补处置固定资产的账面价值、清理费用、处置相关税费后的净损失；无形资产出售损失是企业出售无形资产所取得的价款，抵补出售无形资产的账面价值、出售相关税费后的净损失。

（2）盘亏损失主要是对财产清查盘点中盘亏的资产，查明原因并报经批准计入营业外支出的金额。

（3）公益性捐赠支出是企业对外进行公益性捐赠发生的支出。

（4）非常损失是企业对于客观因素（如自然灾害等）造成的损失，扣除保险公司赔偿后应计入营业外支出的净损失。

（5）罚款支出是企业支付的行政罚款、税务罚款以及其他违反法律法规、合同协议等而支付的罚款、违约金、赔偿金等支出。

企业应通过"营业外支出"科目核算营业外支出的发生及结转情况。该科目可按营业外支出项目进行明细核算：

（1）确认处置非流动资产损失时，借记"营业外支出"科目，贷记"固定资产清理""无形资产"等科目。

（2）确认盘亏、非常损失计入营业外支出时，借记"营业外支出"科目，贷记"待处理财产损溢""库存现金"等科目。

（3）期末，应将“营业外支出”科目余额转入“本年利润”科目，借记“本年利润”科目，贷记“营业外支出”科目。结转后本科目应无余额。

任务十五　计提坏账准备

（一）工作任务

12 月 31 日，根据坏账准备计算表计提坏账准备（表 2.8.37）。

表 2.8.37　坏账准备计算表

坏账准备计算表

编制部门：财务部　　2013 年 12 月 31 日　　金额单位：元

债务人名称	应收账款年初余额	坏账准备计提比例	坏账准备年初余额	应收账款年末余额	坏账准备年末余额	年末应补提坏账准备金额
山东 HH 有限公司	50 000.00	1%	500.00	50 000.00	500.00	0.00
北京 HT 有限公司	0.00	1%	0.00	327 600.00	3276.00	3276.00
合计	50 000.00		500.00	377 600.00	3776.00	3276.00

（二）解决方法

1. 会计分录

借：资产减值损失——坏账损失　　3276

　贷：坏账准备　　3276

2. 编制记账凭证（表 2.8.38）

表 2.8.38　记账凭证

记账凭证

2013年12月31日　　记字第 086 号

摘要	总账科目	明细科目	过账	借方 千	百	十	万	千	百	十	元	角	分	过账	贷方 千	百	十	万	千	百	十	元	角	分
计提坏账准备	资产减值损失	计提坏账准备						3	2	7	6	0	0											
	坏账准备																		3	2	7	6	0	0
合　计							¥	3	2	7	6	0	0					¥	3	2	7	6	0	0

附件 1 张

财务主管 王立明　记账 余明亮　出纳 王红　审核 叶小光　制单 余明亮

（三）知识链接

1. 应收款项减值损失的确认

企业的各种应收款项，可能会因购货人拒付、破产、死亡等原因而无法收回。这类无法收回的应收款项就是坏账。因坏账而招受的损失为坏账损失。企业应当在资产负债表日对应收款项的账面价值进行检查，有客观值证据表明应收款项发生减值的，应当将应收款项的账面价值减记至预计未来现金流量现值，减记的金额确认减值损失，计提坏账准备。确定应收款项减值有两种方法，即直接转销法和备抵法，我国企业会计准则规定采用备抵法确定应收款项的减值。

备抵法是采用一定的方法按期估计坏账损失，计入当期费用，同时建立坏账准备，待坏账实际发生时，冲销已提的坏账准备和相应的应收款项。采用这种方法，坏账损失计入同一期间的损益，体现了配比原则的要求，避免了企业明盈实亏，在报表上列示了应收款项净额，使报表使用者能了解企业应收款项的可变现金额。

2. 坏账准备的账务处理

坏账准备可按以下公式计算：

当期应计提的坏账准备=当期按应收款项计算应提坏账准备金额-（+）“坏账准备”科目的贷方（或借方）余额

运用应收款项余额百分比法时，当期按应收款项计算应提坏账准备金额=应收款项期末余额×计提比例。

企业计提坏账准备时，按应减记的金额，借记“资产减值损失-计提坏账损失”科目，贷记“坏账准备”科目。冲减多计提的坏账准备时，借记“坏账准备”科目，贷记“资产减值损失——计提坏账准备”科目。

企业确实无法收回的应收款项按管理权限报经批准后作为坏账转销时，应当冲减已计提的坏账准备。已确认并转销的应收款项以后又收回的，应当按照实际收到的金额增加坏账准备的账面余额。企业发生坏账损失时，借记“坏账准备”科目，贷记“应收账款”“其他应收款”等科目。已确认并转销的应收款项以后又收回时，借记“应收账款”“其他应收款”等科目，贷记“坏账准备”科目；同时，借记“银行存款”科目，贷记“应收账款”“其他应收款”等科目。也可按实际收回的金额，借记“银行存款”科目，贷记“坏账准备”科目。

任务十六　结转材料销售成本

（一）工作任务

12 月 31 日，结转销售的原材料成本 20 000 元（表 2.8.39）。

表 2.8.39　销售材料出库单

销售材料出库单

购货单位：CC 有限公司　　　　2013 年 12 月 31 日

材料名称	规格型号	数量	单位	售价		计划成本	
				单位售价	合计	单位成本	合计
A 材料		200	吨	150	30 000	105	21 000
合计		200		150	30 000	105	21 000

（二）解决方法

财务流程：根据材料销售数量及单价计算当月材料销售成本，编制材料出库单，编制记账凭证。

1. 会计分录

借：其他业务成本　　　　　21 000

　贷：原材料——A 材料　　　　　21 000

2. 编制记账凭证（表 2.8.40）

表 2.8.40　记账凭证

记账凭证

2013 年 12 月31 日　　　　　　记字第 080 号

摘要	总账科目	明细科目	过账	借方金额										过账	贷方金额									
				千	百	十	万	千	百	十	元	角	分		千	百	十	万	千	百	十	元	角	分
结转材料销售成本	其他业务成本						2	1	0	0	0	0	0											
	原材料	A材料																2	1	0	0	0	0	0
合　计						¥	2	1	0	0	0	0	0				¥	2	1	0	0	0	0	0

附件 1 张

财务主管 王立明　　记账 余明亮　　出纳 王红　　审核 叶小光　　制单 余明亮

（三）知识链接

其他业务成本是企业确认的除主营业务以外的其他经营活动所发生的支出。其他业务成本包括销售材料的成本、出租固定资产的折旧额、出租无形资产的摊销额、出租包装物的成本或摊销额等。

企业应通过“其他业务成本”科目，核算其他业务成本的确认和结转情况。

企业发生或结转的其他业务成本，借记“其他业务成本”科目，贷记“原材料”“周转材料”“累计折旧”“累计摊销”“银行存款”等科目。期末，应将“其他业务成本”科目余额转入“本年利润”科目，借记“本年利润”科目，贷记“其他业务成本”科目。

任务十七　结转分配制造费用

（一）工作任务

12 月 31 日，本月发生制造费用共计 423 188.6 元。结转分配制造费用，按照产品工时的标准进行分配，其中 AB 产品 2000 工时、MN 产品 1174 工时（表 2.8.41、表 2.8.42）。

表 2.8.41　产品生产工时资料表

产品生产工时资料表

2013 年 12 月 31 日

产品名称	生产工时	备注
AB 产品	2000	
MN 产品	3000	
合计	5000	

生产主管：杨伟光　　统计：刘云　　制表：刘云

表 2.8.42　制造费用分配表

制造费用分配表

2013 年 12 月 31 日

产品名称	分配标准（生产工时）	分配率	应分配费用
AB 产品	2000	34.705 72	69 411.44
MN 产品	3000	34.705 72	104 117.16
合计	5000	34.705 72	173 528.6

会计主管：王立明　　记账：余明亮　　审核：叶小光　　制表：余明亮

（二）解决方法

财务流程：编制“制造费用分配表”，把全部制造费用分配计入各种产品的“生产成本”。

1. 会计分录

借：生产成本——AB 产品　　69 411.44

　　　　　　——MN 产品　　104 117.16

　贷：制造费用　　　　　　　　173 528.6

2. 编制记账凭证（表 2.8.43）

表 2.8.43　记账凭证

记账凭证

2013年12月31日　　　　记字第 081 号

摘要	总账科目	明细科目	过账	借方金额										过账	贷方金额									
				千	百	十	万	千	百	十	元	角	分		千	百	十	万	千	百	十	元	角	分
分配制造费用	生产成本	AB产品					6	9	4	1	1	4	4											
		MN产品				1	0	4	1	1	7	1	6											
	制造费用																1	7	3	5	2	8	6	0
合　计					¥	1	7	3	5	2	8	6	0			¥	1	7	3	5	2	8	6	0

附件 2 张

财务主管 王立明　记账 余明亮　出纳 王红　审核 叶小光　制单 余明亮

（三）知识链接

企业归集的制造费用，月份终了，应按企业成本核算办法的规定分配转入“生产成本”账户，借记“生产成本”，贷记“制造费用”科目。当车间只生产一种产品时，制造费用无需分配，可直接转入该产品成本。当车间生产几种产品时，则制造费用需分配转入各产品成本。

制造费用的分配方法，一般有以下几种：按生产工人工资分配、按生产工人工时分配、按机器工时分配、按产品产量分配等。企业具体采用哪种分配方法，由企业自行决定。

任务十八　月末完工产品入库

（一）工作任务

12 月 31 日，生产完工产品入库，产品共计 1 100 件，其中 AB 产品 400 件，MN 产品 700 件。AB 产品单位成本 1200 元，MN 产品单位成本 800 元（表 2.8.44 ~ 表 2.8.46）。

表 2.8.44　产品成本产成计算单 1

产品成本计算单

产品名称：AB 产品　　2013 年 12 月　　产成品数量：400 件

成本项目	产成品成本	
	总成本	单位成本
直接材料费	282 000.00	705.00
直接人工费	128 000.00	320.00
制造费用	70 000.00	175.00
合计	480 000.00	1200.00

表 2.8.45　产品成本产成计算单 2

产品成本计算单

产品名称：MN 产品　　2013 年 12 月　　产成品数量：700 件

成本项目	产成品成本	
	总成本	单位成本
直接材料费	294 000.00	420
直接人工费	140 000.00	200.00
制造费用	126 000.00	180.00
合计	560 000.00	800.00

表 2.8.46　产成品入库单

产成品入库单

交货单位：车间　　2013 年 12 月 31 日　　编号 1-101

产品名称	规格型号	计量单位	交送数量	检验结果		实收数量
				合格	不合格	
AB 产品		件	400	400		400
MN 产品		件	700	700		700

仓库保管员：宋常　　质检员：常征　　车间经办人：李平

（二）解决方法

财务流程：检查制造费用是否结转完毕，根据产成品数量（通过审核入库单财务联、仓库保管员登记的产成品明细账、车间成本核算员提供的车间生产的产品明细表来确定）、各产品耗用的工时、生产成本等资料，编制“产品成本计算单”，将完工产品在各种产品之间进行归集和分配，计算出各种产品的成本，根据产品成本计算单及产成品入库单编制记账凭证。

1. 会计分录

借：库存商品——AB 产品　　480 000

　　　　　　——MN 产品　　560 000

　贷：生产成本——AB 产品　　480 000

　　　　　　　——MN 产品　　560 000

2. 编制记账凭证（表 2.8.47）

表 2.8.47　记账凭证

记账凭证

2013年12 月31 日　　　　记字第　082 号

摘要	总账科目	明细科目	过账	借方金额										过账	贷方金额										附件
				千	百	十	万	千	百	十	元	角	分		千	百	十	万	千	百	十	元	角	分	
产成品入库	库存商品	AB产品				4	8	0	0	0	0	0	0												
		MN产品				5	6	0	0	0	0	0	0												
	生产成本	AB产品															4	8	0	0	0	0	0	0	3
		MN产品															5	6	0	0	0	0	0	0	
合　计				¥	1	0	4	0	0	0	0	0	0		¥	1	0	4	0	0	0	0	0	0	张

财务主管　王立明　记账　余明亮　　出纳　王红　　审核　叶小光　　制单　余明亮

（三）知识链接

库存商品是指企业已经完成全部生产过程并已验收入库的可以作为商品直接对外出售的产品及从外部购入直接出售的商品，包括库存产成品、外购商品、自制产品、存放在门市部准备出售的商品、发出展览的商品及寄存在外的商品等。

为了反映和监督库存商品、产品的增减变化及结存情况，企业应设置“库存商品”账户，其借方登记验收入库商品的实际成本，贷方登记发出商品的实际成本，期末余额在借方，反映期末库存商品结存的实际成本。为了反映库存商品的详细情况，应按商品的类别和品名设置明细账，进行明细核算。

在实际成本核算时，对库存商品的收入、发出和销售，平时登记数量不登记金额，每月终了，计算入库商品实际成本，对发出和销售等产成品或商品，可采用先进先出法、加权平均法、个别计价法等确定其实际成本。

任务十九　结转产品销售成本

（一）工作任务

12 月 31 日，结转本月销售产品成本 865 000 元，其中 AB 产品 465 000 元，MN 产品 400 000

元（表 2.8.48 ~ 表 2.8.49）。

表 2.8.48　产成品销售数量汇总表

产成品销售数量汇总表

2013 年 12 月 31 日

AB 产品			MN 产品		
日期	凭证号	销售数量（件）	日期	凭证号	销售数量（件）
12.6		200	12.18		300
12.8		140	12.18		400
12.18		150			
合计		490			700

表 2.8.49　产成品销售成本汇总计算表

产成品销售成本汇总计算表

2013 年 12 月 31 日

产品名称	计量单位	月初结存		本月入库		合计		本月销售	
		数量	成本	数量	成本	数量	成本	数量	成本
AB 产品	件	10	12 000	500	630 000	510	642 000	490	588 000
MN 产品	件	50	40 000	700	560 000	750	600 000	700	560 000
合计		60	52 000	1200	1 190 000	1 260	1 242 000	1 190	1 148 000

（二）解决方法

财务流程：根据销售产品数量及单价计算当月主营业务成本，编制产成品销售成本汇总表，编制记账凭证。

1. 会计分录

借：主营业务成本——AB 产品　588 000

　　　　　　　　——MN 产品　560 000

　贷：库存商品——AB 产品　　588 000

　　　　　　　——MN 产品　　560 000

2. 编制记账凭证（表 2.8.50）

表 2.8.50　记账凭证

记账凭证

2013年12月31日　　　　记字第 083 号

摘要	总账科目	明细科目	过账	借方金额 千	百	十	万	千	百	十	元	角	分	过账	贷方金额 千	百	十	万	千	百	十	元	角	分
结转产品销售成本	主营业务成本	AB产品				5	8	8	0	0	0	0	0											
		MN产品				5	6	0	0	0	0	0	0											
	库存商品	AB产品															5	8	8	0	0	0	0	0
		MN产品															5	6	0	0	0	0	0	0
合计				¥	1	1	4	8	0	0	0	0	0		¥	1	1	4	8	0	0	0	0	0

附件 2 张

财务主管 王立明　记账 余明亮　出纳 王红　审核 叶小光　制单 余明亮

（三）知识链接

主营业务成本是企业销售商品、提供劳务等经常性活动所发生的成本。企业一般在确认销售商品、提供劳务等主营业务收入时，或在月末，将已销售商品、已提供劳务的成本转入主营业务成本。主营业务成本按主营业务的种类进行明细核算，期末，将主营业务成本的余额转入"本年利润"科目，结转后本科目无余额。

企业应通过"主营业务成本"科目，核算主营业务成本的确认和结转情况。

企业结转主营业务成本时，借记"主营业务成本"科目，贷记"库存商品""劳务成本"科目。期末，应将"主营业务成本"科目余额转入"本年利润"科目，借记"本年利润"科目，贷记"主营业务成本"科目。

任务二十　结转本月收入、收益

（一）工作任务

12 月 31 日，将"主营业务收入""其他业务收入""营业外收入""投资收益"科目余额转入"本年利润"科目（表 2.8.51）。

表 2.8.51　收入、收益结转表

收入、收益结转表

2013 年 12 月 31 日　　　　单位：元

结转理由	应转出		应转入	
	会计科目	金额	会计科目	金额
将本期收入、收益转入本年利润	主营业务收入	1 677 000	本年利润	1 677 000
	其他业务收入	45 000		45 000
	投资收益	41 000		41 000
	营业外收入	9050		9050
合计		1 772 050		1 772 050

会计主管：王立明　　记账：余明亮　　审核：叶小光　　制表：余明亮

（二）解决方法

财务流程：汇总损益类科目本期发生额，编制记账凭证。

1. 会计分录

借：主营业务收入　　1 677 000
　　其他业务收入　　45 000
　　投资收益　　41 000
　　营业外收入　　9 050
　贷：本年利润　　1 772 050

2. 编制记账凭证（表 2.8.52）

表 2.8.52 记账凭证

记账凭证

2013年12月31日　　　　记字第 089 号

摘要	总账科目	明细科目	过账	借方金额										过账	贷方金额									
				千	百	十	万	千	百	十	元	角	分		千	百	十	万	千	百	十	元	角	分
结转收入	主营业务收入				1	6	7	7	0	0	0	0	0											
	其他业务收入						4	5	0	0	0	0	0											
	投资收益						4	1	0	0	0	0	0											
	营业外收入							9	0	5	0	0	0											
	本年利润															1	7	7	2	0	5	0	0	0
	合　计			¥	1	7	7	2	0	5	0	0	0		¥	1	7	7	2	0	5	0	0	0

附件 1 张

财务主管 王立明　记账 余明亮　出纳 王红　审核 叶小光　制单 余明亮

任务二十一　结转本月损益费用

（一）工作任务

12 月 31 日，将“主营业务成本”“其他业务成本”“营业外支出”“营业税金及附加”“管理费用”“销售费用”“财务费用”等科目余额转入“本年利润”科目（表 2.8.53）。

表 2.8.53 成本、费用结转表

成本、费用结转表

2013 年 12 月 31 日　　　　单位：元

结转理由	应转出		应转入	
	会计科目	金额	会计科目	金额
将本期成本、费用转入本年利润	主营业务成本	1 148 000	本年利润	1 148 000
	其他业务成本	30 150		30 150
	营业外支出	3 500		3 500
	营业税金及附加	9 777.78		9 777.78
	管理费用	192 433		192 433
	财务费用	34 750		34 750
	销售费用	219 909.40		219 909.40
	资产减值损失	18 276		18 276
合计		1 656 796.18		1 656 796.18

会计主管：王立明　记账：余明亮　审核：叶小光　制表：余明亮

（二）解决方法

财务流程：汇总损益类科目本期发生额，编制记账凭证。

1. 会计分录

借：本年利润　　　　　　1 656 796.18

　贷：主营业务成本　　　　　1 148 000

　　　其他业务成本　　　　　　30 150

　　　营业外支出　　　　　　　　3500

　　　营业税金及附加　　　　　9777.78

　　　管理费用　　　　　　　　192 433

　　　财务费用　　　　　　　　34 750

　　　销售费用　　　　　　　219 909.40

　　　资产减值损失　　　　　　18 276

2. 编制记账凭证（表 2.8.54）

表 2.8.54　记账凭证

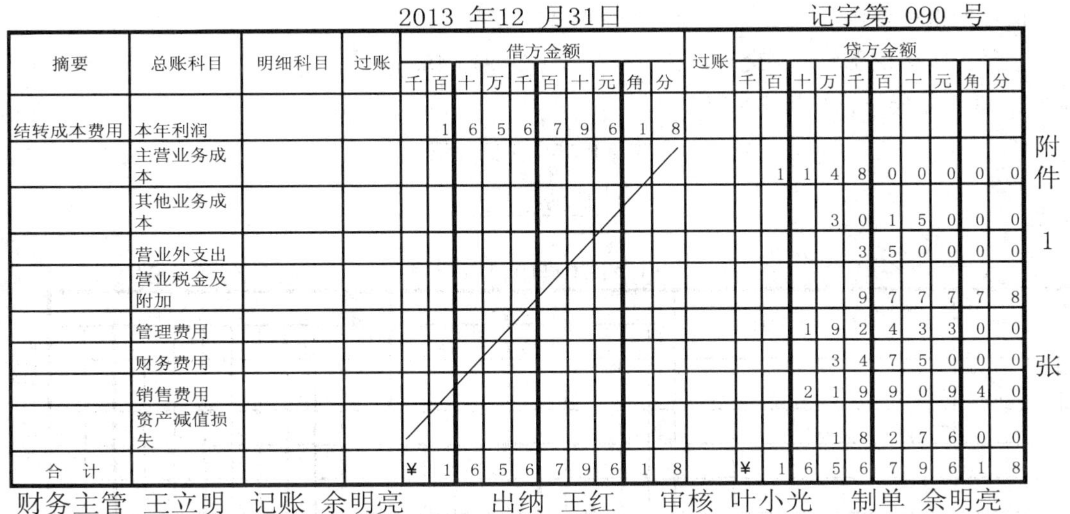

记账凭证

2013 年12 月31日　　　　　　记字第 090 号

摘要	总账科目	明细科目	过账	借方金额										过账	贷方金额									
				千	百	十	万	千	百	十	元	角	分		千	百	十	万	千	百	十	元	角	分
结转成本费用	本年利润				1	6	5	6	7	9	6	1	8											
	主营业务成本															1	1	4	8	0	0	0	0	0
	其他业务成本																	3	0	1	5	0	0	0
	营业外支出																		3	5	0	0	0	0
	营业税金及附加																		9	7	7	7	7	8
	管理费用																1	9	2	4	3	3	0	0
	财务费用																	3	4	7	5	0	0	0
	销售费用																2	1	9	9	0	9	4	0
	资产减值损失																	1	8	2	7	6	0	0
合　计				¥	1	6	5	6	7	9	6	1	8		¥	1	6	5	6	7	9	6	1	8

附件 1 张

财务主管 王立明　记账 余明亮　出纳 王红　审核 叶小光　制单 余明亮

（三）知识链接

为了反映企业利润的形成或亏损的发生，应设置“本年利润”账户。该账户借方反映期末转入的各项成本、费用，贷方反映期末转入的各项收入。期末，如为借方余额表示企业本期发生的亏损数额，如为贷方余额则表示企业本期实现的利润数额；年度终了，应将该账户的余额转入“利润分配——未分配利润”账户，结转后该账户无余额额。

会计期末结转本年利润的方法有表结法和账结法两种。

1. 表结法

在表结法下，各损益类账户每月月末只需结计出本月发生额和月末累计余额，不结转到“本年利润”账户，只有在年末时才将全年累计余额转入“本年利润”账户。但每月月末要将损益类账户的本月发生额合计数填入利润表的本月数栏，同时将本月末累计余额填入利润表的本年累计数栏，通过利润表计算反映各期的利润（或亏损）。在表结法下，年中损益类账户无须结转入“本年利润”账户。

2. 账结法

在账结法下，每月月末均需编制转账凭证，将在账上结计出的各损益类账户的余额转入“本年利润”账户。结转后“本年利润”账户的本月合计数反映当月实现的利润或发生的亏损，“本年利润”账户的本年累计数反映本年累计实现的利润或发生的亏损。账结法在各月均可通过“本年利润”账户提供当月及本年累计的利润（或亏损）额，但增加了转账环节和工作量。

任务二十一　计提所得税费用

（一）工作任务

12 月 31 日，根据业务计算得本年应缴纳的所得税为 28 813.46 元。（应纳所得税额=（1 772 050-1 656 796.18）×25%=28 813.46）

（二）解决方法

财务流程：计算本月利润总额，计算企业所得税，编制记账凭证。

1. 会计分录

借：所得税费用　　　　　　28 813.46

　贷：应交税费——应交所得税　　　　28 813.46

2. 编制记账凭证（表 2.8.55）

表 2.8.55　记账凭证

记账凭证

2013年12月31日　　　　记字第　091　号

摘要	总账科目	明细科目	过账	借方金额										过账	贷方金额									
				千	百	十	万	千	百	十	元	角	分		千	百	十	万	千	百	十	元	角	分
计提所得税费用	所得税费用						2	8	8	1	3	4	6											
	应交税费	应交所得税																2	8	8	1	3	4	6
合　计						¥	2	8	8	1	3	4	6				¥	2	8	8	1	3	4	6

附件　　张

财务主管 王立明　记账 余明亮　　出纳 王红　　审核 叶小光　　制单 余明亮

任务二十二　结转所得税费用

（一）工作任务

12 月 31 日，将“所得税费用”科目余额转入“本年利润”科目。

（二）解决方法

1. 会计分录

借：本年利润　　　　28 813.46

　贷：所得税费用　　　　28 813.46

2. 编制记账凭证（表 2.8.56）

表 2.8.56　记账凭证

记账凭证

2013年12月31日　　　　　记字第 092 号

摘要	总账科目	明细科目	过账	借方金额										过账	贷方金额									
				千	百	十	万	千	百	十	元	角	分		千	百	十	万	千	百	十	元	角	分
结转所得税费用	本年利润						2	8	8	1	3	4	6											
	所得税费用																	2	8	8	1	3	4	6
合　计						¥	2	8	8	1	3	4	6				¥	2	8	8	1	3	4	6

附件　张

财务主管 王立明　记账 余明亮　出纳 王红　审核 叶小光　制单 余明亮

（三）知识链接

1. 当期应交所得税的计算

企业实现利润后，应按税法的规定计算缴纳企业所得税。企业所得税是对在我国境内从事生产经营活动和其他经济活动的企业，就其生产经营所得和其他所得征收的一种税。

其计算公式如下：

当期应交所得税=应纳税所得额×所得税税率

应纳税所得额=税前会计利润＋纳税调整增加额－纳税调整减少额

所得税的应纳税所得额为按税法规定计算的应税利润。由于会计处理和税收规定着差异，因此，企业在计算确定当期应纳税所得额时，应以税前会计利润（即利润总额）为基础进行相应的调整。

（1）纳税调整增加额，主要包括税法规定允许扣除项目中，企业已计入当期费用但超过税法规定扣除标准的金额，以及企业计入当期损失但税法规定不允许扣除项目的金额（如税收滞纳金、罚款、罚金等）。

（2）纳税调整减少额，主要包括按税法规定允许弥补的亏损和准予免税的项目如前五年内未弥补亏损和国债利息收入等。

（3）所得税税率为 25%。该税率适用于我国内、外资企业。

2. 所得税费用的核算

企业应提过“所得税费用”科目核算企业所得税费用的确认及其结转情况。期末，应将“所得税费用”科目余额转入“本年利润”科目，借记“本年利润”科目，贷记“所得税费用”科目。

任务二十三　提取盈余公积

（一）工作任务

12 月 31 日，按照本年净利润 1 184 105.8（=1 097 665.5+1 772 050−1 656 796.18−28 813.46）的

10%，计提法定盈余公积。

（二）解决方法

1. 会计分录

借：利润分配——提取法定盈余公积　　118 410

　贷：盈余公积——法定盈余公积　　　　　118 410

2. 编制记账凭证（表 2.8.57）

表 2.8.57　记账凭证

记账凭证

2013年12月31日　　　　记字第　093　号

摘要	总账科目	明细科目	过账	借方金额										过账	贷方金额								
				千	百	十	万	千	百	十	元	角	分		千	百	十	万	千	百	十	元	角	分
提取盈余公积	利润分配	提取法定盈余公积				1	1	8	4	1	0	0	0											
	盈余公积	法定盈余公积															1	1	8	4	1	0	0	0
合　计					¥	1	1	8	4	1	0	0	0			¥	1	1	8	4	1	0	0	0

附件　张

财务主管　王立明　记账　余明亮　　出纳　王红　　审核　叶小光　　制单　余明亮

（三）知识链接

1. 盈余公积

盈余公积是指企业按照规定从净利润中提取的各种积累资金。公司制企业的盈余公积分为法定盈余公积和任意盈余公积。两者的区别就在于其各自计提的依据不同。前者以国家的法律或行政规章为依据提取；后者则由企业自行决定提取。根据《公司法》等有关法规的规定，企业当年实现的净利润，一般应当按照如下顺序进行分配。

（1）提取法定盈余公积。

公司制企业的法定盈余公积金按照税后利润 10%的比例提取。在计算提取法定盈余公积的基数时，不应该包括企业年出未分配利润。公司法定盈余公积累计额为公司注册资本的 50%以上时，可以不再提取法定盈余公积。

（2）提取任意盈余公积金。

公司从税后利润中提取法定盈余公积金以后，经股东会或者股东大会决议，还可以从税后利润中提取任意盈余公积金。

（3）向投资者分配利润或股利。

公司弥补亏损和提取公积金后所余税后利润，有限责任公司股东按照实缴的出资比例分取红利，但是，全体股东约定不按照出资比例分取红利的除外；股份有限公司按照股东持有的股份比例分配，但股份有限公司章程规定不按持股比例分配的除外。

2. 盈余公积的作用

（1）弥补亏损。企业发生亏损时，应由企业自行弥补。弥补亏损的渠道主要有三条：一是用以后年度税前利润弥补，按照现行制度规定，企业发生亏损时，可以用以后 5 年内实现的税前利润弥补，即税前利润弥补亏损的期间为 5 年；二是用以后年度税后利润弥补，企业发生的亏损经过 5 年期间未弥补足额的，尚未弥补的亏损应由所得税后的利润弥补；三是以盈余公积弥补亏损，企业以提取的盈余公积弥补亏损时，应当由公司董事会提议，并经股东大会批准。

（2）转增资本。企业将盈余公积转增资本时，必须经股东大会决议批准。在实际盈余公积转增资本时，要按股东原有持股比例结转。盈余公积在转增资本时，转增后的盈余公积数额不得少于注册资本的 25%。

（3）扩大企业生产经营。

（4）分派股利。

3. 盈余公积的核算

为了反映盈余公积的形成及使用情况，企业应设置“盈余公积”账户，该账户为所有者权益类账户，提取盈余公积时计入该账户贷方，使用盈余公积时计入该账户借方，贷方余额为企业盈余公积的实有数额。企业应当分别“法定盈余公积”“任意盈余公积”进行明细核算。

（1）提取盈余公积。

企业提取盈余公积时，借记“利润分配——提取法定盈余公积”“利润分配——提取任意盈余公积”科目，贷记“盈余公积——法定盈余公积”“盈余公积——任意盈余公积”科目。

（2）盈余公积补亏。

企业用盈余公积弥补亏损或转增资本时，借记“盈余公积”科目，贷记“利润分配——盈余公积补亏”“实收资本”或“股本”科目。经股东大会决议，用盈余公积派送新股，借记“盈余公积”科目，贷记“股本”科目。

（3）盈余公积转增资本。（见所有者权益任务二）

（4）盈余公积发放现金股利或利润。

企业经股东大会决议，用盈余公积分配现金股利或利润，应借记“盈余公积”科目，贷记“应付股利”科目。

任务二十四　结转“利润分配”明细科目

（一）工作任务

12 月 31 日，将盈余公积元 118 410 元转入“利润分配——未分配利润”科目。

（二）解决方法

1. 会计分录

借：利润分配——未分配利润　　　　118 410

　贷：利润分配——提取法定盈余公积　　　　118 410

2. 编制记账凭证（表 2.8.58）

表 2.8.58　记账凭证

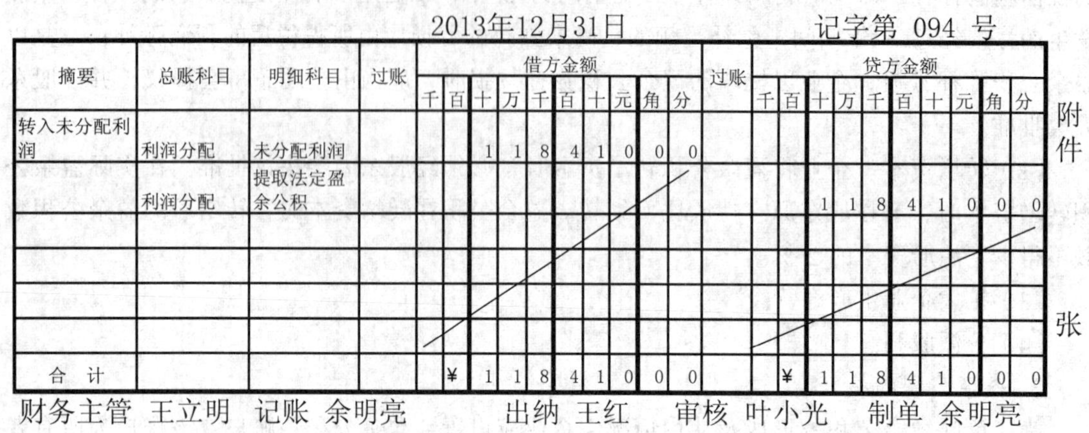

记账凭证

2013年12月31日　　　　记字第 094 号

摘要	总账科目	明细科目	过账	借方金额										过账	贷方金额								
				千	百	十	万	千	百	十	元	角	分		千	百	十	万	千	百	十	元	角	分
转入未分配利润	利润分配	未分配利润				1	1	8	4	1	0	0	0										
	利润分配	提取法定盈余公积															1	1	8	4	1	0	0	0
合　计					¥	1	1	8	4	1	0	0	0			¥	1	1	8	4	1	0	0	0

附件　张

财务主管　王立明　记账　余明亮　　出纳　王红　　审核　叶小光　　制单　余明亮

任务二十五　结转“本年利润”

（一）工作任务

12 月 31 日，将“本年利润”1 184 105.86 元转入“利润分配——未分配利润”科目。

（二）解决方法

1. 会计分录

借：本年利润　　　　　　　　1 184 105.86

　贷：利润分配——未分配利润　　　　　　1 184 105.86

2. 编制记账凭证（表 2.8.59）

表 2.8.59　记账凭证

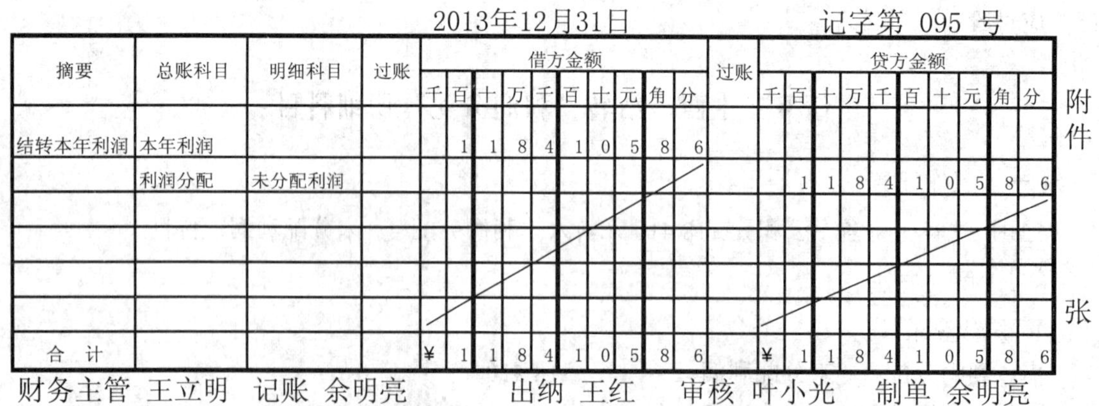

记账凭证

2013年12月31日　　　　记字第 095 号

摘要	总账科目	明细科目	过账	借方金额										过账	贷方金额									
				千	百	十	万	千	百	十	元	角	分		千	百	十	万	千	百	十	元	角	分
结转本年利润	本年利润				1	1	8	4	1	0	5	8	6											
	利润分配	未分配利润														1	1	8	4	1	0	5	8	6
合　计				¥	1	1	8	4	1	0	5	8	6		¥	1	1	8	4	1	0	5	8	6

附件　张

财务主管　王立明　记账　余明亮　　出纳　王红　　审核　叶小光　　制单　余明亮

（三）知识链接

未分配利润是企业留待以后年度进行分配的结存利润，也是企业所有者权益的组成部分。

相对于所有者权益的其他部分来讲，企业对于未分配利润的使用有较大的自主权。从数量上来讲，未分配利润是期初未分配利润，加上实现的净利润，减去提取的各种盈余公积和分出利润后的余额。未分配利润有两层意思：一是留待以后年度处理的利润；二是未指定特定用途的利润。

企业期末结转利润时，应将各损益类科目的余额转入“本年利润”科目，结平各损益类科目。结转后“本年利润”的贷方余额为当期实现的净利润，借方余额为当期发生的净亏损。企业应通过“利润分配”科目，核算企业利润的分配（或亏损的弥补）和历年分配（或弥补）后的未分配利润（或未弥补亏损）。该科目应分别设置“提取法定盈余公积”“提取任意盈余公积”“应付现金股利或利润”“盈余公积补亏”“未分配利润”等明细科目进行核算。企业未分配利润通过“利润分配——未分配利润”明细科目核算。年度终了，企业应将全年实现的净利润或发生的净亏损，自“本年利润”账户转入“利润分配—— 未分配利润”账户，并将“利润分配”科目所属其他明细科目的余额转入“未分配利润”明细科目。结转以后，“利润分配—— 未分配利润”科目如为贷方余额，表示累计未分配的利润数额；如为借方余额，则表示累积未弥补的亏损数额。“利润分配”科目所属的其他明细科目应无余额。

项目九　应交税费

任务一　计提并申报本月应纳增值税

（一）工作任务

12 月 31 日，根据本月增值税发生明细计算本月应缴纳的增值税（表 2.9.1）。

表 2.9.1　增值税发生明细

增值税发生明细

摘要	借方			贷方			
	合计	进项税额	已交税费	合计	销项税额	出口退税	进项税额转出
购进		30 600					
购进		25 279.75					
购进		38 906.5					
购进		35 700					
购进		1700					
购进		510					
购进		34 210					
购进		20 400					
销售折让		510					
交电费		3400					
交水费		5100					

续表

摘要	借方			贷方			
	合计	进项税额	已交税费	合计	销项税额	出口退税	进项税额转出
销售固定资产					2244		
销售					68 000		
销售					47 600		
销售					51 000		
销售					68 000		
销售					51 000		
销售					5100		
合计		196 316.25			292 944		

注：增值税纳税申报表（一般纳税人）略。

（二）解决方法

财务流程：审核涉及增值税业务的会计处理是否正确完整，月末根据当月“应交税费——应交增值税”明细账计算出其贷方余额同借方余额的差额，编制相应的会计分录将差额转出。

1. 会计分录

借：应交税费——应交增值税（转出未交增值税） 96 627.75

贷：应交税费——未交增值税 96 627.75

2. 编制记账凭证（表 2.9.2）

表 2.9.2 记账凭证

记账凭证

2013年12月31日 记字第 087 号

摘要	总账科目	明细科目	过账	借方金额										过账	贷方金额									
				千	百	十	万	千	百	十	元	角	分		千	百	十	万	千	百	十	元	角	分
计提增值税	应交税费	应交增值税（转出未交增值税）					9	6	6	2	7	7	5											
	应交 税费	未交增值税																9	6	6	2	7	7	5
合　计						¥	9	6	6	2	7	7	5				¥	9	6	6	2	7	7	5

附件 2 张

财务主管 王立明 记账 余明亮 出纳 王红 审核 叶小光 制单 余明亮

（三）知识链接

增值税是对从事销售货物或者加工、修理修配劳务，以及进口货物的单位和个人取得的增值额为计税依据的一种流转税。它是我国目前税制中最重要的一个税种。

增值税的纳税人按照纳税人的经营规模及会计核算的健全程度，分为一般纳税人和小规模纳税人。

1. 增值税的计算

（1）一般纳税人增值税的计算。

一般纳税人销售货物或提供应税劳务，应纳税额为当期销项税额抵扣进项税额之后的余额。其计算公式为：

应纳税额=当期销项税额－当期进项税额

其中，销项税额一般按不含税销售额的 17%计算，并向购买方收取；进项税额为纳税人购进货物或接受应税劳务时支付给销货方的税款，为销项税额的抵扣款项。准予从销项税额中抵扣的进项税额，限于下列增值税扣税凭证上注明的增值税额：① 从销货方取得的增值税专用发票上注明的增值税额。② 进口货物时从海关取得的完税凭证上注明的增值税额。③ 购进免税农产品或收购废旧物质，按税务机关批准的收购批准上注明的价款或收购金额的一定比率计算的进项税额。

纳税人购入货物或接受应税劳务，未按规定取得并保存增值税扣税凭证、或增值税扣税凭证上未按规定注明增值税额及其他有关事项，进项税额不得从销项税额中抵扣。

企业用于非应税项目、免税项目、集体福利或个人消费的购进货物和应税劳务、非正常损失的购进货物的进项税额不得从销项税额中抵扣。

在会计核算上，对不能抵扣的进项税额不能作为进项税额核算，只能并入购入货物或接受劳务的成本。此外，若当期销项税额小于当期进项税额不足抵扣时，其不足部分可结转下期继续抵扣。

（2）小规模纳税人应纳增值税的计算。

小规模纳税人销售货物或提供应税劳务，应纳增值税采用简易计征方法。其计算公式为：

应纳税额=销售额×征收率

其中，销售额应为不含税销售额，若企业采用销售额和应纳税额合并计价的，应将混合销售额按公式“销售额=含税销售额÷（1+征收率）”还原为不含税销售额计算。

2. 增值税的账户设置

企业应交的增值税，在“应交税费”账户下设置“应交增值税”明细账户进行核算。“应交增值税”明细账户的借方发生额，反映企业购进货物或接受应税劳务支付的进项税额、实际已缴纳的增值税、转出未交增值税等；贷方发生额，反映销售货物或提供应税劳务已缴纳的增值税额、出口货物退税、转出已支付或应分担的增值税等；期末借方余额，反映企业尚未抵扣的增值税。“应交税费——应交增值税”账户应分别设置“进项税额”“已交税费”“销项税额”“出口退税”“进项税额转出”“出口抵减内销产品应纳税额”“转出未交增值税”“转出多交增值税”等专栏。具体格式如表 2.9.3 所示。

表 2.9.3　应交税费——应交增值税

年		凭证		摘要	借方金额				贷方金额				
月	日	字	号		进项税额	已交税费	转出未交增值税	合计	销项税额	出口退税	进项税额转出	转出多交增值税	合计

（1）“进项税额”专栏，记录企业购入货物或接受应税劳务而支付的、准予从销项税额中抵扣的增值税额。企业购入货物或接受应税劳务支付的进项税额，用蓝字登记；退回所购货物应冲销的进项税额，用红字登记。

（2）“已交税费”专栏，记录企业已缴纳的增值税额。企业已缴纳的增值税额用蓝字登记；退回多交的增值税用红字登记。

（3）“销项税额”专栏，记录企业销售货物或提供应税劳务应收取的增值税额。企业销售货物或提供应税劳务应收取的增值税，用蓝字登记；退回销售货物应冲销的销项税额，用红字登记。

（4）“出口退税”专栏，记录企业出口货物，向海关办理报关出口手续后，凭出口报关单等有关凭证，向税务机关申报办理出口退税而收到退回的税款。出口货物退回的增值税额，用蓝字登记；出口货物办理退税后发生退货或者退关而补交已退的税款，用红字登记。

（5）“进项税额转出”专栏，记录企业所购进货物、在产品、产成品等发生非正常损失以及其他原因而不应从销项税额中抵扣，按规定转出的进项税额。

（6）“出口抵减内销产品应纳税额”专栏，记录企业出口物资时按规定计算的当期应予抵扣的税款。

（7）“转出未交增值税”专栏，记录企业月份终了转出的当月未交的增值税。

（8）“转出多交增值税”专栏，记录企业月份终了转出的当月多交的增值税。

属于小规模纳税人的企业，可以沿用三栏式账页，核算企业应交、已交及多交或欠交的增值税。

3. 增值税的账务处理

（1）一般纳税企业。

① 一般购销业务：一般纳税企业的一般购销业务的账务处理的特点有两个方面：一是在购进阶段，账务处理实行价税分离，属于价款部分计入货物的成本，属于增值税额部分计入进项税额；二是在销售阶段，销售价格中不再含税，如果销售价格中包含增值税，应还原为不含税价格作为销售收入，向购买方收取的增值税作为销项税额。

国内采购的物资，按专用发票上注明的增值税，借记“应交税费——应交增值税（进项税额）”账户，按专用发票上记载的应计入采购成本的金额，借记“材料采购”“库存商品”等账户，按应付或实际支付的金额，贷记“应付账款”“应付票据”“银行存款”等账户，购入物资的退货，作相反会计处理。

进口物资，按海关提供的完税凭证上注明的增值税，借记“应交税费——应交增值税（进项税额）”账户，按进口物资应计入采购成本的金额，借记“材料采购”“库存商品”等账户，按应付或实际支付的金额，贷记“应付账款”“银行存款”等账户。

销售物资或提供应税劳务（包括自产、委托加工或购买的货物分配给股东），按实现的营业收入和按规定收取的增值税额，借记“应收账款”“应收票据”“银行存款”“应付股利”等账户，按专用发票上注明的增值税额，贷记“应交税费——应交增值税（销项税额）”账户，按实现的营业收入，贷记“主营业务收入”等账户。发生的销货退回，作相反的会计处理。

② 接受投资：接受投资转入的物资，按专用发票上注明的增值税额，借记“应交税费——应交增值税（进项税额）”账户，按合同或协议确定的价值，借记“原材料”等账户，按其在注册资本中所占的份额，贷记“实收资本”或“股本”账户，按其差额贷记“资本公

积”账户。

③ 接受应税劳务。按专用发票上注明的增值税，借记“应交税费——应交增值税（进项税额）”账户，按专用发票上记载的应当计入加工、修理修配等劳务成本的金额，借记“生产成本”“委托加工物资”“管理费用”等账户，按应付或实际支付的金额，贷记“应付账款”“银行存款”等账户。

④ 购进免税农业产品。按增值税暂行条例的规定，对农业生产者销售的自产农产品、古旧图书等部分项目免征增值税。企业购进免税农业产品，可以按买价的 13%的扣除率计算进项税额，收购废旧物资，可以按买价的 10%的扣除率计算进项税额，并准予从销项税额中扣除。按购进农业产品的买价和规定的税率计算的进项税额，借记“应交税费——应交增值税（进项税额）”账户，按买价减去按规定计算的进项税额后的差额，借记“物资采购”“库存商品”等账户，按应付或实际支付等金额，贷记“应付账款”“银行存款”等账户。

⑤ 视同销售。按增值税暂行条例实施细则的规定，对于企业将货物交付他人代销；销售代销货物；将自产或委托加工的货物用于非应税项目；将自产、委托加工或购买的货物无偿赠予他人等行为，应视同销售货物，需要缴纳增值税。具体应借记“在建工程”“长期股权投资”“应付职工薪酬”“营业外支出”等账户，贷记“应交税费——应交增值税（销项税额）”账户。

⑥ 不予抵扣项目。按增值税暂行条例实施细则的规定，企业购进非生产用固定资产、用于非应税项目的购进货物或应税劳务等按规定不予抵扣增值税进项税额。属于购入货物时即能认定其进项税额不能抵扣的，如购入的货物直接用于免税项目、直接用于非应税项目，或者直接用于集体福利和个人消费的，进行会计处理时，其增值税专用发票上注明的增值税额，计入购入货物及接受劳务的成本。属于购入货物时不能直接认定其进项税额能否抵扣的，增值税专用发票上注明的增值税额，按照增值税会计处理方法计入“应交税费——应交增值税（进项税额）”账户，如果这部分购入货物以后用于按规定不能抵扣进项税额项目的，应将原已计入进项税额并已支付的增值税转入有关的承担者承担，通过“应交税费——应交增值税（进项税额转出）”账户转入“在建工程”“应付职工薪酬”“待处理财产损溢”等账户。

⑦ 缴纳增值税。为了分别反映增值税一般纳税人企业欠交增值税款和待抵扣增值税的情况，确保企业及时足额上交增值税，企业应在“应交税费”账户下增设“未交增值税”明细账户，核算一般纳税企业月度终了转入的应交未交增值税和多交的增值税；在“应交税费——应交增值税”明细账户下增设“转出多交增值税”和“转出未交增值税”两个专栏，分别记录一般纳税企业月份终了转出多交或未交的增值税。

本月上交本月的增值税，借记“应交税费——应交增值税（已交税费）”账户，贷记“银行存款”账户。月度终了，将本月应交未交增值税自“应交税费——应交增值税”明细账户转入“应交税费——未交增值税”明细账户，借记“应交税费——应交增值税（转出未交增值税）”账户，贷记“应交税费——未交增值税”账户；将本月多交的增值税自“应交税费——应交增值税（转出多交增值税）”明细账户转入“应交税费——未交增值税”明细账户，借记“应交税费——未交增值税”账户，贷记“应交税费——应交增值税（转出多交增值税）”账户。本月上交上期应交未交的增值税，借记“应交税费——未交增值税”账户，贷记“银行存款”账户。

（2）小规模纳税企业。

小规模纳税企业购入货物无论是否取得增值税专用发票，其支付的增值税额均不计入进项税额，不得从销项税额中抵扣，而计入购入货物的成本。相应的，其他企业从小规模纳税企业购入货物或接受劳务支付的增值税额，如果不能取得增值税专用发票，也不能作为进项税额抵扣，而应计入购入货物或应税劳务的成本。

任务二　计提并申报本月应纳城市维护建设税和教育费附加

（一）工作任务

12 月 31 日，本月发生增值税 96 627.75 元，发生营业税 1150 元，计提应缴纳的城市维护建设税和教育费附加（表 2.9.4 城市维护建设税、教育费附加计算表）。

表 2.9.4　城市维护建设税、教育费附加计算表

城市维护建设税、教育费附加计算表

编制部门：财务部　　　　2013 年 12 月 31 日

税种	计税基数				税率	应纳税额
	增值税	消费税	营业税	合计		
城市维护建设税	96 627.75		1150	97 777.75	7%	6844.4425
教育费附加	96 627.75		1150	97 777.75	3%	2933.3325
合计	96 627.75		1150	97 777.75	10%	9777.775

注：城市维护建设税纳税申报表略，教育费附加申报表略。

（二）解决方法

财务流程：编制税费计算表，编制记账凭证。

1. 会计分录

借：营业税金及附加　　　　　　　　9777.78

　贷：应交税费——应交城市维护建设税　　　6844.44

　　　　　　——应交教育费附加　　　　　2933.34

2. 编制记账凭证（表 2.9.5）

表 2.9.5　记账凭证

记账凭证

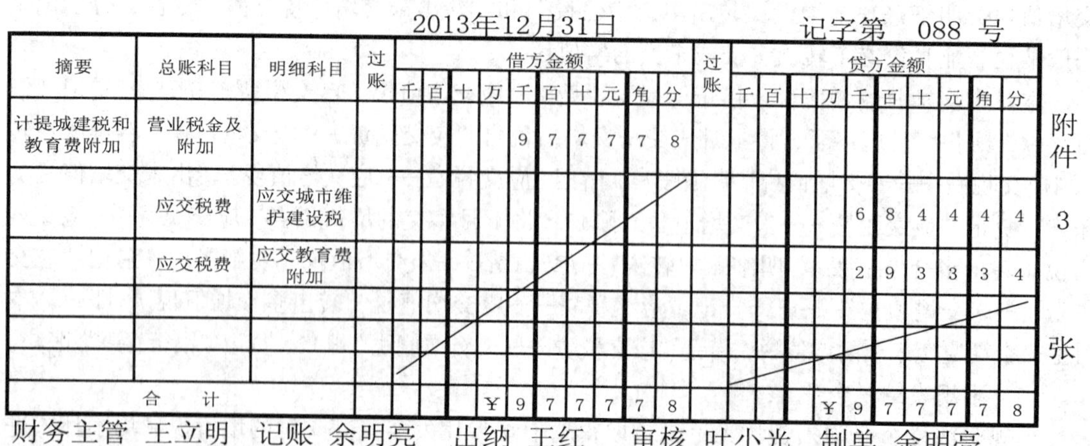

2013年12月31日　　　　记字第　088　号

摘要	总账科目	明细科目	过账	借方金额										过账	贷方金额								
				千	百	十	万	千	百	十	元	角	分		千	百	十	万	千	百	十	元	角	分
计提城建税和教育费附加	营业税金及附加							9	7	7	7	7	8											
	应交税费	应交城市维护建设税																	6	8	4	4	4	4
	应交税费	应交教育费附加																	2	9	3	3	3	4
合计							¥	9	7	7	7	7	8					¥	9	7	7	7	7	8

附件 3 张

财务主管 王立明　记账 余明亮　出纳 王红　审核 叶小光　制单 余明亮

（三）知识链接

为了加强城市的维护建设，扩大和稳定城市维护建设资金的来源，国家开征了城市维护建设税。它是对在城镇从事工商经营，并缴纳增值税、消费税、营业税的单位和个人征收的一种收益性质的税种。它以单位和个人实际缴纳的增值税、消费税和营业税三大流转税的税额为计征依据。其计算公式为：

应纳税额=纳税人实际缴纳的增值税、消费税、营业税税额×税率

其中，税率为市区 7%，县镇 5%，市区、县镇以外 1%。

企业按规定计算出的城市维护建设税，借记“营业税金及附加”账户，贷记“应交税费——应交城市维护建设税”账户；实际上交时，借记“应交税费——应交城市维护建设税”账户，贷记“银行存款”账户。

教育费附加是为了发展教育事业面向企业征收的附加费用，企业按应交流转税的一定比例计算缴纳。企业应交的教育费附加，借记“营业税金及附加”账户，贷记“应交税费——应交教育费附加”账户。

模块三

登记账簿

项目一 登记日记账

现金日记账

2013年 月	日	凭证号	摘要	借方	核对	贷方	核对	借或贷	余额	核对
1	1		上年结转						5000	
11	30		1—11月累计发生额及余额	21337000		21052000			290000	
12	1	001	提现备用	500000					790000	
	2	002	预借差旅费			300000				
		003	预借差旅费			300000			190000	
	10	012	报销差旅费	19000					209000	
	12	021	支付职工困难补助			200000			9000	
	15	024	提现备用	600000					609000	
		025	销售产品			117000			492000	
	25	052	收押金	200000						
		056	收违约金	600000					1292000	
	30	066	现金盘亏			50000				
		068	赔偿金收回	30000						
		075	报销业务招待费			200000				
		076	支付罚款			200000			872000	
	31	084	缴存现金			870000				
			本月合计	1949000		2237000			2000	
			本年累计	23286000		23289000			2000	

银行存款日记账

2013年 月	日	凭证号	摘要	借方（千百十万千百十元角分）	核对	贷方（千百十万千百十元角分）	核对	借或贷	余额（千百十万千百十元角分）	核对
1	1		上年结转					借	35523500	
11	30		1—11月累计发生额及余额	1993758100		1927281100		借	102000500	
12	1	001	提现备用			500000				
	4	004	申请银行汇票			22000000				
	5	005	缴纳税款			2337500				
		006	存入投资专户款项			4050000				
	7	010	购进机器设备			23700000				
	9	011	余款退回	940000						
	10	014	发放工资			47455000				
	11	018	交纳社保等			14254900				
		019	支付工会经费			2000000				
	13	022	偿付货款			17527975				
	15	024	提现备用			600000				
	16	026	购材料入库			24570000				
	17	027	接受中达公司投资	60000000						
	18	029	预收货款	800000						
		032	销售商品	35100000						
	19	034	收取专利权租金	500000						
		035	收到销货款	31590000						
		036	销售折让			351000				
	20	037	购入低值易耗品			1170000				
		038	支付委托加工费			351000				
		039	购买专利权			15000000				
		041	借入短期借款	10000000						
	21	043	出售清理固定资产	1544400						
		045	借入长期借款	20000000						
	22	046	出售商标权	2300000						
		047	偿还借款			22400000				
	23	049	承付票款			4680000				
			过次页	162774400		202947375			61827525	

银行存款日记账

科目：

2013年 月	日	凭证号	摘要	借方 千百十万千百十元角分	核对	贷方 千百十万千百十元角分	核对	借或贷	余额 千百十万千百十元角分	核对
			承前页	162774400		202947375			61827525	
12	23	050	收到票款	6595000						
	24	051	预付购货款			3000000				
	25	054	出售材料	3510000						
		055	出租专利权	1000000						
	26	057	支付借款利息			100000				
		058	利息收入	360000						
	27	059	支付手续费			200000				
	28	061	支付电话费			200000				
	29	063	支付广告费			5017000				
		064	支付水费			3510000				
		065	支付电费			2340000				
	31	084	缴存现金	870000						
		085	收回货款	46917000						
			本月合计	222026400		217314375		借	106712525	
			本年累计	2215784500		2144595475		借	106712525	

项目二　登记总分类账及明细分类账

一、资产类

总分类账

科目：库存现金

2013年月	日	凭证号	摘要	借方（千百十万千百十元角分）	核对	贷方（千百十万千百十元角分）	核对	借或贷	余额（千百十万千百十元角分）	核对
1	1		上年结转						5000	
11	30		1—11月累计发生额及余额	21337000		21052000			290000	
12	1	001	提现备用	500000					790000	
	2	002	预借差旅费			300000				
		003	预借差旅费			300000			190000	
	10	012	报销差旅费	19000					209000	
	12	021	支付职工困难补助			200000			9000	
	15	024	提现备用	600000					609000	
		025	销售产品			117000			492000	
	25	052	收押金	200000						
		056	收违约金	600000					1292000	
	30	066	现金盘亏			50000				
		068	赔偿金收回	30000						
		075	报销业务招待费			200000				
		076	支付罚款			200000			872000	
	31	084	缴存现金			870000				
			本月合计	1949000		2237000			2000	
			本年累计	23286000		23289000			2000	

总 分 类 账

科目：银行存款

2013年 月	日	凭证号	摘要	借方	核对	贷方	核对	借或贷	余额	核对
1	1		上年结转					借	35523500	
11	30		1—11月累计发生额及余额	1993758100		1927281100		借	102000500	
12	1	001	提现备用			500000				
	4	004	申请银行汇票			22000000				
	5	005	缴纳税款			2337500				
		006	存入投资专户款项			4050000				
	7	010	购进机器设备			23700000				
	9	011	余款退回	940000						
	10	014	发放工资			47455000				
	11	018	交纳社保等			14254900				
		019	支付工会经费			2000000				
	13	022	偿付货款			17527975				
	15	024	提现备用			600000				
	16	026	购材料入库			24570000				
	17	027	接受中达公司投资	60000000						
	18	029	预收货款	800000						
		032	销售商品	35100000						
	19	034	收取专利权租金	500000						
		035	收到销货款	31590000						
		036	销售折让			351000				
	20	037	购入低值易耗品			1170000				
		038	支付委托加工费			351000				
		039	购买专利权			15000000				
		041	借入短期借款	10000000						
	21	043	出售清理固定资产	154400						
		045	借入长期借款	20000000						
	22	046	出售商标权	2300000						
		047	偿还借款			22400000				
	23	049	承付票款			4680000				
			过次页	162774400		202947375			61827525	

总分类账

科目：银行存款

2013年 月	日	凭证号	摘要	借方	核对	贷方	核对	借或贷	余额	核对
			承前页	162774400		202947375			61827525	
12	23	050	收到票款	6595000						
	24	051	预付购货款			3000000				
	25	054	出售材料	3510000						
		055	出租专利权	1000000						
	26	057	支付借款利息			100000				
		058	利息收入	360000						
	27	059	支付手续费			200000				
	28	061	支付电话费			200000				
	29	063	支付广告费			5017000				
		064	支付水费			3510000				
		065	支付电费			2340000				
	31	084	缴存现金	870000						
		085	收回货款	46917000						
			本月合计	222026400		217314375		借	106712525	
			本年累计	2215784500		2144595475		借	106712525	

总分类账

科目：其他货币资金

2013年 月	日	凭证号	摘要	借方	核对	贷方	核对	借或贷	余额	核对
1	1		上年结转					借	10000000	
11	30		1—11月累计发生额及余额	382935000		392935000		平		
12	4	004	申请银行汇票	22000000						
	5	006	存入投资专户款项	4050000						
	5	007	购入航天城投股票			4050000				
	6	008	购材料并入库			21060000				
	9	011	余款退回			940000				
	23	048	转让长期股权投资	16150000						
			本月合计	42200000		26050000		借	16150000	
			本年合计	425135000		418985000		借	16150000	

明细分类账

科目：其他货币资金——银行汇票　　　　第　页

2013年 月	日	凭证号	摘要	借方	核对	贷方	核对	借或贷	余额	核对
1	1		上年结转						10000000	
11	30		1—11月累计发生额及余额	317085000		327085000		平		
12	4	004	申请银行汇票	22000000						
	6	008	购材料并入库			21060000				
	9	011	余款退回			940000				
			本月合计	22000000		22000000		平		
			本年累计	339085000		349085000		平		

明细分类账

科目：其他货币资金——存出投资款

2013年 月	日	凭证号	摘要	借方 千百十万千百十元角分	核对	贷方 千百十万千百十元角分	核对	借或贷	余额 千百十万千百十元角分	核对
11	30		1—11月累计发生额及余额	658500000		658500000		平		
12	5	006	存入投资专户款项	4050000						
	5	007	购入航天城投股票			4050000				
	23	048	转让长期股权投资	16150000						
			本月合计	20200000		4050000		借	16150000	
			本年累计	86050000		69900000		借	16150000	

总分类账

科目：交易性金融资产　　　　第　　页

2013年 月	日	凭证号	摘要	借方 千百十万千百十元角分	核对	贷方 千百十万千百十元角分	核对	借或贷	千百十万千百十元角分	核对
1	1		上年结转					借	10500000	
12	5	007	购入航天城投股票	3500000						
			本月合计	3500000				借	14000000	
			本年累计	3500000				借	14000000	

总分类账

科目：应收票据

2013年 月	日	凭证号	摘要	借方 千百十万千百十元角分	核对	贷方 千百十万千百十元角分	核对	借或贷	余额 千百十万千百十元角分	核对
1	1		上年结转					借	3000000	
11	30		1—11月累计发生额及余额	234000000		230000000			7000000	
12	6	009	销售商品	46800000						
	23	050	收到票款			6500000				
			本月合计	46800000		6500000		借	47300000	
			本年合计	280800000		236500000		借	47300000	

总 分 类 账

科目：应收账款

2013年 月	日	凭证号	摘要	借方（千百十万千百十元角分）	核对	贷方（千百十万千百十元角分）	核对	借或贷	余额（千百十万千百十元角分）	核对
1	1		上年结转					借	5000000	
11	30		1—11月累计发生额及余额	392993000		392993000		借	5000000	
	15	025	销售商品	46917000						
	18	030	赊销商品	35100000						
	19	035	收到销货款			35100000				
	25	053	销售商品	32760000						
	31	085	收回应收账款			46917000				
			本月合计	114777000		82017000		借	37760000	
			本年合计	507770000		475010000		借	37760000	

明 细 分 类 账

科目：应收账款——LT有限公司

2013年 月	日	凭证号	摘要	借方（千百十万千百十元角分）	核对	贷方（千百十万千百十元角分）	核对	借或贷	余额（千百十万千百十元角分）	核对
11	30		1—11月累计发生额及余额	20000000		20000000		平		
12	18	030	赊销商品	35100000						
	19	035	收到销货款			35100000				
			本月合计	35100000		35100000		平		
			本年累计	55100000		55100000		平		

明细分类账

科目：应收账款——HT有限公司　　　　第　页

2013年 月	日	凭证号	摘要	借方（千百十万千百十元角分）	核对	贷方（千百十万千百十元角分）	核对	借或贷	余额（千百十万千百十元角分）	核对
11	30		1—11月累计发生额及余额	30000000		30000000		平		
12	25	053	销售商品	32760000					32760000	
			本月合计	32760000				借	32760000	
			本年累计	62760000		30000000		借	32760000	

明细分类账

科目：应收账款——HH有限公司　　　　第　页

2013年 月	日	凭证号	摘要	借方（千百十万千百十元角分）	核对	贷方（千百十万千百十元角分）	核对	借或贷	余额（千百十万千百十元角分）	核对
1	1		上年结转					借	5000000	
11	30		1—11月累计发生额及余额	342993000		342993000		借	5000000	
12	15	025	销售产品	46917000						
	31	085	收回应收账款			46917000				
			本月合计	46917000		46917000		借	5000000	
			本年累计	389910000		389910000		借	5000000	

总分类账

科目：坏账准备

2013年 月	日	凭证号	摘要	借方（千百十万千百十元角分）	核对	贷方（千百十万千百十元角分）	核对	借或贷	余额（千百十万千百十元角分）	核对
1	1		上年结转					贷	50000	
	31	086	计提坏账准备			327600				
			本年合计			327600		贷	377600	

总分类账

科目：预付账款　　　　第　页

2013年 月	日	凭证号	摘要	借方	核对	贷方	核对	借或贷	余额	核对
11	30		1—11月累计发生额及余额	688906.50		450000.00		借	238906.50	
12	15	023	购材料入库			238906.50				
	24	051	预付购货款	30000.00						
			本月合计	30000.00		238906.50		借	30000.00	
			本年合计	718906.50		688906.50		借	30000.00	

明细分类账

科目：预付账款——M市HX材料厂　　　　第　页

2013年 月	日	凭证号	摘要	借方	核对	贷方	核对	借或贷	余额	核对
11	30		1—11月累计发生额及余额	488906.50		250000.00		借	238906.50	
12	15	23	购材料入库			238906.50				
			本月合计			238906.50		平		
			本年累计	488906.50		488906.50		平		

明细分类账

科目：预付账款——DF有限公司　　　　第　页

2013年 月	日	凭证号	摘要	借方	核对	贷方	核对	借或贷	余额	核对
11	30		1—11月累计发生额及余额	200000.00		200000.00		平		
12	24	051	预付购货款	30000.00						
			本月合计	30000.00				借	30000.00	
			本年累计	230000.00		200000.00		借	30000.00	

总 分 类 账

科目：应收股利

2013年 月	日	凭证号	摘要	（千百十万千百十元角分）	核对	（千百十万千百十元角分）	核对	借或贷	（千百十万千百十元角分）	核对
1	1		上年结转						800000	
11	30		1—11月累计发生额及余额	3000000		11000000		平		
12	5	007	购入航天城投股票	500000						
			本月合计	500000						
			本年合计	3500000		11000000		借	500000	

总 分 类 账

科目：其他应收款

2013年 月	日	凭证号	摘要	借方（千百十万千百十元角分）	核对	贷方（千百十万千百十元角分）	核对	借或贷	余额（千百十万千百十元角分）	核对
1	1		上年结转						300000	
11	30		1—11月累计发生额及余额	1500000		1800000		平		
	2	002	预借差旅费	300000						
		003	预借差旅费	300000						
	10	012	报销差旅费			300000				
	30	067	现金盘亏处理	30000						
		068	赔偿金收回			30000				
			本月合计	630000		330000				
			本年合计	2130000		2130000		借	300000	

明 细 分 类 账

科目：其他应收款——李小明　　　　第　　页

2013年 月	日	凭证号	摘要	借方（千百十万千百十元角分）	核对	贷方（千百十万千百十元角分）	核对	借或贷	（千百十万千百十元角分）	核对
11	30		1—11月累计发生额及余额	500000		500000		平		
12	2	002	预借差旅费	300000						
	10	012	报销差旅费			300000				
			本月合计	300000		300000		平		
			本年累计	800000		800000		平		

明细分类账

科目：其他应收款——王红

2013年 月	日	凭证号	摘要	千百十万千百十元角分	核对	千百十万千百十元角分	核对	借或贷	千百十万千百十元角分	核对
12	30	067	现金盘亏处理	30000						
		068	赔偿金收回			30000				
			本月合计	30000		30000		平		
			本年累计	30000		30000		平		

明细分类账

科目：其他应收款——张华

2013年 月	日	凭证号	摘要	借方（千百十万千百十元角分）	核对	贷方（千百十万千百十元角分）	核对	借或贷	余额（千百十万千百十元角分）	核对
1	1		上年结转					借	300000	
11	30		1—11月累计发生额及余额	1000000		1300000		平		
12	2	003	预借差旅费	300000						
			本月合计	300000				借	300000	
			本年累计	1300000		1300000		借	300000	

总分类账

科目：在途物资　　　　第　页

2013年 月	日	凭证号	摘要	借方（千百十万千百十元角分）	核对	贷方（千百十万千百十元角分）	核对	借或贷	千百十万千百十元角分	核对
11	30		1—11月累计发生额及余额	60000000		60000000		平		
12	10	013	购材料	15000000						
	12	020	材料入库			15000000				
			本月合计	15000000		15000000		平		
			本年合计	75000000		75000000		平		

总分类账

科目：原材料

2013年 月	日	凭证号	摘要	借方（千百十万千百十元角分）	核对	贷方（千百十万千百十元角分）	核对	借或贷	余额（千百十万千百十元角分）	核对
1	1		上年结转					借	9250000	
11	30		1—11月累计发生额及余额	606000000		607625000		借	7625000	
12	6	008	购材料并入库	18000000						
	12	020	材料入库	15000000						
	15	023	购材料入库	20000000						
	16	026	购材料入库	21000000						
	19	033	发出委托加工材料			3000000				
	30	069	生产领用材料			6660000				
		070	结转销售材料成本			825000				
		071	材料盘盈	210000						
	31	079	材料估价入账	1480000						
		080	结转销售材料成本			2100000				
			本月合计	75690000		72525000		借	10790000	
			本年合计	681690000		680150000		借	10790000	

明细分类账

科目：原材料——A材料　　计量单位：千克　　第　页

2013年 月	日	凭证号	摘要	收入 数量	收入 单价	收入 金额（百十万千百十元角分）	发出 数量	发出 单价	发出 金额（百十万千百十元角分）	结存 数量	结存 单价	结存 金额（百十万千百十元角分）
11	30		上年结转							100	105	1050000
11	30		1—11月累计发生额及余额	12000	105	126000000	12050	105	126525000	50	105	525000
12	16	026	购材料入库	2000	105	21000000						
	30	069	生产领用材料				1400	105	14700000			
		070	结转销售材料成本				50	105	525000			
		071	材料盘盈	20	105	210000						
	31	080	结转销售材料成本				200	105	2100000			
			本月合计	2020	105	21210000	1650	105	17325000	420	105	441000
			本年累计	14020	105	147210000	13700	105	143850000	420	105	441000

明细分类账

科目：原材料——B材料　　　　计量单位：吨　　　　第　页

2013年 月	日	凭证号	摘要	收入 数量	收入 单价	收入 金额	发出 数量	发出 单价	发出 金额	结存 数量	结存 单价	结存 金额
1	1		上年结转							20	1500	3000000
11	30		1—11月累计发生额及余额	800	1500	120000000	810	1500	121500000	10	1500	1500000
12	12	020	材料入库	100	1500	15000000						
	19	033	发出委托加工材料				20	1500	3000000			
	30	069	生产领用材料				90	1500	13500000			
		070	结转销售材料成本				2	1500	300000			
	31	079	材料估价入账	10	1480	1480000						
			本月合计	110		16480000	112		16800000	8		1180000
			本年累计	910		136480000	922		138300000	8		1180000

明细分类账

科目：原材料——M材料　　　　计量单位：千克　　　　第　页

2013年 月	日	凭证号	摘要	收入 数量	收入 单价	收入 金额	发出 数量	发出 单价	发出 金额	结存 数量	结存 单价	结存 金额
1	1		上年结转							80	200	1600000
11	30		1—11月累计发生额及余额	9000	200	180000000	8980	200	179600000	100	200	2000000
12	15	023	购材料入库	1000	200	20000000						
	30	069	生产领用材料				1020	200	20400000			
			本月合计	1000	200	20000000	1020	200	20400000	80	200	1600000
			本年累计	10000	200	200000000	10000	200	200000000	80	200	1600000

明细分类账

科目：原材料——N材料　　　　计量单位：吨　　　　第　页

2013年 月	日	凭证号	摘要	收入 数量	收入 单价	收入 金额（百十万千百十元角分）	发出 数量	发出 单价	发出 金额（百十万千百十元角分）	结存 数量	结存 单价	结存 金额（百十万千百十元角分）
1	1		上年结转							20	1800	3600000
11	30		1—11月累计发生额及余额	1000	1800	180000000	1000	1800	180000000	20	1800	3600000
12	6	008	购材料并入库	100	1800	18000000						
	30	069	生产领用材料				100	1800	18000000			
			本月合计	100	1800	18000000	100	1800	18000000	20	1800	3600000
			本年累计	1100	1800	198000000	1100	1800	198000000	20	1800	3600000

总分类账

科目：库存商品　　　　第　页

2013年 月	日	凭证号	摘要	借方（千百十万千百十元角分）	核对	贷方（千百十万千百十元角分）	核对	借或贷	余额（千百十万千百十元角分）	核对
1	1		上年结转					借	2800000	
11	30		1—11月累计发生额及余额	1100000000		1097600000		借	5200000	
12	20	040	购进商品	12000000						
	31	082	产品完工入库	104000000						
		083	结转销售成本			114800000				
			本月合计	116000000		114800000		借	6400000	
			本年合计	1216000000		1212400000		借	6400000	

明细分类账

科目：库存商品——AB产品

第　页

2013年 月	日	凭证号	摘要	收入 数量	收入 单价	收入 金额（百十万千百十元角分）	发出 数量	发出 单价	发出 金额（百十万千百十元角分）	结存 数量	结存 单价	结存 金额（百十万千百十元角分）
1	1		上年结转							10	1200	1200000
11	30		1—11月累计发生额及余额	4500	1200	540000000	4500	1200	540000000	10	1200	1200000
12	20	040	购进商品	100	1200	12000000						
	31	082	产品完工入库	400	1200	48000000						
		083	结转产品销售成本				490	1200	58800000			
			本月合计	500	1200	60000000	490	1200	58800000	20	1200	2400000
			本年累计	5000	1200	600000000	4990	1200	598800000	20	1200	2400000

明细分类账

科目：库存商品——MN商品

第　页

2013年 月	日	凭证号	摘要	收入 数量	收入 单价	收入 金额（百十万千百十元角分）	发出 数量	发出 单价	发出 金额（百十万千百十元角分）	结存 数量	结存 单价	结存 金额（百十万千百十元角分）
1	1		上年结转							20	800	1600000
11	30		1—11月累计发生额及余额	7000	800	560000000	6970	800	557600000	50	800	4000000
12	31	082	产品完工入库	700	800	56000000						
			结转产品销售成本				700	800	56000000			
			本月合计	700	800	56000000	700	800	56000000	50	800	4000000
			本年累计	7700	800	560000000	7670	800	613600000	50	800	4000000

总分类账

科目：委托加工物资

第　页

2013年 月	日	凭证号	摘要	借方（千百十万千百十元角分）	核对	贷方（千百十万千百十元角分）	核对	借或贷	余额（千百十万千百十元角分）	核对
12	19	033	发出委托加工材料	3000000						
	20	038	支付委托加工费	300000						
			本月合计	3300000				借	3300000	
			本年合计	3300000				借	3300000	

总分类账

科目：周转材料　　　　　　　　　　第　　页

2013年 月	日	凭证号	摘要	借方 千百十万千百十元角分	核对	贷方 千百十万千百十元角分	核对	借或贷	千百十万千百十元角分	核对
1	1		上年结转					借	1000000	
11	30		1—11月累计发生额及余额	8000000		9000000		平		
12	18	028	销售领用包装物			200000				
	20	037	购入低值易耗品	1000000						
			本月合计	1000000		200000		借	800000	
			本年合计	9000000		9200000		借	800000	

注：“包装物”“低值易耗品”明细账略。

总分类账

科目：长期股权投资

2013年 月	日	凭证号	摘要	千百十万千百十元角分	核对	千百十万千百十元角分	核对	借或贷	千百十万千百十元角分	核对
1	1		上年结转					借	80000000	
11	30		1—11月累计发生额及余额	25000000		70000000		借	35000000	
12	23	048	转让长期股权投资			12000000				
			本月合计			12000000				
			本年合计	25000000		82000000		借	23000000	

总分类账

科目：固定资产

2013年 月	日	凭证号	摘要	借方 千百十万千百十元角分	核对	贷方 千百十万千百十元角分	核对	借或贷	余额 千百十万千百十元角分	核对
1	1		上年结转					借	297379500	
11	30		1—11月累计发生额及余额	11700000		8000000		借	301079500	
12	7	010	购进机器设备	20279000						
	21	042	固定资产报废清理			9000000				
	30	072	办公设备盘亏			800000				
			本月合计	20279000		9800000		借	311558500	
			本年合计	31979000		17800000		借	311558500	

总 分 类 账

科目：累计折旧

2013年 月	日	凭证号	摘要	千百十万千百十元角分	核对	千百十万千百十元角分	核对	借或贷	千百十万千百十元角分	核对
1	1		上年结转					贷	49058400	
11	30		1—11月累计发生额及余额	8500000		22188600		贷	62747000	
12	21	042	固定资产报废清理	7800000						
	29	062	计提折旧			2113200				
	30	072	办公设备盘亏	650000						
			本月合计	8450000		2113200		贷	56410200	
			本年合计	16950000		24301800		贷	56410200	

总 分 类 账

科目：固定资产减值准备

2013年 月	日	凭证号	摘要	借方 千百十万千百十元角分	核对	贷方 千百十万千百十元角分	核对	借或贷	余额 千百十万千百十元角分	核对
12	30	074	计提固定资产减值准备			1500000				
			本月合计			1500000		贷	1500000	
			本年合计			1500000		贷	1500000	

总 分 类 账

科目：固定资产清理

第　页

2013年 月	日	凭证号	摘要	借方 千百十万千百十元角分	核对	贷方 千百十万千百十元角分	核对	借或贷	千百十万千百十元角分	核对
11	30		1—11月累计发生额及余额	13520000		13520000		平		
12	21	042	固定资产报废清理	1200000						
		043	出售清理固定资产			1320000				
		044	结转清理收益	120000						
			本月合计	1320000		1320000		平		
			本年合计	14840000		14840000		平		

总分类账

科目：无形资产　　　　　　　　　　第　页

2013年 月	日	凭证号	摘要	借方（千百十万千百十元角分）	核对	贷方（千百十万千百十元角分）	核对	借或贷	余额（千百十万千百十元角分）	核对
1	1		上年结转					借	19300000	
12	20	039	购买专利权	15000000						
	22	046	出售商标权			8500000				
			本月合计	15000000		8500000		借	25800000	
			本年合计	15000000		8500000		借	25800000	

总分类账

科目：累计摊销　　　　　　　　　　第　页

2013年 月	日	凭证号	摘要	借方（千百十万千百十元角分）	核对	贷方（千百十万千百十元角分）	核对	借或贷	余额（千百十万千百十元角分）	核对
1	1		上年结转					贷	9740000	
11	30		1—11月累计发生额及余额			1760000		贷	11500000	
12	22	046	出售商标权	6500000						
	31	078	无形资产摊销			215000				
			本月合计	6500000		215000		贷	5215000	
			本年合计	6500000		1975000		贷	5215000	

总分类账

科目：待处理财产损溢　　　　　　　　　　第　页

2013年 月	日	凭证号	摘要	（千百十万千百十元角分）	核对	（千百十万千百十元角分）	核对	借或贷	（千百十万千百十元角分）	核对
11	30		1—11月累计发生额	2050000		2050000				
12	30	066	现金盘亏	50000						
		067	现金盘亏处理			50000				
		071	材料盘盈			210000				
		072	办公设备盘亏	150000						
		073	批准盘亏设备转销			150000				
	31	077	材料盘盈处理	210000						
			本月合计	410000		410000				
			本年合计	2460000		2460000				

二、负债类

总分类账

科目：短期借款　　　　　　　　　　　　　　　　　　第　　页

2013年 月	日	凭证号	摘要	借方 千百十万千百十元角分	核对	贷方 千百十万千百十元角分	核对	借或贷	千百十万千百十元角分	核对
1	1		上年结转					贷	10000000	
11	30		1—11月累计发生额及余额	5000000				贷	5000000	
12	20	041	借入短期借款			10000000				
			本月合计			10000000		贷	15000000	
			本年合计	5000000		10000000		贷	15000000	

总分类账

科目：应付票据

2013年 月	日	凭证号	摘要	借方 千百十万千百十元角分	核对	贷方 千百十万千百十元角分	核对	借或贷	余额 千百十万千百十元角分	核对
1	1		上年结转					贷	11700000	
11	30		1—11月累计发生额及余额	51480000		56160000		贷	16380000	
12	20	040	购进商品			14040000				
	23	049	承付票款	4680000						
			本月合计	4680000		14040000		贷	25740000	
			本年合计	56160000		70200000		贷	25740000	

总分类账

科目：应付账款　　　　　　　　　　　　　　　　　　第　　页

2013年 月	日	凭证号	摘要	借方 千百十万千百十元角分	核对	贷方 千百十万千百十元角分	核对	借或贷	千百十万千百十元角分	核对
1	1		上年结转					贷	58500000	
11	30		1—11月累计发生额及余额	274950000		256450000		贷	40000000	
12	10	013	购材料			17527975				
	13	022	偿付货款	17527975						
	31	079	材料估价入账			1480000				
			本月合计	17527975		19007975		贷	41480000	
			本年合计	292477975		275457975		贷	41480000	

明细分类账

科目：应付账款——B市CX材料厂

2013年 月	日	凭证号	摘要	借方（千百十万千百十元角分）	核对	贷方（千百十万千百十元角分）	核对	借或贷	余额（千百十万千百十元角分）	核对
1	1		上年结转					贷	23400000	
11	30		1—11月累计发生额及余额	81900000		98500000		贷	40000000	
12	10	013	购材料			17527975				
	13	022	偿付货款	17527975						
			本月合计	17527975		17527975		贷	40000000	
			本年累计	99427975		116027975		贷	40000000	

明细分类账

科目：应付账款——N市HD公司

2013年 月	日	凭证号	摘要	借方（千百十万千百十元角分）	核对	贷方（千百十万千百十元角分）	核对	借或贷	余额（千百十万千百十元角分）	核对
1	1		上年结转					贷	35100000	
11	30		1—11月累计发生额及余额	193050000		157950000		平		
12	31	079	材料估价入账			1480000				
			本月合计			1480000		贷	1480000	
			本年累计	193050000		159430000		贷	1480000	

总分类账

科目：预收账款

2013年 月	日	凭证号	摘要	借方（千百十万千百十元角分）	核对	贷方（千百十万千百十元角分）	核对	借或贷	余额（千百十万千百十元角分）	核对
1	1		上年结转					贷	3000000	
11	30		1—11月累计发生额及余额	23000000		20000000		平		
12	18	029	预收货款			800000				
			本月合计			800000		贷	800000	
			本年合计	23000000		20800000		贷	800000	

总 分 类 账

科目：应付职工薪酬

2013年		凭证号	摘 要	借方	核对	贷方	核对	借或贷	余额	核对
月	日			千百十万千百十元角分		千百十万千百十元角分			千百十万千百十元角分	
1	1		上年结转					贷	72670000	
11	30		1—11月累计发生额及余额	8653900000		7953200000		贷	2600000	
12	10	014	发放工资	47455000						
		015	代扣社保、公积金	15900000						
	11	016	分配本月工资			63355000				
		017	分配职工福利			8869700				
		019	支付工会经费	2000000						
	12	021	支付职工困难补助	200000						
			本月合计	65555000		72224700		贷	9269700	
			本年合计	930945000		867544700		贷	9269700	

明 细 分 类 账

科目：应付职工薪酬——工资

2013年		凭证号	摘 要	借方	核对	贷方	核对	借或贷	余额	核对
月	日			千百十万千百十元角分		千百十万千百十元角分			千百十万千百十元角分	
1	1		上年结转					贷	61300000	
11	30		1—11月累计发生额及余额	7503700000		6890700000		平		
12	10	014	发放工资	47455000						
		015	代扣社保、公积金	15900000						
	11	016	分配本月工资			63355000				
			本月合计	63355000		63355000		平		
			本年累计	813725000		752425000		平		

明细分类账

科目：应付职工薪酬——职工福利

2013年 月	日	凭证号	摘要	借方	核对	贷方	核对	借或贷	余额	核对
1	1		上年结转					贷	81200000	
11	30		1—11月累计发生额及余额	93520000		86000000		贷	600000	
12	11	017	分配职工福利			8869700				
	12	021	支付职工困难补助	200000						
			本月合计	200000		8869700		贷	9269700	
			本年累计	93720000		94869700		贷	9269700	

明细分类账

科目：应付职工薪酬——工会经费

2013年 月	日	凭证号	摘要	借方	核对	贷方	核对	借或贷	余额	核对
1	1		上年结转					贷	3250000	
11	30		1—11月累计发生额及余额	21500000		20250000		贷	2000000	
12	11	019	支付工会经费	2000000						
			本月合计	2000000				平		
			本年累计	23500000		20250000		平		

总分类账

科目：应交税费

2013年 月	日	凭证号	摘要	借方（千百十万千百十元角分）	核对	贷方（千百十万千百十元角分）	核对	借或贷	余额（千百十万千百十元角分）	核对
1	1		上年结转						2235000	
11	30		1—11月累计发生额及余额	383120225		383222725		贷	2337500	
12	5	005	缴纳税款	2337500						
	6	008	购材料并入库	3060000						
		009	销售商品			6800000				
	7	010	购进机器设备	3421000						
	10	013	购材料	2527975						
		015	代扣社保、公积金			1645100				
	15	023	购材料入库	3890650						
		025	销售商品			6800000				
	16	026	购材料入库	3570000						
	18	030	赊销商品			5100000				
		032	销售商品			5100000				
	19	036	销售折让	51000						
	20	037	购入低值易耗品	170000						
		038	支付委托加工费	51000						
		040	购进商品	2040000						
	21	043	出售清理固定资产			224400				
	22	046	出售商标权			115000				
	25	053	销售商品			4760000				
		054	出售材料			510000				
	29	064	支付水费	510000						
		065	支付电费	340000						
	31	087	转出未交增值税	9662775		9662775				
		088	计算城建税等			97778				
		091	计算所得税费用			2881346				
			本月合计	309928700		322873199		贷	15281999	
			本年合计	693048925		706095924		贷	15281999	

明细分类账

科目：应交税费——应交增值税

2013年 月	日	凭证号	摘要	借方（千百十万千百十元角分）	核对	贷方（千百十万千百十元角分）	核对	借或贷	余额（千百十万千百十元角分）	核对
11	30		1—11月累计发生额及余额	278296800		278296800		平		
12	6	008	购材料并入库	3060000						
		009	销售商品			6800000				
	7	010	购进机器设备	3421000						
	10	013	购材料	2527975						
	15	023	购材料入库	3890650						
		025	销售商品			6800000				
	16	026	购材料入库	3570000						
	18	030	赊销商品			5100000				
		032	销售商品			5100000				
	19	036	销售折让	51000						
	20	037	购入低值易耗品	170000						
		038	支付委托加工费	51000						
		040	购进商品	2040000						
	21	043	出售清理固定资产			224400				
	25	053	销售商品			4760000				
		054	出售材料			510000				
	29	064	支付水费	510000						
		065	支付电费	340000				贷	9662775	
	31	087	转出未交增值税	9662775						
			本月合计	29294400		29294400		平		
			本年累计	307591200		307591200		平		

明细分类账

科目：应交税费——应交营业税

2013年 月	日	凭证号	摘要	借方（千百十万千百十元角分）	核对	贷方（千百十万千百十元角分）	核对	借或贷	余额（千百十万千百十元角分）	核对
12	22	046	出售商标权			115000				
			本月合计			115000		贷	115000	
			本年累计			115000		贷	115000	

明 细 分 类 账

科目：应交税费——未交增值税

2013年 月	日	凭证号	摘要	借方	核对	贷方	核对	借或贷	余额	核对
1	1		月初余额						2235000	
11	30		1—11月累计发生额及余额	87074975		86964975		贷	2125000	
12	5	005	缴纳税款	2125000						
	31	87	转出未交增值税			9662775				
			本月合计	2125000		9662775		贷	9662775	
			本年累计	89199975		96627750		贷	9662775	

明 细 分 类 账

科目：应交税费——应交城建税

2013年 月	日	凭证号	摘要	借方	核对	贷方	核对	借或贷	余额	核对
11	30		1—11月累计发生额及余额	1610000		1758750		贷	148750	
12	5	005	缴纳税款	148750				平		
	31	088	计算城建设税等			684444				
			本月合计	148750		684444		贷	684444	
			本年累计	1758750		2443194		贷	684444	

明 细 分 类 账

科目：应交税费——教育费附加税

2013年 月	日	凭证号	摘要	借方	核对	贷方	核对	借或贷	余额	核对
11	30		1—11月累计发生额及余额	510000		573750		贷	63750	
12	5	005	缴纳税款	63750				平		
	31	088	计算城建设税等			293334				
			本月合计	63750		293334		贷	293334	
			本年累计	573750		867084		贷	293334	

明　细　分　类　账

科目：应交税费——应交所得税

2013年 月	日	凭证号	摘要	借方	核对	贷方	核对	借或贷	余额	核对
11	30		1—11月累计发生额及余额							
12	31	091	计算所得税费用			2881346				
			本月合计					贷	2881346	
			本年累计					贷	2881346	

明 细 分 类 账

科目：应交税费——代扣个人所得税

2013年 月	日	凭证号	摘要	借方	核对	贷方	核对	借或贷	余额	核对
11	30		1—11月累计发生额及余额	15628450		15628450		平		
12	10	015	代扣社保、公积金			1645100		贷	1645100	
			本月合计			1645100		贷	1645100	
			本年累计							

总 分 类 账

科目：应付利息　　　　第　　页

2013年 月	日	凭证号	摘要	借方	核对	贷方	核对	借或贷	余额	核对
11	30		1—11月累计发生额及余额	1400000		1500000		贷	100000	
12	26	057	支付借款利息	100000						
	28	060	计提长期借款利息			120000				
			本月合计	100000		120000		贷	120000	
			本年合计	1500000		1620000		贷	120000	

总分类账

科目：其他应付款

2013年 月	日	凭证号	摘要	借方	核对	贷方	核对	借或贷	余额	核对
1	1		上年结转					贷	300000	
11	30		1—11月累计发生额及余额	159613000		159313000		平		
	10	015	代扣社保、公积金			14254900				
	11	018	交纳社保等	14254900						
	25	052	收押金			200000				
			本月合计	14254900		14454900		贷	200000	
			本年合计	173867900		173767900		贷	200000	

明细分类账

科目：其他应付款——失业保险

2013年 月	日	凭证号	摘要	借方	核对	贷方	核对	借或贷	余额	核对
11	30		1—11月累计发生额及余额	3450000		3450000		平		
12	10	015	代扣社保、公积金			316800				
	11	018	交纳社保等	316800						
			本月合计	316800		316800		平		
			本年累计	3766800		3766800		平		

明细分类账

科目：其他应付款——养老保险

第　页

2013年 月	日	凭证号	摘要	借方	核对	贷方	核对	借或贷	余额	核对
11	30		1—11月累计发生额及余额	55750000		55750000		平		
12	10	015	代扣社保、公积金			5068400				
	11	018	交纳社保等	5068400						
			本月合计	5068400		5068400		平		
			本年累计	60818400		60818400		平		

明 细 分 类 账

科目：其他应付款——医疗保险

2013年 月	日	凭证号	摘要	借方	核对	贷方	核对	借或贷	余额	核对
11	30		1—11月累计发生额及余额	13935000		13935000		平		
12	10	015	代扣社保、公积金			1267100				
	11	018	交纳社保等	1267100						
			本月合计	1267100		1267100		平		
			本年累计	15202100		15202100		平		

明 细 分 类 账

科目：其他应付款——住房公积金

2013年 月	日	凭证号	摘要	借方	核对	贷方	核对	借或贷	余额	核对
11	30		1—11月累计发生额及余额	83628000		83628000		平		
12	10	015	代扣社保、公积金			7602600				
	11	018	交纳社保等	7602600						
			本月合计	7602600		7602600		平		
			本年累计	91230600		91230600		平		

明 细 分 类 账

科目：其他应付款——包装物押金　　　　第　　页

2013年 月	日	凭证号	摘要	借方	核对	贷方	核对	借或贷	余额	核对
1	1		上年结转					贷	300000	
11	30		1—11月累计发生额及余额	2850000		2550000		平		
12	25	052	收押金			200000				
			本月合计			200000		贷	200000	
			本年累计	2850000		2750000		贷	200000	

总分类账

科目：长期借款

2013年 月	日	凭证号	摘要	借方（千百十万千百十元角分）	核对	贷方（千百十万千百十元角分）	核对	借或贷	余额（千百十万千百十元角分）	核对
1	1		上年结转					贷	21200000	
11	30		1—11月累计发生额及余额			1100000		贷	22300000	
12	21	045	借入长期借款			20000000				
	22	047	偿还借款	22300000						
			本月合计	22300000		20000000		贷	20000000	
			本年合计	22300000		21100000		贷	20000000	

明细分类账

科目：长期借款——本金

2013年 月	日	凭证号	摘要	借方（千百十万千百十元角分）	核对	贷方（千百十万千百十元角分）	核对	借或贷	余额（千百十万千百十元角分）	核对
1	1		上年结转					贷	20000000	
12	21	045	借入长期借款			20000000				
	22	047	偿还借款	20000000						
			本月合计	20000000		20000000		贷	20000000	
			本年累计	20000000		20000000		贷	20000000	

明细分类账

科目：长期借款——应计利息

2013年 月	日	凭证号	摘要	借方（千百十万千百十元角分）	核对	贷方（千百十万千百十元角分）	核对	借或贷	余额（千百十万千百十元角分）	核对
1	1		上年结转					贷	1200000	
11	30		1—11月累计发生额及余额			1100000				
12	22	047	偿还借款	2300000						
			本月合计	2300000		1100000		平		
			本年累计	2300000		1100000		平		

三、所有者权益类

总分类账

科目：实收资本　　　　第　　页

2013年 月	日	凭证号	摘要	借方（千百十万千百十元角分）	核对	贷方（千百十万千百十元角分）	核对	借或贷	余额（千百十万千百十元角分）	核对
1	1		上年结转					贷	150000000	
12	17	027	接受ZD公司投资			55000000				
	18	031	资本公积转增资本			50000000				
			本月合计			105000000				
			本年合计			105000000		贷	255000000	

总分类账

科目：资本公积　　　　第　　页

2013年 月	日	凭证号	摘要	借方（千百十万千百十元角分）	核对	贷方（千百十万千百十元角分）	核对	借或贷	余额（千百十万千百十元角分）	核对
1	1		上年结转					贷	52000000	
12	17	027	接受ZD公司投资			5000000				
	18	031	资本公积转增资本	50000000						
			本月合计	50000000		5000000				
			本年合计	50000000		5000000		贷	7000000	

总分类账

科目：盈余公积　　　　第　　页

2013年 月	日	凭证号	摘要	借方（千百十万千百十元角分）	核对	贷方（千百十万千百十元角分）	核对	借或贷	余额（千百十万千百十元角分）	核对
1	1		上年结转						32535000	
12	31	093	提取盈余公积			11841000				
			本月合计			11841000		贷	44376000	
			本年合计			11841000		贷	44376000	

总分类账

科目：本年利润　　　　　　　　　　　　　　　　　　　　　　第　　页

2013年 月	日	凭证号	摘要	借方 千百十万千百十元角分	核对	贷方 千百十万千百十元角分	核对	借或贷	千百十万千百十元角分	核对
11	30		1—11月累计发生额及余额	1890183450		1999950000		贷	109766550	
12	31	089	结转损益收入			177205000				
		090	结转损益费用	165679618						
		092	结转所得税费用	2881346						
		095	结转本年利润	118410586						
			本月合计	286971550		177205000		平		
			本年合计	2177155000				平		

总分类账

科目：利润分配　　　　　　　　　　　　　　　　　　　　　　第　　页

2013年 月	日	凭证号	摘要	借方 千百十万千百十元角分	核对	贷方 千百十万千百十元角分	核对	借或贷	千百十万千百十元角分	核对
1	1		上年结转					贷	12539600	
12	31	093	提取盈余公积	11841000						
		094	转未分配利润	11841000		11841000				
		095	结转本年利润			118410586		贷	119109186	
			本月合计	23682000		130251586		贷	119109186	
			本年合计	23682000		130251586		贷	119109186	

四、成本类

总 分 类 账

科目：生产成本

2013年 月	日	凭证号	摘要	借方（千百十万千百十元角分）	核对	贷方（千百十万千百十元角分）	核对	借或贷	余额（千百十万千百十元角分）	核对
1	1		上年结转						3470000	
11	30		1—11月累计发生额及余额	935000000		935500000		借	2970000	
12	11	016	分配本月工资	23670000						
		017	分配职工福利费	3313800						
	30	069	生产领用材料	66200000						
	31	081	分配制造费用	17352860						
		082	产品完工入库			104000000				
			本月合计	110536660		104000000		借	9506660	
			本年合计	1045536660		1039500000		借		

明 细 分 类 账

科目：生产成本——AB产品　　　　　　第　　页

2013年 月	日	凭证号	摘要	直接材料（百十万千百十元角分）	直接人工（百十万千百十元角分）	制造费用（百十万千百十元角分）	合计（百十万千百十元角分）
11	30		月末在产品成本	1500000	820000	650000	2970000
12	11	016	分配本月工资		11268000		11268000
		017	分配职工福利		1577520		1577520
	30	069	生产领用材料	28200000			28200000
	31	081	分配制造费用			6941144	6941144
			本月生产费用合计	29700000	13665520	7591144	50956664
		082	产品完工入库	28500000	12665000	6835000	48000000
			月末在产品成本	1200000	1000520	756144	2956664

明细分类账

科目：生产成本——MN产品　　　　　　第　页

2013年 月	日	凭证号	摘要	直接材料（百十万千百十元角分）	直接人工（百十万千百十元角分）	制造费用（百十万千百十元角分）	合计（百十万千百十元角分）
11	30		月末在产品成本				
12	11	016	分配本月工资		12402000		12402000
		017	分配职工福利		1736280		1736280
	30	069	生产领用材料	38000000			38000000
	31	081	分配制造费用			10411716	10411716
			本月生产费用合计	38000000	14138280	10411716	62549996
		082	产品完工入库	34350000	11800000	9850000	56000000
			月末在产品成本	3650000	2338280	561716	6549996

总分类账

科目：制造费用

2013年 月	日	凭证号	摘要	（千百十万千百十元角分）	核对	（千百十万千百十元角分）	核对	借或贷	（千百十万千百十元角分）	核对
11	30		1—11月累计发生额	166586580		166586580				
12	11	016	分配本月工资	12094000						
		017	分配职工福利费	1693160						
12	29	062	计提折旧	1065700						
		064	支付水费	1500000						
		065	支付电费	1000000						
	31	081	分配制造费用			17352860				
			本月合计	17352860		17352860				
			本年累计	183939740		183939740				

五、损益类

总 分 类 账

科目：主营业务收入

2013年 月	日	凭证号	摘要	借方（千百十万千百十元角分）	核对	贷方（千百十万千百十元角分）	核对	借或贷	余额（千百十万千百十元角分）	核对
11	30		1—11月累计发生额	1928550000		1928550000		平		
12	6	009	销售商品			40000000				
	15	025	销售商品			40000000				
	18	030	赊销商品			30000000				
		032	销售商品			30000000				
	19	036	销售折让	300000						
	25	053	销售商品			28000000				
	31	089	结转损益	167700000						
			本月合计	168000000		168000000		平		
			本年合计	2096550000		2096550000		平		

总 分 类 账

科目：其他业务收入　　　　　　　　第　　页

2013年 月	日	凭证号	摘要	借方（亿千百十万千百十元角分）	核对	贷方（亿千百十万千百十元角分）	核对	借或贷	（亿千百十万千百十元角分）	核对
11	30		1—11月累计发生额	47250000		47250000		平		
12	19	034	收取专利权租金			500000				
	25	054	出售材料			3000000				
		055	出租专利权			1000000				
	31	089	结转损益	4500000						
			本月合计	4500000		4500000		平		
			本年合计	51750000		51750000		平		

总 分 类 账

科目：投资收益

2013年		凭证号	摘要											核对											核对	借或贷											核对
月	日			千	百	十	万	千	百	十	元	角	分		千	百	十	万	千	百	十	元	角	分			千	百	十	万	千	百	十	元	角	分	
11	30		1—11月累计发生额			1	5	6	0	0	0	0	0				1	5	6	0	0	0	0	0		平											
12	5	007	购入航天城投股票						5	0	0	0	0																								
	23	048	转让长期股权投资															4	1	5	0	0	0	0													
	31	089	结转损益				4	1	0	0	0	0	0																								
			本月合计				4	1	5	0	0	0	0					4	1	5	0	0	0	0		平											
			本年合计			1	9	7	5	0	0	0	0				1	9	7	5	0	0	0	0		平											

总 分 类 账

科目：营业外收入

2013年		凭证号	摘要	借方										核对	贷方										核对	借或贷	余额										核对
月	日			千	百	十	万	千	百	十	元	角	分		千	百	十	万	千	百	十	元	角	分			千	百	十	万	千	百	十	元	角	分	
11	30		1—11月累计发生额				8	5	5	0	0	0	0					8	5	5	0	0	0	0		平											
12	21	044	结转清理收益																1	2	0	0	0	0													
	22	046	出售商标权																1	8	5	0	0	0													
	25	056	收违约金																6	0	0	0	0	0													
	31	089	结转损益					9	0	5	0	0	0						9	0	5	0	0	0													
			本月合计					9	0	5	0	0	0						9	0	5	0	0	0		平											
			本年合计				9	4	5	5	0	0	0					9	4	5	5	0	0	0		平											

总 分 类 账

科目：主营业务成本

2013年		凭证号	摘要	借方										核对	贷方										核对	借或贷	余额										核对
月	日			千	百	十	万	千	百	十	元	角	分		千	百	十	万	千	百	十	元	角	分			千	百	十	万	千	百	十	元	角	分	
11	30		1—11月累计发生额	1	3	5	4	4	6	0	0	0	0		1	3	5	4	4	6	0	0	0	0		平											
12	31	083	结转产品销售成本		1	1	4	8	0	0	0	0	0																								
		090	结转损益													1	1	4	8	0	0	0	0	0													
			本月合计		1	1	4	8	0	0	0	0	0			1	1	4	8	0	0	0	0	0		平											
			本年合计	1	4	6	9	2	6	0	0	0	0		1	4	6	9	2	6	0	0	0	0		平											

总 分 类 账

科目：其他业务成本

2013年 月	日	凭证号	摘 要	借方	核对	贷方	核对	借或贷	余额	核对
11	30		1—11月累计发生额	29530000		29530000				
12	30	070	结转销售材料成本	825000						
	31	078	无形资产摊销	90000						
		080	结转销售材料成本	2100000						
		090	结转损益			3015000				
			本月合计	3015000		3015000				
			本年合计	32545000		32545000				

总 分 类 账

科目：营业税金及附加　　　　第　　页

2013年 月	日	凭证号	摘 要	借方	核对	贷方	核对	借或贷	余额	核对
11	30		1—11月累计发生额	11243550		11243550		平		
12	31	088	计算城建设税等	977778						
		090	结转损益			977778				
			本月合计	977778		977778		平		
			本年合计	12221328		12221328		平		

总 分 类 账

科目：管理费用

2013年 月	日	凭证号	摘 要		核对		核对	借或贷		核对
11	30		1—11月累计发生额	203673000		203673000		平		
12	10	012	报销差旅费	281000						
	11	016	分配本月工资	14556000						
		017	分配职工福利费	2037840						
	28	061	支付电话费	200000						
	29	062	计提折旧	633460						
		064	支付水费	500000						
		065	支付电费	500000						
	30	067	现金盘亏处理	20000						
		069	生产领用材料	400000						
		075	报销业务招待费	200000						
	31	077	材料盘盈处理			210000				
		078	无形资产摊销	125000						
		090	结转损益			19243300				
			本月合计	19243300		19243300		平		
			本年累计	222916300		222916300		平		

总 分 类 账

科目：销售费用

2013年 月	日	凭证号	摘要	千百十万千百十元角分	核对	千百十万千百十元角分	核对	借或贷	千百十万千百十元角分	核对
11	30		1—11月累计发生额	203895000		203895000		平		
12	11	016	分配本月工资	13035000						
		017	分配职工福利费	1824900						
	18	028	销售领用包装物	200000						
	29	062	计提折旧	414040						
		063	支付广告费	5017000						
		064	支付水费	1000000						
		065	支付电费	500000						
	31	090	结转损益			21990940				
			本月合计	21990940		21990940		平		
			本年合计	225885940		225885940		平		

总 分 类 账

科目：财务费用

2013年 月	日	凭证号	摘要	借方 千百十万千百十元角分	核对	贷方 千百十万千百十元角分	核对	借或贷	余额 千百十万千百十元角分	核对
11	30		1—11月累计发生额	50925000		50925000		平		
12	19	035	收到销货款	3510000						
	22	047	偿还借款	100000						
	23	050	收到票款			95000				
	26	058	利息收入			360000				
	27	059	支付手续费	200000						
	28	060	计提长期借款利息	120000						
	31	090	结转损益			3475000				
			本月合计	3930000		3930000		平		
			本年合计	54855000		54855000		平		

总分类账

科目：资产减值损失

2013年		凭证号	摘要											核对											核对	借或贷											核对
月	日			千	百	十	万	千	百	十	元	角	分		千	百	十	万	千	百	十	元	角	分			千	百	十	万	千	百	十	元	角	分	
12	30	074	计提固定资产减值准备				1	5	0	0	0	0	0																								
	31	086	计提坏账准备					3	2	7	6	0	0																								
		090	结转损益															1	8	2	7	6	0	0													
			本月合计				1	8	2	7	6	0	0					1	8	2	7	6	0	0		平											
			本年合计				1	8	2	7	6	0	0					1	8	2	7	6	0	0		平											

总分类账

科目：营业外支出

2013年		凭证号	摘要											核对											核对	借或贷											核对
月	日			千	百	十	万	千	百	十	元	角	分		千	百	十	万	千	百	十	元	角	分			千	百	十	万	千	百	十	元	角	分	
11	30		1—11月累计发生额				4	5	5	0	0	0	0					4	5	5	0	0	0	0		平											
12	30	073	批准盘亏设备转销					1	5	0	0	0	0																								
		076	支付罚款					2	0	0	0	0	0																								
	31	090	结转损益																3	5	0	0	0	0													
			本月合计					3	5	0	0	0	0						3	5	0	0	0	0		平											
			本年合计				4	9	0	0	0	0	0					4	9	0	0	0	0	0		平											

总分类账

科目：所得税费用　　　　第　　页

2013年		凭证号	摘要	借方										核对	贷方										核对	借或贷	余额										核对
月	日			千	百	十	万	千	百	十	元	角	分		千	百	十	万	千	百	十	元	角	分			千	百	十	万	千	百	十	元	角	分	
11	30		1—11月累计发生额			3	1	9	0	6	9	0	0				3	1	9	0	6	9	0	0		平											
11	31	091	计算所得税费用				2	8	8	1	3	4	6																								
		092	结转所得税费用															2	8	8	1	3	4	6		平											
			本月合计				2	8	8	1	3	4	6					2	8	8	1	3	4	6		平											
			本年合计			3	4	7	8	8	2	4	6				3	4	7	8	8	2	4	6		平											

模块四

编制报表

财务报告是指企业对外提供的反映企业某一特定日期的财务状况和某一会计期间的经营成果、现金流量等会计信息的文件。财务报告包括财务报表和其他应当在财务报告中披露的相关信息和资料。

财务报告的目标，是向财务报告使用者提供与企业财务状况、经营成果和现金流量等有关的会计信息，反映企业管理层受托责任履行情况，有助于财务报告使用者作出经济决策。财务报告使用者通常包括投资者、债权人、政府及期有关部门和社会公众等。

财务报表是对企业财务状况、经营成果和现金流量的结构性表述。一套完整的财务报表至少应当包括资产负债表、利润表、现金流量表、所有者权益（或股东权益）变动表以及附注。

资产负债表、利润表和现金流量表分别从不同角度反映企业的财务状况、经营成果和现金流量。资产负债表反映企业特定日期所拥有的资产、需偿还的债务以及股东（投资者）拥有的净资产情况；利润表反映企业一定期间的经营成果即利润或亏损的情况，表明企业运用所拥有的资产的获利能力；现金流量表反映企业在一定会计期间现金和现金等价物流入和流出的情况。

所有者权益变动表反映构成所有者权益的各组成部分的增减变动情况。企业的净利润及其分配情况是所有者权益变动的组成部分，相关信息已经在所有者权益变动表及其附注中反映，企业不需要再单独编制利润分配表。

附注是财务报表不可或缺的组成部分，是对在资产负债表、利润表、现金流量表和所有者权益变动表等报表中列示项目的文字描述或明细资料，以及对未能在这些报表列示项目的说明等。

项目一　编制资产负债表

（一）工作任务

根据期末资产、负债及所有者权益类账户余额分析填列资产负债表。

（二）解决方法

财务流程：根据前述资产、负债及所有者权益类账户资料，分析填列 2013 年 12 月份的资产负债表。

填制 12 月 31 日资产负债表，如表 4.1.1 所示。

表 4.1.1　资产负债表

资 产 负 债 表

编制单位：G 省 G 市兴旺公司　　2013 年 12 月 31 日　　单位：元

资产	期末数	期初数	负债及所有者权益	期末数	期初数
流动资产：			流动负债：		
货币资金	1 228 645.25	455 285.00	短期借款	150 000.00	100 000.00
交易性金融资产	140 000.00	105 000.00	交易性金融负债		
应收票据	473 000.00	30 000.00	应付票据	257 400.00	117 000.00
应收账款	373 824.00	49 500.00	应付账款	414 800.00	585 000.00
预付账款	30 000.00		预收账款	8000.00	30 000.00
应收利息			应付职工薪酬	92 697.00	726 700.00
应收股利	5000.00	80 000.00	应交税费	152 819.99	22 350.00
其他应收款	3000.00	3 000.00	应付利息	1200.00	
存货	307 966.60	165 200.00	应付股利		
一年内到期的非流动资产			其他应付款	2000.00	3000.00
其他流动资产			一年内到期的非流动负债		
流动资产合计	2 561 435.85	887 985.00	其他流动负债		
			流动负债合计	1 078 916.99	1 584 050.00
非流动资产：			非流动负债：		
可供出售金融资产			长期借款	200 000.00	212 000.00
持有至到期投资			应付债券		
长期应收款			长期应付款		
长期股权投资	230 000.00	800 000.00	专项应付款		
投资性房地产			预计负债		
固定资产	2 536 483.00	2 483 211.00	递延所得税负债		
在建工程			其他非流动负债		
工程物资			非流动负债合计	200 000.00	212 000.00
固定资产清理			负债合计	1 278 916.99	1 796 050.00
生产性生物资产			所有者权益：		
油气资产			实收资本（或股本）	2 550 000.00	1 500 000.00
无形资产	205 850.00	95 600.00	资本公积	70 000.00	520 000.00
开发支出			减：库存股		
商誉			盈余公积	443 760.00	325 350.00
长期待摊费用			未分配利润	1 191 091.86	125 396.00
递延所得税资产			所有者权益合计	4 254 851.86	2 470 746.00
其他非流动资产					
非流动资产合计	2 972 333.00	3 378 811.00			
资产合计	5 533 768.85	4 266 796.00	负债和所有者权益合计	5 533 768.85	4 266 796.00

（三）知识链接

1. 资产负债表概述

资产负债表是指反映企业在某一特定日期的财务状况的报表。资产负债表主要反映资产、负债和所有者权益三方面的内容，并满足“资产=负债+所有者权益”平衡式。

（1）资产应当按照流动资产和非流动资产两大类在资产负债表中列示，在流动资产和非流动资产类别下进一步按性质分项列示。

流动资产项目通常包括：货币资金、以公允价值计量且其变动计入当期损益的金融资产、应收票据、应收账款、预付款项、应收利息、应收股利、其他应收款、存货和一年内到期的非流动资产等。

非流动资产项目通常包括：长期股权投资、固定资产、在建工程、工程物资、固定资产清理、无形资产、开发支出、长期待摊费用以及其他非流动资产等。

（2）负债应当按照流动负债和非流动负债在资产负债表中进行列示，在流动负债和非流动负债类别下再进一步按性质分项列示。

资产负债表中流动负债项目通常包括：短期借款、应付票据、应付账款、预收款项、应付职工薪酬、应交税费、应付利息、应付股利、其他应付款、一年内到期的非流动负债等。

非流动负债项目通常包括：长期借款、应付债券和其他非流动负债等。

（3）所有者权益一般按照实收资本、资本公积、其他综合收益、盈余公积和未分配利润分项列示。

2. 资产负债表的结构

（1）我国企业的资产负债表采用账户式结构。

账户式资产负债表分左右两方，左方为资产项目，大体按资产的流动性大小排列，流动性大的资产如“货币资金”“交易性金融资产”等排在前面，流动性小的资产如“长期股权投资”“固定资产”等排在后面。右方为负债及所有者权益项目，一般按要求清偿时间的先后顺序排列，“短期借款”“应付票据”“应付账款”等需要在一年以内或者长于一年的一个正常营业周期内偿还的流动负债排在前面，“长期借款”等在一年以上才需偿还的非流动负债排在中间，在企业清算之前不需要偿还的所有者权益项目排在后面。

（2）账户式资产负债表中的资产各项目的合计等于负债和所有者权益各项目的合计，即资产负债表左方和右方平衡。因此，通过账户式资产负债表，可以反映资产、负债、所有者权益之间的内在关系，即“资产=负债+所有者权益”。

3. 资产负债表项目的填列方法

（1）根据总账科目余额填列。

① 直接一个总账科目余额填列。如“交易性金融资产”“短期借款”“应付票据”“应付职工薪酬”等项目，根据“交易性金融资产”“短期借款”“应付票据”“应付职工薪酬”各总账科目的余额直接填列。

② 根据几个总账科目的期末余额计算填列。如“货币资金”项目，需根据“库存现金”“银行存款”“其他货币资金”三个总账科目的期末余额的合计数填列。“未分配利润”项目。需根据“本年利润”“未分配利润”两个总账科目的期末余额的合计数填列。

（2）根据明细账科目余额计算填列。

①“开发支出”项目，应根据“研发支出”科目中所属的“资本化支出”明细科目期末余额填列。

②“应收账款”项目，应当根据“应收账款”“预收账款”科目所属明细科目期末借方明细余额合计减去“坏账准备”科目中有关应收账款计提的坏账准备期末余额后的金额填列；

③“预收款项”项目，应当根据“应收账款”“预收账款”等科目所属明细科目期末贷方明细余额合计填列。

④“应付账款”项目，应当根据“应付账款”“预付账款”等科目所属明细科目期末贷方余额合计填列；

⑤“预付款项”项目，应当根据“应付账款”“预付账款”等科目所属明细科目期末借方余额合计填列，减去“坏账准备”科目中有关预付账款计提的坏账准备期末余额后的金额填列。

（3）根据总账科目和明细账科目余额分析计算填列。

如“长期借款”项目，需要根据“长期借款”总账科目贷方余额扣除“长期借款”科目所属的明细科目中将在一年内到期、且企业不能自主地将清偿义务展期的长期借款后的金额计算填列。

（4）根据有关科目余额减去其备抵科目余额后的净额填列。

如资产负债表中的“应收票据”“应收账款”“长期股权投资”“在建工程”等项目，应当根据“应收票据”“应收账款”“长期股权投资”“在建工程”等科目的期末余额减去“坏账准备”“长期股权投资减值准备”“在建工程减值准备”等科目余额后的净额填列。“投资性房地产”“固定资产”项目，应当根据“投资性房地产”“固定资产”科目的期末余额减去“投资性房地产累计折旧”“累计折旧”“投资性房地产减值准备”“固定资产减值准备”备抵科目余额后的净额填列，“无形资产”项目，应当根据“无形资产”科目的期末余额，减去“累计摊销”“无形资产减值准备”备抵科目余额后的净额填列。

（5）综合运用上述填列方法分析填列。

如资产负债表中的“存货”项目，需要根据“原材料”“委托加工物资”“周转材料”“材料采购”“在途物资”“发出商品”“材料成本差异”等总账科目期末余额的分析汇总数，再减去“存货跌价准备”等科目余额后的净额填列。

项目二 编制利润表

（一）工作任务

根据损益类账户发生额分析填列资产负债表。

（二）解决方法

财务流程：根据前述损益类账户发生额，分析填列利润表。

1. 填制 12 月份利润表（表 4.2.1）

表 4.2.1　12 月份利润表

利 润 表

编制单位：G 省 G 市兴旺公司　　2013 年 12 月　　单位：元

项目	本期金额	上期金额
一、营业收入	1 722 000.00	略
减：营业成本	1 178 150.00	
营业税金及附加	9777.78	
销售费用	219 909.40	
管理费用	192 433.00	
财务费用	34 750.00	
资产减值损失	18 276.00	
加：公允价值变动收益（损失以“－”号填列）		
投资收益（损失以“—”填列）	41 000.00	
其中：对联营企业和合营企业的投资收益		
二、营业利润（亏损以“－”填列）	109 703.82	
加：营业外收入	9050.00	
减：营业外支出	3500.00	
其中：非流动资产处置损失		
三、利润总额（亏损以“－”填列）	115 253.82	
减：所得税费用	28 813.46	
四、净利润（净亏损以“－”填列）	86 440.36	
五、每股收益		
（一）基本每股收益		
（二）稀释每股收益		

2. 填制 2013 年度利润表（表 4.2.2）

表 4.2.2　2013 年度利润表

利 润 表

编制单位：G 省 G 市兴旺公司　　2013 年 1—12 月　　单位：元

项目	本期金额	上期金额
一、营业收入	21 480 000.00	略
减：营业成本	15 018 050.00	
营业税金及附加	122 213.28	
销售费用	2 258 859.40	
管理费用	2 229 163.00	
财务费用	544 000.00	
资产减值损失	18 276.00	

续表

项目	本期金额	上期金额
加：公允价值变动收益（损失以“－”号填列）		
投资收益（损失以“－”填列）	197 000.00	
其中：对联营企业和合营企业的投资收益		
二、营业利润（亏损以“－”填列）	1 486 438.32	
加：营业外收入	94 550.00	
减：营业外支出	49 000.00	
其中：非流动资产处置损失		
三、利润总额（亏损以“－”填列）	1 531 988.32	
减：所得税费用	347 882.46	
四、净利润（净亏损以“－”填列）	1 184 105.86	
五、每股收益		
（一）基本每股收益		
（二）稀释每股收益		

（三）知识链接

1. 利润表

（1）利润表的含义。

利润表是指反映企业在一定会计期间的经营成果的报表。我国企业的利润表采用多步式格式。通过利润表，可以反映企业在一定会计期间收入、费用、利润（或亏损）的数额和构成情况，帮助财务报表使用者全面了解企业的经营成果，分析企业的获利能力及盈利增长趋势，从而为其作出经济决策提供依据。

（2）我国企业利润表的主要编制步骤。

第一步，以营业收入为基础，减去营业成本、营业税金及附加、销售费用、管理费用、财务费用、资产减值损失，加上公允价值变动收益（减去公允价值变动损失）和投资收益（减去投资损失），计算出营业利润。

第二步，以营业利润为基础，加上营业外收入，减去营业外支出，计算出利润总额。

第三步，以利润总额为基础，减去所得税费用，计算出净利润（或亏损）。

（3）利润表的编制。

利润表各项目均需填列“本期金额”和“上期金额”两栏。其中“上期金额”栏内各项数字，应根据上年该期利润表的“本期金额”栏内所列数字填列。“本期金额”栏内各期数字，除“基本每股收益”和“稀释每股收益”项目外，应当按照相关科目的发生额分析填列。

①“营业收入”项目，反映企业经营主要业务和其他业务所确认的收入总额。本项目应根据“主营业务收入”和“其他业务收入”科目的发生额分析填列。

②“营业成本”项目，反映企业经营主要业务和其他业务所发生的成本总额。本项目应根据“主营业务成本”和“其他业务成本”科目的发生额分析填列。

③“营业税金及附加”项目，反映企业经营业务应负担的消费税、营业税、城市维护建设税、资源税、土地增值税和教育费附加等。本项目应根据“营业税金及附加”科目的发生

额分析填列。

④“销售费用”项目，反映企业在销售商品过程中发生的包装费、广告费等费用和为销售本企业商品而专设的销售机构的职工薪酬、业务费等经营费用。本项目应根据“销售费用”科目的发生额分析填列。

⑤“管理费用”项目，反映企业为组织和管理生产经营发生的管理费用。本项目应根据“管理费用”的发生额分析填列。

⑥“财务费用”项目，反映企业筹集生产经营所需资金等而发生的筹资费用。本项目应根据“财务费用”科目的发生额分析填列。

⑦“资产减值损失”项目，反映企业各项资产发生的减值损失。本项目应根据“资产减值损失”科目的发生额分析填列。

⑧“公允价值变动收益”项目，反映企业应当计入当期损益的资产或负债公允价值变动收益。本项目应根据“公允价值变动损益”科目的发生额分析填列，如为净损失，本项目以“－”号填列。

⑨“投资收益”项目，反映企业以各种方式对外投资所取得的收益。本项目应根据“投资收益”科目的发生额分析填列。如为投资损失，本项目用“－”号填列。

⑩“营业利润”项目，反映企业实现的营业利润。如为亏损，本项目以“－”号填列。

⑪“营业外收入”项目，反映企业发生的与经营业务无直接关系的各项收入。本项目应根据“营业外收入”科目的发生额分析填列。

⑫“营业外支出”项目，反映企业发生的与经营业务无直接关系的各项支出。本项目应根据“营业外支出”科目的发生额分析填列。

⑬“利润总额”项目，反映企业实现的利润。如为亏损，本项目以“－”号填列。

⑭“所得税费用”项目，反映企业应从当期利润总额中扣除的所得税费用。本项目应根据“所得税费用”科目的发生额分析填列。

⑮“净利润”项目，反映企业实现的净利润。如为亏损，本项目以“－”号填列。

2. 现金流量表

（1）现金流量表的定义。

现金是指企业库存现金以及可以随时用于支付的存款，包括库存现金、银行存款和其他货币资金（如外埠存款、银行汇票存款、银行本票存款等）等。不能随时用于支付的存款不属于现金。

现金等价物是指企业持有的期限短、流动性强、易于转换为已知金额现金、价值变动风险很小的投资。期限短，一般是指从购买日起 3 个月内到期。现金等价物通常包括 3 个月内到期的债券投资等。

（2）现金流量表的分类。

现金流量表分为：① 经营活动产生的现金流量；② 投资活动产生的现金流量；③ 筹资活动产生的现金流量。

（3）现金流量表的填列方法。

对于经营活动产生的现金流量：

①“销售商品、提供劳务收到的现金”项目。该项目反映企业本年销售商品、提供劳务收到的现金，以及前期销售商品、提供劳务本期收到的现金（包括应向购买者收取的增值税

销项税额）和本期预收的款项，减去本年销售本期退回商品和前期销售本期退回商品支付的现金。企业销售材料和代购代销业务收到的现金，也在本项目反映。

销售商品、提供劳务收到的现金
=营业收入+增值税的销项税额+（应收票据年初余额-应收票据期末余额）+
（应收账款年初余额–应收账款期末余额）+（预收账款期末余额–预收账款年初余额）-
当期计提的坏账准备

②“收到的税费返还”项目。该项目反映企业收到返还的所得税、增值税、营业税、消费税、关税和教育费附加等各种税费返还款。

③“收到的其他与经营活动有关的现金”项目。该项目反映企业除上述各项目外，收到的其他与经营活动有关的现金，如罚款收入、经营租赁固定资产收到的现金、投资性房地产收到的租金收入、流动资产损失中由个人赔偿的现金收入、除税费返还外的其他政府补助收入等。

④“购买商品、接受劳务支付的现金”项目。该项目反映企业本期购买商品、接受劳务实际支付的现金（包括增值税进项税额），以及本期支付前期购买商品、接受劳务的未付款项和本期预付款项，减去本期发生的购货退回收到的现金。企业购买材料和代购代销业务支付的现金，也在本项目反映。

购买商品、接受劳务支付的现金=营业成本+增值税的进项税额+（存货期末余额－存货年初余额）+（应付账款年初余额－应付账款期末余额）+（应付票据年初余额－应付票据期末余额）+（预付账款期末余额－预付账款年初余额）－当期列入生产成本、制造费用的职工薪酬－当期列入生产成本、制造费用的折旧费

⑤“支付给职工以及为职工支付的现金”项目。该项目反映企业实际支付给职工的工资、奖金、各种津贴和补贴等职工薪酬（包括代扣代缴的职工个人所得税）。

支付给职工以及为职工支付的现金
=应付职工薪酬年初余额＋生产成本、制造费用、管理费用中值

⑥“支付的各项税费”项目。该项目反映企业发生并支付、前期发生本期支付以及预交的各项税费，包括所得税、增值税、营业税、消费税、印花税、房产税、土地增值税、车船税、教育费附加等。

支付的各项税费
=（应交所得税期初余额＋当期所得税费用－应交所得税期末余额）＋
支付的营业税金及附加＋应交增值税（已交税金）工薪酬－应付职工薪酬期末余额

⑦“支付其他与经营活动有关的现金”项目。该项目反映企业除上述各项目外所支付的其他与经营活动有关的现金，如经营租赁支付的租金、支付的罚款、差旅费、业务招待费、保险费等。此外包括支付的销售费用。

支付其他与经营活动有关的现金
=支付其他管理费用＋支付的销售费用

对于投资活动产生的现金流量：

①“收回投资收到的现金”项目。该项目反映企业出售、转让或到期收回除现金等价物以外的对其他企业的交易性金融资产、长期股权投资收到的现金。本项目可根据“交易性金融资产”“长期股权投资”等科目的记录分析填列。

②“取得投资收益收到的现金”项目。该项目反映企业交易性金融资产分得的现金股利，从子公司、联营企业或合营企业分回利润、现金股利而收到的现金，因债权性投资而取得的现金利息收入。本项目可以根据“应收股利”“应收利息”“投资收益”“库存现金”“银行存款”等科目的记录分析填列。

③“处置子公司及其他营业单位收到的现金净额”项目。该项目反映企业处置子公司及其他营业单位所取得的现金，减去相关处置费用以及子公司及其他营业单位持有的现金和现金等价物后的净额。本项目可以根据“长期股权投资”“银行存款”“库存现金”等科目的记录分析填列。

④“购建固定资产、无形资产和其他长期资产支付的现金”项目。该项目反映企业购买、建造固定资产、取得无形资产和其他长期资产所支付的现金（含增值税款等），以及用现金支付的应由在建工程和无形资产负担的职工薪酬。

为购建固定资产、无形资产而发生的借款利息资本化部分，在筹资活动产生的现金流量“分配股利、利润或偿付利息支付的现金”中反映。本项目可以根据“固定资产”“在建工程”“工程物资”“无形资产”“库存现金”“银行存款”等科目的记录分析填列。

⑤“投资支付的现金”项目。该项目反映企业取得除现金等价物以外的对其他企业的权益工具、债务工具和合营中的权益投资所支付的现金，包括除现金等价物以外的交易性金融资产、长期股权投资，以及支付的佣金、手续费等交易费用。企业购买股票时实际支付的价款中包含的已宣告而尚未领取的现金股利，以及购买债券时支付的价款中包含的已到期尚未领取的债券利息，应在“支付的其他与投资活动有关的现金”项目中反映。取得子公司及其他营业单位支付的现金净额，应在“取得子公司及其他营业单位支付的现金净额”项目中反映。本项目可以根据“交易性金融资产”“长期股权投资”等科目的记录分析填列。

⑥“取得子公司及其他营业单位支付的现金净额”项目。该项目反映企业购买子公司及其他营业单位购买出价中以现金支付的部分，减去子公司及其他营业单位持有的现金和现金等价物后的净额。本项目可以根据“长期股权投资”“库存现金”“银行存款”等科目的记录分析填列。

对于筹资活动产生的现金流量：

①“吸收投资收到的现金”项目。该项目反映企业以发行股票等方式筹集资金实际收到的款项净额（发行收入减去支付的佣金等发行费用后的净额）。本项目可以根据“实收资本（或股本）”“资本公积”“银行存款”等科目的记录分析填列。

②“取得借款收到的现金”项目。该项目反映企业举借各种短期、长期借款而收到的现金，以及发行债券实际收到的款项净额（发行收入减去直接支付的佣金等发行费用后的净额）。本项目可以根据“短期借款”“长期借款”“应付债券”“库存现金”“银行存款”等科目的记录分析填列。

③“偿还债务支付的现金”项目。该项目反映企业偿还债务本金所支付的现金，包括偿还金融企业的借款本金、偿还债券本金等。企业支付的借款利息和债券利息在“分配股利、

利润或偿付利息支付的现金”项目反映，不包括在本项目内。本项目可以根据“短期借款”“长期借款”“应付债券”等科目的记录分析填列。

④“分配股利、利润或偿付利息支付的现金”项目。该项目反映企业实际支付的现金股利、支付给其他投资单位的利润或用现金支付的借款利息、债券利息等。不同用途的借款，其利息的开支渠道不一样，如在建工程、制造费用、财务费用等，均在本项目中反映。本项目可以根据“应付股利”“应付利息”“在建工程”“制造费用”“研发支出”“财务费用”等科目的记录分析填列。

参考文献

[1]《中华人民共和国会计法》。
[2]《企业会计准则——基本准则》。
[3]《企业会计准则第 1 号——存货》等具体准则。
[4]《会计基础工作规范》。
[5] 财政部会计资格评价中心. 初级会计实务[M]. 北京：中国财政经济出版社，2015.
[6] 马建英，毕丽博. 财务会计[M]. 北京：清华大学出版社，2013.
[7] 王宗江，张洪波. 财务会计[M]. 4 版. 北京：高等教育出版社，2014.
[8] 代义国. 会计实账超简单[M]. 北京：中国宇航出版社，2014.
[9] 栾庆忠. 企业会计处理与纳税申报真账实操[M]. 北京：中国市场出版社，2013.